Romanische Sprachgebiete im heutigen Europa
Brüssel
Paris
Französisch
R. L. F.
Rumänisch
Bukarest
Lissabon
Madrid
Barcelona
Portugiesisch
Spanisch
Katalanisch
Italienisch
Rom
Sardisch
R. = Rätoromanisch
L. = Ladinisch
F. = Friaulisch
Suebicum
Vistula
Aquincum
Porolissum
Apulum
Dacia
107 n. Chr.
Tomi
Viminacium
29/28 v. Chr.
Regnum Bospori
Pontus Euxinus
Thracia
46 n. Chr.
Byzantium
65 v. Chr.
Thessalonice
148 v. Chr.
Nicomedia
25 v. Chr.
Troia
Asia
133/129 v. Chr.
Lydia
103 v. Chr.
Ephesus
Athenae
Achaia
146 v. Chr.
Lycia
74 n. Chr.
Rhodus
58 v. Chr.
67 v. Chr.
Cappadocia
18 n. Chr.
Armenia
114–117 n. Chr.
Melitene
Mesopotamia
115–117 n. Chr.
Tigris
Euphrates
67 v. Chr.
Antiochia
63 v. Chr.
105 n. Chr.
Tyrus
Iudaea
Bostra
Hierosolyma
Petra
Arabia
105 n. Chr.
Aelana
Mare Internum
74 v. Chr.
Cyrenaica
Alexandria
Babylon Fossatum
30 v. Chr.
Aegyptus

SALVETE

Texte und Übungen

GESAMTBAND

von
Alfred Bertram,
Manfred Blank,
Gabriele Erasmus-Sarholz,
Armin Höfer,
Gisa Lamke,
Erika Schmidt,
Elisabeth Zwölfer

unter beratender
Mitarbeit von
Doris Bonz-Ammon,
Peter Broghammer,
Werner Fortmann,
Ernst Gebhardt,
Ansgar Lenz,
Beate Promberger

Cornelsen

Zusammenfassende Arbeitsblätter zum Vokabular Englisch-Latein-Deutsch siehe unter: http://www.cornelsen-teachweb.de im Angebot zum Fach Latein.

Für Informationen und Anregungen danken wir
Frau Uta Peters, Eisenach
Frau Sigrid Timmermann, Rostock
Herrn Michael Torspecken, Herdecke
Herrn Prof. Dr. Hans Wiegartz, Münster

Redaktion: Werner Schmidt

Illustration: Klaus Ensikat
Umschlaggestaltung: Katrin Nehm
Gestaltung und technische Umsetzung: Katrin Nehm

Cornelsen online http://www.cornelsen.de

1. Auflage € Druck 10 9 8 7 Jahr 08 07 06 05

Alle Drucke dieser Auflage sind inhaltlich unverändert und können im Unterricht nebeneinander verwendet werden.

Druck: CS-Druck CornelsenStürtz, Berlin

ISBN 3-464-79713-9

Bestellnummer 797139

Gedruckt auf säurefreiem Papier,
umweltschonend hergestellt aus chlorfrei gebleichten Faserstoffen.

INHALT

AUF DEN SPUREN DES RUFUS

VON TROJA NACH ROM

IM ARCHÄOLOGISCHEN PARK XANTEN

FORTSCHRITT DURCH ROMANISIERUNG?

EIN GRABSTEIN ERZÄHLT ...

FABEL-HAFTES

EIN NEUES LEBENSZIEL?

ENTSCHEIDE DICH!

RÖMER, DIE DIE WELT BEWEGTEN?

FERIEN, FESTE, FEIERTAGE

EIN »GRIECHE« AUF DEM KAISERTHRON

SAGENHAFTE(S) EUROPA

FRAUEN GEHEN IHREN WEG

RÖMISCHE BAUKUNST

LIEBESGESCHICHTEN

THEATER, THEATER

Liebe Schülerinnen und Schüler,

ihr werdet in den ersten Lektionen von SALVETE Cordula und Marc auf einer Reise in die ausgegrabene römische Stadt Pompeji begleiten und dabei die lateinische Sprache kennenlernen.
Ihr erfahrt aber nicht nur viel von der Sprache, sondern auch vom Leben der Römerinnen und Römer: Informationstexte dazu sind mit dem Zeichen hervorgehoben.
Auf den Bildseiten 42, 68/69 und 98/99 findet ihr z.B. ein römisches Spiel, ihr seht römische Kleidung oder ein Festessen nach römischer Art.
Das Vokabular ist, nach Lektionen geordnet, auf Seite 190–233 angegeben.
Nach 19 Lektionen habt ihr schon eine Menge gelernt. Weil das Italienische, Französische und Spanische von der lateinischen Sprache abstammen und auch das Englische viele Wörter übernommen hat, werdet ihr euch wundern, wie gut ihr italienische, spanische, französische oder besonders schwere englische Wörter und Sätze schon versteht.

Viel Spaß und viel Erfolg!

Zur Konzeption des Buches

Das Unterrichtswerk ist darauf ausgerichtet, im Lateinunterricht möglichst effektiv auf die Übersetzung lateinischer Originaltexte vorzubereiten:
Der Lernstoff ist in 54 Lektionen komprimiert. Der neue Grammatikstoff wird jeweils in den A-Texten behandelt; in der Regel sind diese Texte so unterteilt, dass sich abgeschlossene grammatikalische Pensen bilden lassen. Die B-Texte wiederholen und aktivieren den Grammatikstoff der A-Texte.
Die Wiederholungslektionen 10, 20, 30, 40, 50 und 60 enthalten keinen neuen Lernwortschatz und nur bekannte Grammatik.
Der Lernwortschatz basiert auf statistischer Grundlage. Er orientiert sich an dem von R. Vischer ermittelten Anfängerwortschatz der 650 häufigsten Wörter bei allen Prosaautoren und dem Durchschnittswortschatz für das Latinum, berücksichtigt aber auch Vokabular der an die Lehrbucharbeit anschließenden Lektüre römischer Dichtung. Wörter, die als Kulturwortschatz für das Deutsche oder wegen wichtiger Ableitungen in den modernen Fremdsprachen von Bedeutung sind, wurden unabhängig von ihrer statistischen Frequenz in den Lernwortschatz aufgenommen.
Im Vokabelverzeichnis angegebene englische Ableitungen aus lateinischen Grundwörtern entstammen dem bis Klasse 5, 6 und 7 gelernten Wortschatz (vgl. insbes. English G 2000, A1-A3).
Für die Originallektüre wichtige grammatikalische Erscheinungen wie AcI und Participium coniunctum sind früh eingeführt (Lektion 12 bzw. 21) und können entsprechend ausführlich geübt werden.
Römische Inschriften spielen schon in Lektion 1, 2 und nach Lektion 10 (S. 43) eine wichtige Rolle. Entsprechend dem Lernfortschritt der Schülerinnen und Schüler steigt der Anteil an originalnahen bzw. originalen Texten (s. S. 65, 66; Lektion 20, 21, 24, 25, 27, 28, 29, 30). Im Inhaltsverzeichnis sind die Autoren originaler antiker Texte, die originale Textgrundlage adaptierter Texte und die aus der Originalliteratur in Lektionstexte integrierten Abschnitte (ab Lektion 31 regelmäßig) angegeben.
Anregungen zum Üben von Texterschließungsverfahren sind durch (das Rufus-Symbol) hervorgehoben.
Informationstexte, gekennzeichnet mit dem -Symbol, vermitteln Sachwissen zu den Realien der jeweiligen Lektion. Die Bildseiten *De vita Romanorum* (S. 42, 68/69, 98/99, 126/127, 154/155 und 184/185) geben zusätzlich Einblick in wichtige Bereiche des römischen Lebens, die in der vorausgehenden Lektionssequenz eine Rolle spielen.
Die Themeneinheiten *Verba Latina ubique sunt* (S. 43, 70/71, 100/101, 128/129, 156/157 und 186/187) stellen lateinische Sprichwörter und Redewendungen vor, die aus dem bekannten Vokabular und Grammatikwissen verständlich sind. Die Schülerinnen und Schüler können an deutschen Lehnwörtern sowie kurzen englischen, italienischen, französischen und spanischen Texten den Nutzen ihrer Lateinkenntnisse unter Beweis stellen.
Einfache lateinische Lieder auf den Seiten 72/73 ergänzen das Textangebot.

VOBIS
MICROCOMPUTER AG
Die Leute mit Ideen

IC 613 Bacchus

VERTIMPEX
IMPORT EXPORT GMBH

ALLES IST DENKBAR
ergo sum computer

Del

MISEREOR
FASTEN FÜR GERECHTIGKEIT
MISEREOR

caritas

Wo spricht man heutzutage noch Latein?
Fast überall! Wir werden's euch beweisen:
So könnt ihr mit dem IC BACCHUS fein,
nicht nur nach Köln, zum Club FORTUNA, reisen.
LATEINAMERIKA kennt jedermann,
MISEREOR soll Arme unterstützen,
und der Musikliebhaber kann
in Carl Orffs CARMINA BURANA sitzen.
EXPORT – ein Bier – man trinkt es gerne –
und VOBIS – ein Computer – ist für euch.
Dem Haus mit CAVE CANEM bleibt man ferne.
SPQR galt für das Römische Reich,
die Inschrift ist in Rom noch oft zu finden.
Man liest auch in Turin auf dem Plakat:
JUVENTUS spielt! Na, nichts wie hin denn,
wenn man genug MONETEN hat.

Juventus

Fortuna Düsseldorf

AUF DEN SPUREN DES RUFUS

Lectio I

Quis est Rūfus?

Cordula und Marc aus Köln verbringen die Ferien mit ihren Eltern in der Nähe von Neapel. Sie sind schon auf dem Vesuv gewesen und haben von dort oben gesehen, welche Gegenden und Städte in römischer Zeit durch einen Ausbruch dieses Vulkans (79 n. Chr.) zerstört wurden. Die Ruinen von Pompeji interessieren sie besonders; die Kinder haben gelesen, dass man diese Stadt zum größten Teil wieder ausgegraben hat und dass ihre Straßen und Häuser eine besonders gute Vorstellung vom Leben der »alten« Römer vermitteln.

Die Familie fährt also nach Pompeji. Eben sind sie in der »Mysterienvilla«. Ein Raum dieses Hauses ist mit wunderbaren Wandmalereien ausgeschmückt. Paola, eine Archäologiestudentin, malt gerade eine Frauengestalt ab. Sie erklärt den neugierigen Kindern, dass sie sich so die Herrin des Hauses vorstellt, die sie Caecilia nennt. Paola skizziert rasch einen römischen Wohnraum und weitere Personen.

Dann schreibt sie, um die Kinder in die römische Zeit zurückzuversetzen:

A Hīc stat Caecilia, illīc[1] sedet Rūfus.
Hīc Lȳdia stat, illīc[1] Apollodōrus sedet.
Lȳdia labōrat, etiam Apollodōrus labōrat.
Caecilia domina est, Rūfus est dominus.
Hīc Lūcius sedet, illīc[1] Rūfilla.
Lūcius est fīlius et Rūfilla fīlia est.
Et Lȳdia? Lȳdia nōn est fīlia, sed serva.
Sed quis est Apollodōrus? Apollodōrus servus est. Servus Graecus est.

Servus Graecus docet. Plērumque[2] libenter labōrat. Nam Rūfus est dominus bonus, Caecilia est domina bona, Lūcius plērumque[2] est laetus. Tamen negōtium nōn semper iūcundum est. Nam Lūcius nōnnumquam etiam molestus est.

1 illīc (Adv.) *dort* – 2 plērumque (Adv.) *meistens*

CANPANI · SALVETE

»Kampaner, herzlich willkommen!« Wandinschrift aus Pompeji (CIL IV 1216)

a) Schaut das Bild auf S. 16 genau an und beschreibt es. Achtet besonders auf die Personen. Sammelt eure Beobachtungen stichpunktartig an der Tafel.

b) Lest gemeinsam Text A, Z. 1–8. Auch in diesem Text werden Personen vorgestellt, die euch von jetzt an eine Weile begleiten werden. Nennt ihre Namen und versucht, sie den Personen auf der Abbildung S. 16 zuzuordnen.

c) Im Text A findet ihr eine Reihe von Wörtern, die die einzelnen Sätze inhaltlich miteinander verknüpfen. Man nennt sie Konnektoren. Sie reihen z.B. Aussagen aneinander, enthalten Zeit- oder Ortsangaben, leiten Begründungen oder einen Gegensatz ein.
- Legt im Heft eine Tabelle mit diesen Sinnrichtungen an und tragt alle Konnektoren aus Text A ein.
- Ergänzt diese Tabelle später mit weiteren Konnektoren aus den folgenden Lektionen.

B Rūfilla plērumque[2] laeta est. Saepe rīdet et cantat[3]. Sed Lȳdia saepe maesta est.
Rūfilla: »Cūr Lȳdia nōn cantat[3]? Cūr nōn rīdet?«
Lūcius: »Fortasse negōtium iūcundum nōn est. Fortasse Lȳdia nōn libenter labōrat.«
Apollodōrus: »Ita nōn est. Lȳdia libenter labōrat, sed patria procul est. Itaque Lȳdia nōnnumquam maesta est.«
Caecilia: »Lȳdia semper pāret, bona serva est.«
Tum Lȳdia gaudet et rīdet.

3 cantat *sie singt*

»Rufus ist tatsächlich hier gewesen«, sagt Paola, »sucht ihn! Er ist auf einer ganz kleinen Zeichnung zu sehen.«

a) Lest Text B. Sicher habt ihr schon einiges verstanden. Gebt also an, welche Personen ihr aus Text A wiedererkennt. Eine Person steht im Mittelpunkt der kleinen Szene. Sammelt alle Aussagen zu dieser Person und achtet dabei auf die Prädikate, Prädikatsnomen und Attribute und auf die schon bekannten Konnektoren (s. Tabelle).
b) Ergänzt nun mit Hilfe des Vokabelverzeichnisses die neuen Konnektoren und beachtet ihre Wirkung auf den inhaltlichen Zusammenhang von Text B.
c) Was habt ihr von dem Inhalt des Textes bisher verstanden? Fasst euer bisheriges Textverständnis zusammen und berücksichtigt dabei eure Ergebnisse aus den Aufgaben a) und b).
d) Übersetzt Text B genau. Welche weiteren Informationen vermittelt euch die Übersetzung?

1. Die Römer schrieben nur große Buchstaben. Für u und v galt der gleiche Buchstabe V. Entziffere den folgenden Buchstabenwurm.

Bilde mit den Buchstaben aus dem „Wurm" möglichst viele andere lateinische Wörter.
2. Schreibe die Prädikate aus Text B heraus und ordne ihnen jeweils das entsprechende Subjekt zu. Achte darauf, wie das Subjekt im Lateinischen ausgedrückt werden kann.
3. Vergleiche die Wortstellung der Subjekte und Prädikate im Lateinischen und Deutschen. Was fällt dir an der Stellung der Attribute auf?
4. Durch ein Versehen sind bei einigen Wörtern der folgenden Sätze je ein oder zwei Buchstaben ausgefallen. Schreibe die Sätze in dein Heft und ergänze die fehlenden Buchstaben:
a) Rūfus sta –, Caecilia sede – b) Apollodōrus serv – –, Lȳdia serv – est. c) Rūfilla nōnnumquam molest –, Lūcius plērumque laet – – est. d) Negōti – – saepe iūcund – – nōn est.

Das Forum von Pompeji mit Blick auf den Vesuv.

5. Mit den Wörtern aus der Vokabelkiste kannst du mindestens 7 Sätze bilden. Verwende jedes Wort mindestens einmal:

Rūfus – Lūcius – dominus – servus – Rūfilla – negōtium – nōnnumquam – saepe – plērumque – bona – semper – iūcundum – molestus – rīdet – gaudet – est – docet – labōrat – pāret

Die römische Familie

Alle Personen, die du in dieser Lektion kennengelernt hast, gehören zur Familie des Rufus. Eine römische Familie umfasste außer Vater, Mutter, Kindern und weiteren Verwandten auch Sklavinnen und Sklaven, die im Haus und auf dem Feld arbeiteten. Der Hausherr (dominus) hatte die Gewalt über die Familienangehörigen. Er konnte sie bestrafen, verfügte allein über das Vermögen, bestimmte Ausbildung und Ehe seiner Kinder. Auch wenn seine Söhne schon längst erwachsen waren, blieben sie ihm unterworfen.

Die meisten Sklaven waren Kriegsgefangene oder deren Nachkommen, denn auch die Kinder von Sklaven blieben Sklaven. Sie wurden auf Märkten wie eine Ware verkauft. Mancher Sklave war Sekretär oder Verwalter des Hausherren; die Sklavinnen standen im Dienst der Hausherrin oder der Töchter. Sklaven arbeiteten als Ärzte und Lehrer, in Handwerksbetrieben und auf Baustellen. Ihre Lebensbedingungen waren meist schlecht, in vielen Fällen wurden sie allerdings als Familienangehörige behandelt.

Lectio II

Rūfus, dominus bonus

Tatsächlich entdeckt Cordula an der Wand eine kleine Figur, die in den Putz eingeritzt ist. Darüber steht folgende Inschrift: Rufus est.
»Vielleicht wurde die Karikatur bei einem Fest gezeichnet, als die Gäste in ausgelassener Stimmung waren«, erklärt Paola. »Stellt euch vor, Rufus hat Gäste zum Abendessen eingeladen und geht gerade in den Speisesaal. Lydia und Apollodorus, mit deren Arbeit er sehr zufrieden ist, steht eine große Überraschung bevor.«

A Rūfus spectat: Hīc iam sedet Caecilia, illīc[1] stant Lūcius fīlius et Rūfilla fīlia. Rūfus et Caecilia gaudent: Nam hīc et Gāius, amīcus bonus, et aliī amīcī amīcaeque sedent. Nunc familia, amīcī amīcaeque accubant[2], servī et servae ministrant[3]. Vitulīna[4] bona est, etiam vīnum est bonum. Itaque et familia et amīcī sunt laetī: Convīvia iūcunda sunt.

Quīntus, amīcus novus: »Lȳdia serva bona est.« Tum *Rūfus:* »Lȳdia serva libenter labōrat, Apollodōrus servus magister bonus est. Itaque nunc Lȳdia cāra et Apollodōrus, magister bonus, non iam sunt servī. Nunc Lȳdia līberta, Apollodōrus lībertus est.«
Lȳdia et Apollodōrus stupent[5], gaudent, grātī sunt: »Rūfus vir ēgregius est.« *Lūcius* puer autem: »Quid? Lȳdia nunc lībera est. Cūr etiam Apollodōrus līber est? Apollodōrus nōnnumquam magister molestus est.« Virī nōn respondent, sed cēnant[6]. *Caecilia* autem: »Apollodōrus nunc est lībertus. Nam magister bonus est.«

1 illīc (Adv.) *dort* – 2 accubant *sie liegen bei Tisch* – 3 ministrant *sie bedienen*
4 vitulīna f. *Kalbfleisch* – 5 stupent *sie staunen;* stupet *(er/sie/es) staunt* – 6 cēnant *sie essen*

Bis spät in die Nacht hinein feiern Rufus und seine Gäste. Plötzlich sieht der Hausherr die kleine Kritzelei an der Wand des Atriums:

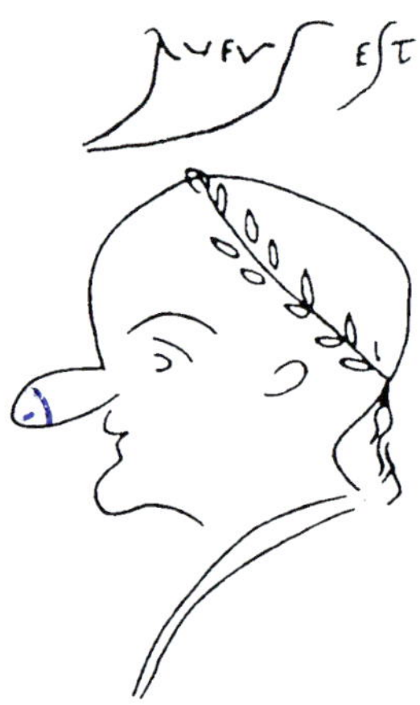

B Familia, amīcī amīcaeque tacent, tum rīdent. Rūfus autem stupet[5]. Subitō *Gāius:* »Figūra iocōsa[7] est. Artificium est. Artificia pulchra semper dēlectant. Cūr Rūfus stupet[5]? Figūra grāta est.« Nunc Rūfus rīdet. Itaque cūnctī gaudent: Etiam servī et servae rīdent. Caecilia Rūfillaque laetae sunt. Nunc etiam *Lȳdia,* nova līberta, et *Apollodōrus* magister rīdent et clāmant: »Rūfus vir ēgregius est. Convīvium est iūcundum.«

7 iocōsus, -a, -um *witzig*

Ein römisches Festessen. Wandmalerei aus Pompeji

a) Im Haus des Rufus wird gefeiert. Wer feiert mit? Lest Text A, Z. 1–6 und stellt eine Liste zusammen. Welche Personen kennt ihr bereits, welche treten erstmals auf?

b) – Was tun die Personen? Sammelt Prädikate, die die Tätigkeiten der Personen bezeichnen.
– Was fällt euch bei den Endungen der Prädikate auf? Formuliert eine Regel.

c) Welche Szene wird in den ersten Zeilen dieses Textes entworfen?

1. Rufilla erzählt Priscilla von dem Fest. Damit sie sich die Personen besser vorstellen kann, gibt Rufilla erklärende Beschreibungen, z.B.: Lȳdia, serva bona, ministrat. Schreibe die richtigen Bezeichnungen der Personen auf: Rūfus – Apollodōrus – Lūcius – Caecilia (magister bonus, dominus bonus, domina bona, fīlius molestus – grātus est, spectat, respondet, illīc stat).
2. Ergänze am Zeilenende jeweils so, dass ein Reim entsteht:
   a) Rūfus et Lȳdia spect –:
   Artificia pulchr – .
   b) Nunc vir et domina ōrant*,
   nunc cūnct – nōn iam –.

   * ōrant *sie beten*

   Schreibe die Lösung in dein Heft und übersetze sie.
3. Ersetze in Text B, Z. 2 figūra durch a) Quīntus, b) Quīntus et Prīscilla. Welche Veränderung bringt das neue Subjekt mit sich? Schreibe die neuen Sätze auf und übersetze sie.
4. Stelle alle Wörter zusammen, die die Stellung einer Person in der familia bezeichnen.

Freilassung von Sklaven

Manchmal ließen Besitzer Sklaven, die ihnen gute Dienste geleistet hatten, frei. Die Freilassung konnten sie im Testament festlegen, bei einer Behörde oder – wie Rufus – vor Freunden vornehmen. Freigelassene blieben zeitlebens ihrem ehemaligen Herrn verpflichtet.

Lectio III

Rūfus ambulat …

Einige Tage nach dem Fest geht die Familie des Rufus, die außerhalb von Pompeji wohnt, in die Stadt:

A Rūfus ambulat. Multae viae angustae[1], nōnnūllae lātae sunt. Rūfus puellās et puerōs videt. Subitō asinus appropinquat. Servus asinum agitat, sed asinus nōn pāret. Itaque līberī rīdent. Nunc Rūfus forum Pompēiānum intrat. Ibī videt Rūfillam fīliam et Caeciliam et nōnnūllās servās. Rūfus fēminās salūtat. Subitō Gāius et aliī amīcī appropinquant, Rūfum et familiam salūtant. Tum Rūfus et amīcī nova ēdicta[2] disputant.

Intereā Caecilia et Rūfilla ad macellum[3] festīnant. Macellum[3] intrant, spectant, cibōs novōs gustant[4]. Rūfus autem et Gāius amīcus per forum lātum ambulant. Māgna aedificia vident: templa et basilicam[5]. Nunc Gāius propter negōtia basilicam[5] intrat. Rūfus autem ambulat et inter templum māgnum et basilicam[5] virum spectat. Vir prope templum sedet. Apud virum puella stat. Nōn sunt laetī, nam nōn habent pecūniam. Rūfus autem pecūniam libenter dat. Vir et puella grātī sunt.

1 angustus, -a, -um *eng* – 2 ēdictum n. *Verordnung, Bekanntmachung*
3 macellum n. *Fleischmarkt* – 4 gustant *sie kosten* – 5 basilica f. *Gerichtsgebäude*

Der große rechtwinklige Forumsplatz (142 m x 38 m) erstreckt sich von Süden nach Norden. Im Hintergrund (N) steht der Tempel des Jupiter, des obersten Staatsgottes der Römer. Rechts und links davon öffnen Ehrenbögen den Zugang zu den dahinterliegenden Straßen und Gebäuden.
Bronze- und Marmorstatuen schmücken das Forum. An seiner Längsseite liegen zweistöckige Säulenhallen; vor der Halle links die Rednertribüne. Für Fahrzeuge war der Platz gesperrt.

… tum tabernam intrat

B Prope forum Pompēiānum multae tabernae sunt. Portae sunt apertae. Nōnnūllī virī tabernam parvam intrant, vīnum gustant[4], rīdent. Nōnnūllī āleās[6] habent. Nunc etiam Rūfus tabernam intrat. Puer ministrat[7]. Rūfus puerum vocat, tum puer vīnum apportat.

Extrā tabernam līberī rīdent. Puer ad portam festīnat. Inter līberōs amīcum et amīcam videt. Laetī sunt, puerum vocant. Sed puer ad amīcōs nōn festīnat; nam etiam virī puerum vocant. Puer maestus est, vīnum apportat.

6 ālea f. *Würfel* – 7 ministrat *er bedient*

a) Lies Text B aufmerksam durch. Du hast sicherlich schon eine Menge verstanden.
– Suche also Angaben aus dem Text heraus, die auf folgende Fragen antworten: Wo spielt die kleine Szene? Welche Personen sind beteiligt? Was tun diese Personen?
– Lege im Heft eine Tabelle nach folgendem Muster an und trage deine Ergebnisse ein:

Schauplatz:		
beteiligte Personen (Subjekte)	*Tätigkeiten* (Prädikate)	Füge – wenn möglich – eine Ergänzung hinzu (z. B. Objekte)!
??????????????????	?????????????????	????????????????

b) Versuche eine kleine Inhaltsangabe. Kannst du den letzten Satz schon erklären?
c) Überprüfe und ergänze an Hand einer genauen Übersetzung jetzt dein erstes Textverständnis.

1. Diese Figur lässt sich mit Präpositionen füllen. Denkt euch andere ähnliche Figuren aus.

?	?	?	?	?				
				?	?	?	?	?
				?				
			?	?				

2. a) Stelle die Akkusativobjekte aus Text A, Z. 1–5 zusammen und ordne sie dabei nach ihrem Numerus in zwei Gruppen.
   b) Bilde zu den Singularformen den Plural, zu den Pluralformen den Singular.
3. Wen oder was sieht Rufus auf dem Forum? Ergänze den Satz »Ibī Rūfus videt …« durch passende Akkusativobjekte aus Text A, Z. 1–5.
4. Aedificia, amīcōs, fīliam, viae, vir, līberī, templa
   a) Bestimme jeweils Kasus, Numerus und Genus der genannten Substantive (zum Teil zwei Möglichkeiten!). In welcher Form stehen die Wörter im Vokabelverzeichnis?
   b) Ordne jedem Substantiv ein passendes Adjektiv aus der folgenden Liste zu (lātae, māgna, multōs, laetam, laetī, ēgregius, nova.) Welche Regel musst du dabei beachten?
5. Vergleiche Vir *hīc* stat und vir *prope templum* stat. Welches Satzglied stellen die hervorgehobenen Ausdrücke dar?
6. Was gibt dieses Satzglied an? Wie kann diese Satzposition gefüllt werden?
7. Vergleiche das Forum in Pompeji mit dem Marktplatz deiner Heimatstadt.

Lectio IV

Rūfus et Quīntus thermās intrant

Rufus möchte Quintus zeigen, dass auch Pompeji schöne öffentliche Bäder hat.

A Rūfus et Quīntus, amīcus Rōmānus, per oppidum ambulant et ad thermās festīnant. *Rūfus:* »Thermās frequentāre iūcundum est. Egō libenter thermās frequentō, ibī animum relaxō[1], gaudeō, laetus sum.«
»Etiam mē iuvat ibī animum relaxāre[1] et inter amīcōs esse.«
»Tū Rōmānus es et māgnās thermās Rōmānās frequentās. Fortasse autem et thermae Pompēiānae tē dēlectant; nam etiam thermae Pompēiānae bonae sunt. Ecce, iam vidēs thermās!«

Öffentliche Thermenanlage (Stabianer Thermen) in Pompeji, Rekonstruktionszeichnung im Aufriss:

1 *Haupteingang;* 2 *Westeingang;* 3 Umkleideraum; 4 Kegelbahn; 5 Büro des Bademeisters; 6 Eingang; 7 Toiletten; 8 Wasserreservoir; 9 flaches Becken; 10 Schwimmbecken; 11–15 *Männerbäder:* 11 Eingangshalle, 12 Umkleideraum, 13 Kaltwasserbad, 14 Warmraum, 15 Heißraum; 16 Heizraum; 17–19 Wassertanks; 20 Hauptofen; 21 Ofenfeuer; 22 Warteraum; 23–28 *Frauenbäder:* 23 Westeingang, 24 Osteingang, 25 Umkleideraum, 26 Kaltwasserbecken, 27 Warmraum, 28 Heißraum.

Prope thermās Rūfus et Quīntus Caeciliam et Lȳdiam lībertam vident. Rūfus fēminās salūtat: »Cūr thermās nōn intrātis?« »Thermās nōn intrāmus; nam Prīscillam amīcam exspectāmus, sed nōndum vidēmus.« »Ecce, ibī Prīscilla appropinquat. Certē vōs nunc amīcam vidētis et laetae estis.« Fēminae gaudent et ad portam festīnant.
Rūfus et Quīntus autem palaestram[2] intrant. Deinde per palaestram[2] ambulant. Ibī multī virī certant. Nōnnūllī Rūfum et Quīntum salūtant: »Nōs iuvat vōs vidēre. Nōs nunc caldārium[3] intrāmus.« *Quīntus:* »Quam iūcundum est thermās frequentāre! Barbarī thermās nōn habent, nōs autem Rōmānī sumus, nōs multās thermās aedificāmus!«

1 animum relaxāre *sich entspannen* – 2 palaestra f. *Sportplatz* – 3 caldārium n. *Warmbad*

Quis aquam frīgidam timet?

B *Rūfus:* »Ecce, nunc prope apodytērium[4] stāmus. Hīc nōs intrāmus, illīc[5] intrant fēminae.« Tum Rūfus et Quīntus in apodytērium[4] festīnant. *Quīntus:* »Nunc iuvat mē caldārium[3] intrāre. Ibī etiam amīcī tē exspectant.« Virī tepidārium[6], deinde caldārium[3] intrant. Quīntus gaudet, laetus est. *Rūfus:* »Caldārium[3] mē dēlectat, sed amīcōs nōn videō. Fortasse iam frīgidārium[7] intrant. Etiam mē nunc iuvat frīgidārium[7] intrāre.« Sed *Quīntum* aqua frīgida terret: »Vae[8], timeō aquam frīgidam; nam egō sānus nōn sum.«
Rūfus rīdet: »Tū certē sānus es - sed īgnāvus. Aquam frīgidam timēs. Itaque frīgidārium[7] nōn intrās.« Subitō amīcī appropinquant: »Nunc frīgidārium[7] intrāmus.« *Quīntus:* »Cūr nōn hīc manētis? Mē hīc manēre iuvat.« *Rūfus:* »Egō iam frīgidārium[7] intrō.« Quīntus autem spectat, haesitat[9] ... tum etiam frīgidārium[7] intrat.

4 apodytērium n. *Umkleideraum* – 5 illīc (Adv.) *dort* – 6 tepidārium n. *Raum mit mäßig warmer Luft* – 7 frīgidārium n. *Raum zum Abkühlen* – 8 vae! *ach! o weh!* – 9 haesitāre *zögern*

a) Informiert euch aus der Zeichnung S. 24 über die Thermenanlage.
b) Ermittle aus den adverbialen Bestimmungen die Stationen des Thermenbesuchs.

1. Ergänze die Sätze a)–c) nach dem folgenden Beispiel und übersetze:
   Egō thermās *frequentō,* certē etiam tū thermās *frequentās.*
   a) Egō gaudeō, ... b) Egō Rōmānus sum, ... c) Mē thermae dēlectant, ...
2. a) Quid iūcundum est? Ergänze aus Text A, Z. 1–7 die passenden Infinitive.
   b) Welche syntaktische Funktion hat in diesen Sätzen der Infinitiv?
3. Setze folgende Verbformen in den Plural und übersetze sie: habeō, salūtat, sum, frequentās, vidēs, es, ambulō, gaudet, est.
4. In welchem Kasus steht das Personalpronomen der Sätze a–c? Welche syntaktische Funktion hat es? a) Iuvat nōs. b) Nōs gaudēmus, vōs laetī nōn estis. c) Thermae vōs delectant.
5. Stell dir vor, du begleitest Rufus in ein modernes Hallenbad. Worüber wundert er sich?

Lectio V

Rūfus amīcō vīllam[1] mōnstrat

A Extrā oppidum nōnnūllī Pompēiānī vīllās possident. Ibī multī servī labōrant. Vīllās, hortōs, agrōs saepe vīlicī cūrant; nam dominī propter negōtia oppidum frequentant. Etiam Rūfō vīlla[1] est, etiam Rūfō et Caeciliae vīlicus est.

Hodiē Quīntus, amīcus Rōmānus, et Rūfus per hortōs ambulant. Tum aedificiō appropinquant. *Quīntus:* »Nōn sōlum aedificium māgnificum, sed etiam hortī et agrī frūctuōsī[2] tibi sunt.« *Rūfus* gaudet: »Etiam oleum[3] bonum et vīnum mihi sunt. Ecce cella oleāria[4]! Intrā et vidē!«

Rūfus et Quīntus cellam[4] intrant. Tum *Rūfus* vīlicum vocat: »Salvē! Mōnstrā nōbīs cellam[4]!« Vīlicus virīs respondet: »Salvēte! Iuvat mē vōbīs cellam[4] mōnstrāre. Vidēte torculārium[5] et dōlia[6]! Nunc plēna sunt.« Virī torculāriō[5] et dōliīs[6] appropinquant, spectant, contentī sunt. »Grātiās tibi habēmus. Vocā servās, quod nunc cēnam[7] dēsīderāmus. Valē!« »Valēte!«

Vīlicus servīs nūntiat: »Parāte Rūfō cēnam[7] ! Este attentae, quod dominus bonam cēnam[7] dēsīderat.«

Dum servae cibōs parant, dominus et amīcus vītam rūsticam[8] laudant.

1 die »Villa dei Misteri« – 2 frūctuōsus, -a, -um *fruchtbar* – 3 oleum n. *Öl*
4 cella oleāria f. *Vorratsraum für Öl* – 5 torculārium n. *Presse (zur Öl- und Weinherstellung)*
6 dōlium n. *Faß* – 7 cēna f. *Mahlzeit, Essen* – 8 rūsticus, -a, -um *ländlich, Land-*

Modell eines römischen Landhauses (Villa Rustica von Boscoreale am Vesuv)

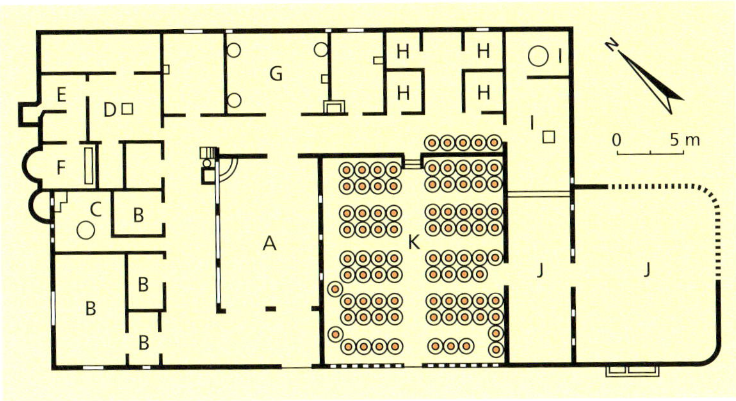

Grundriss der Villa Rustica von Boscoreale
A: Hof, B: Schlaf- und Esszimmer, C: Backraum, D: Küche, E: Toilette, F: Bad, G: Kelterraum, H: Sklavenkammern, I: Ölpresse, J: Scheune, K: Hof mit Weinfässern

Nōnnūllīs servīs vīta nōn placet

B Servīs Rūfus frūmentum et vīnum dat, quod hortōs et agrōs cūrant. Apollodōrō lībertō et Lȳdiae lībertae pecūniam dat. Nōnnūllī autem servī contentī nōn sunt: »Labōrāre dūrum est, quod vīlicus nōs semper agitat. Dominus nōbīs pecūniam nōn dat. Vīta nōbīs nōn placet.« Sed vīlicus respondet: »Pārēte mihi et memoriae mandāte: Egō sum vīlicus, vōs estis servī! Dominō grātiās habēte, quod vōbīs cibum dat! Contentī este!« »Dominō grātiās habēmus, quod nōbīs cibum dat, tibi, quod nōbīs imperās!« »Tacē tū! Contentus es! Labōrā!«

1. Wem befiehlt der Herr des Hauses? Bilde den richtigen Kasus und übersetze den Satz: Dominus imperat (servus, fīlia, puer, puellae, vīlicus, domina, servi).
2. In dieser Silbenpyramide verbergen sich 4 Sätze aus Text A, Z. 8–15. Schreibe die Sätze auf und übersetze.

   as
   at be bi bis
   cel cus gra ha lam
   li mon mus na no nun
   nunc ple ser stra sunt ti ti ti vi vis

3. Gib zu den folgenden Wörtern jeweils den Dativ und Akkusativ Singular an und kennzeichne die sie unterscheidenden Merkmale: puella, amīcus, vir, templa.
4. Übersetze folgende Befehle des Verwalters: Spectā! Pārē mihi! Nūntiā dominō! Gaudē! Salūtā mē! Apportā vīnum!
   Nach welcher Regel wird der lateinische Imperativ also gebildet? Vergleiche die Bildung des Imperativs im Deutschen.
5. Verwandle die folgenden Sätze nach diesem Beispiel: Rūfus vīllam possidet. – *Rūfō vīlla est.*
   a) Servae pecūniam nōn possident. b) Vīnum et oleum possideō. c) Rūfus et Caecilia servōs possident. d) Frūmentum et vīnum possidētis. e) Aedificia māgnifica possidēmus.

Lectio VI

Rōmam īre iūcundum est

Auf der Heimfahrt von Pompeji begleitet Paola Cordula und Marc noch bis nach Rom. Auf der alten römischen Reiseroute, der Via Appia, fahren sie durch Kampanien. Paola erzählt, dass auch Rufus auf diesem Weg nach Rom gereist ist:
Am Abreisetag sieht der Sklave Syrus, dass schon ein Wagen vor dem Gut steht. Doch Rufus fährt noch nicht ab. Was ist los?

A *Syrus:* »Quid est? Raeda[1] iam ante vīllam est.« Vīlicus: »Syre, stultus es. Ibī sunt raeda[1] aliēna et equus aliēnus. Sed ubī est raeda[1] nostra? Ubī est equus noster? Servī, festīnāte! Lȳdia, parā cibōs!« Lȳdia et servī pārent. Subitō Syrus servus damnum[2] māgnum videt: rota[3] frācta[4] est. Syrō labōrāre molestum est. Apollodōrum videt: »Apollodōre, nōs adiuvā! Apportā rotam[3] novam!« »Egō magister sum. Meum officium est līberōs docēre. Vōs servī estis. Vestrum officium est rotam[3] apportāre.« *Syrus* īrātus est: »Egō servus sum. Mea vīta misera est. Tū līber es. Itaque tua vīta iūcunda est. Cūr mē miserum nōn adiuvās?« Apollodōrus autem nōn iam adest. Tandem Syrus rotam[3] novam apportat.
Nunc Rūfī raeda[1] ante vīllam est. Syrus laetus est: Hodiē nōn iam labōrat, sed Rōmam it. Diū Rūfus et Syrus per multa Campāniae oppida eunt. Extrā mūrōs oppidōrum tumulōs māgnificōs vident. Via Appia lāta est et plēna virōrum raedārumque[1]. »Quam pulchrum est Rōmam īre!« *Syrus* gaudet. »Cūr Rōmam īs, domine?«

Rekonstruktion der Via Appia 5 Meilen südlich von Rom

»Rōmam eō, quod ibī varia negōtia mihi sunt.« Syrus multōs servōs videt: aliī equōs agitant, aliī māgnam frūmentī cōpiam portant. *Syrus:* »Salvēte! Nōs Rōmam īmus. Et vōs, quō ītis?« Servī autem nōn respondent; nam dēfessī sunt.

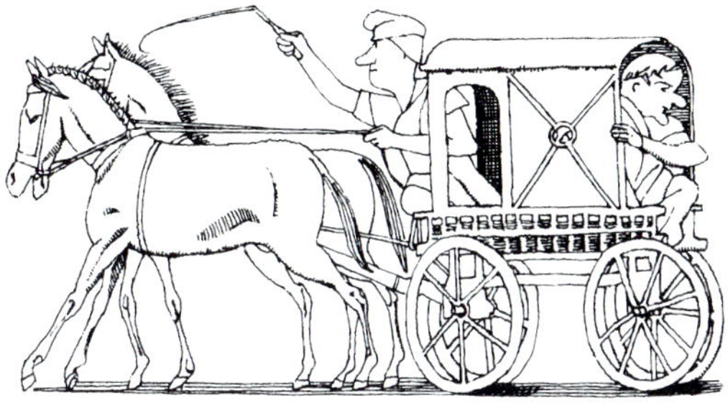

1 raeda f. *Reisewagen* – 2 damnum n. *Schaden*
3 rota f. *»Rad«* – 4 frāctus, -a, -um *gebrochen*

Tandem Syrus est contentus

B Etiam sub vesperum caelum bonum est; nōnnūllī virī dēfessī sunt et ante tumulōs sedent. Umbra aedificiōrum etiam Rūfō Syrōque iūcunda est. Syrus iam diū dēfessus est. Tum mūrōs lātōs videt et gaudet: »Domine, māgnōs Rōmae mūrōs videō.« *Rūfus:* »Syre, nōn Rōmae, sed Tarracīnae, pulchrō oppidō Latīnō, appropinquāmus. Spectā, nunc tēctum māgnificī templī vidēs!« Syrus autem templum nōn iam spectat; nam dēfessus est. Nunc Syrō Rōmam īre molestum est. Etiam dominus Syrī dēfessus est. Dum per viās Tarracīnae eunt, *Rūfus* nōnnūllās tabernās videt et vocat: »Ecce, parva taberna. Iuvat mē hīc manēre.«
Portae tabernārum apertae sunt. Rūfus et Syrus virōs laetōs vident: Aliī disputant, aliī clāmant: »Puerī, īte et apportāte cibōs! Cibus est noster, nōn vester! Puer, officium tuum est vīnum apportāre! Vīnum est meum, nōn tuum!«
Rūfus parvam tabernam intrat: »Salvēte! Puer, ī et portā māgnam cibī cōpiam, aquam, vīnum; nam dēfessī sumus!« Nunc Syrus contentus est …

1. Kannst du dir vorstellen, warum Rufus auf die Fahrt nach Rom Syrus mitnimmt?
2. Erweitere die folgenden Substantive sinnvoll mit Possessivpronomina und übersetze: officium, domina, amīcus novus, vīnum, servōs, dominae, dominō, servīs, aedificia.
3. Schreibe alle Genitivformen und die Nomina, denen sie zugeordnet sind, aus Text A, Z. 10–20 heraus. Was fällt dir an der Stellung der Genitivattribute auf? Vergleiche dazu das Deutsche.
4. Ersetze möglichst viele der folgenden Verbformen durch eine passende Form von *ire:* Per Campāniam ambulāmus. – Caecilia amīcam videt. – Rōmam festīnāre tibi placet. – Rūfus Tarracīnam frequentat. – Ambulā! – Per forum ambulō. – Festīnō et cibum apportō.

Via Appia

Die Via Appia, die älteste und berühmteste römische Landstraße, führte von Rom über Tarracina, Formiae und Capua ungefähr 500 km nach Süden bis zur Hafenstadt Brundisium (heute Brindisi; s. Karte nach S. 280). Sie war von Appius Claudius Caecus 312 v. Chr. angelegt worden und nach ihm benannt. Noch heute kann man auf ihren Pflastersteinen fahren.

Colossēum – quid est et quid erat?

Als Rufus sich in Rom aufhielt, hat er sicher das riesige Gebäude gesehen, das wir heute Kolosseum nennen. Allerdings war es damals noch nicht fertiggestellt. Heute gehört es zum Besichtigungsprogramm der Touristen. Cordula und Marc haben sich mit Paola vor dem Kolosseum verabredet. Dort kommen sie mit einer Klasse aus Hamburg ins Gespräch. Paola aber ist nicht zu sehen. Gab es ein Missverständnis? Als sie endlich kommt, erzählt Cordula aufgeregt, wie es ihr und Marc erging, als sie ständig auf und ab gingen und dauernd auf Paola warteten.

A *Cordula:* »Tandem ades! Iterum atque iterum tē vocābāmus.« *Paula:* »Mēne saepe vocābātis? Egō prope forum vōs exspectābam, Colossēum intrābam, in viam redībam, multōs līberōs vidēbam, sed frūstrā vōs vocābam. Errāre hūmānum est!« *Cordula:* »Tūne saepe in viam redībās? Nōs iterum atque iterum Colossēum undique spectābāmus, Colossēum circumībāmus[1]. Saepe līberī Mārcum interrogābant: ›Quid est Colossēum?‹ Sed Mārcus semper tacēbat. Nunc autem tē interrogāmus: ›Quid est Colossēum?‹«

Paula: »Vōs interrogātis: ›Quid est?‹, sed egō interrogō ›Quid erat Colossēum?‹ Hodiē enim māgnās ruīnās[2] vidētis, sed quondam Colossēum amphitheātrum amplum et māgnificum erat. Iterum atque iterum Colossēum multās hōrās frequentābam et semper maesta eram.« *Mārcus:* »Cūr maesta erās?« *Paula:* »Egō et amīcī meī maestī erāmus, quod ibī semper lūdōs perīculōsōs ante oculōs habēbāmus.« *Cordula:* »Maestīne erātis, quod ibī virī dūrē pūgnābant?« *Paula:* »Ita est. Ibī virī vērē pūgnābant. Ibī saepe lūdī erant. Iuvābat enim Rōmānōs lūdīs interesse.«

1 circumīre (beim Akk.) *um etwas herumgehen* – 2 ruīnae, -ārum f. (Pluralwort) *»Ruinen«*

Paola erzählt den Kindern, welche Kämpfe jahrhundertelang in der Arena üblich waren. Cordula und Marc sind entsetzt über die Grausamkeiten.

B *Paula:* »Rōmānī māgnam cōpiam bēstiārum in amphitheātrum apportābant. Ibī nōn sōlum bēstiae, sed etiam virī saepe multās hōrās inter sē certābant. Adversāriī arēnam[3] intrābant et turbam salūtābant. Aliī scūtum[4], gladium galeamque[5] habēbant, aliī rēticulum[6] et tridentem[7]. Turba virōs atque arma virōrum, deinde pūgnās attentē spectābat. Aliī aliōs temptābant. Turba, quod pūgna adversāriīs perīculōsa et dūra erat, nōn iam sedēbat, sed stābat, rīdēbat, gaudēbat, clāmābat. Saepe virōs incitābat: ›Temptāte! Pūgnāte! Necāte!‹ Saepe multī virī miserē perībant.«

3 arēna, -ae f. *»Arena«* – 4 scūtum, -i n. *Schild* – 5 galea, -ae f. *Helm*
6 rēticulum, -i n. *Netz* – 7 tridentem (Akk.) *einen Dreizack*

Eine Kampfszene, wie sie sich im Amphitheater abspielte.

1. Paola berichtet von grausamen Massenveranstaltungen. Was hältst du von dieser Art der Unterhaltung in der Antike? Gibt es heute ähnliches?
2. a) Suche aus Text A alle Imperfektformen der a- und e-Konjugation heraus und ordne sie tabellenartig nach 1./2./3. Person Singular und Plural.
   b) Kennzeichne in dieser Tabelle das Tempuszeichen des Imperfekts.
3. In der folgenden Formenreihe sind Imperfektformen versteckt. Kannst du sie entdecken? dominam – portam –ībam – pūgnās – errās – clāmābant – pūgnābās – erās – parvam – eram – cūram – errātis – cūrābam – cūrā – errābam.
4. Antworte lateinisch auf die Frage: Quis multās hōrās Rōmae manēbat? (līberī/tū/Paula/vōs/egō/Mārcus/nōs)
5. Das Imperfekt drückt längere Dauer und eine sich wiederholende Handlung aus. Oft wird dies durch Zeitangaben noch verdeutlicht. Suche sie aus Text A und B heraus und übersetze sie mit den dazugehörenden Verbformen.

Das Kolosseum

Das Amphitheatrum Flavium, erbaut 72–80 n. Chr. von den Flavierkaisern Vespasian und Titus, war das größte römische Amphitheater. Die Ruinen lassen seine gewaltigen Ausmaße erkennen: Längsachse 188 m, Querachse 156 m, Umfang 524 m, Höhe 50m. Die Tribünen fassten ca. 70 000 Zuschauer. Im Mittelalter wurde es nach der benachbarten Kolossalstatue des Kaisers Nero »Kolosseum« genannt.

Lectio VIII

Subūra Rūfum terret

Paola erzählt Cordula und Marc auch vom Leben in der Subura, dem damals am dichtesten besiedelten Wohngebiet Roms. Die Kinder können sich gut vorstellen, wie es Rufus bei einem Gang durch die Subura ergangen sein mag.

A Rūfus, quod Quīntum atque Claudiam amīcōs vīsitāre cōgitat, dōna habet: parvam statuam et speculum[1] māgnificum. Nam Rūfō placet Quīntum statuā, speculō[1] Claudiam dēlectāre. Amīcī enim amīcōs dōnīs dēlectāre solent. Rūfus nōn cōgitat Quīntum vīnō aut libellō[2] dēlectāre; nam amīcō semper artificia placēbant. Vīlla Quīntī extrā mūrōs sita est. Itaque Rūfus māne per Subūram it. Hīc nōn sunt vīllae pulchrae aut aedificia māgnifica. Hīc habitant fabrī[3], lībertī, servī. Rūfus fabrōs[3] videt. Virī ad portās aedificiōrum sedent et māgnā dīligentiā labōrant. Etiam līberī labōrāre dēbent. Aliī asinōs saccīs[4] onerant, aliī fabrōs[3] adiuvant. Servae māgnā cūrā vestīmenta lavant[5].

Rekonstruktionszeichnung einer Gasse in der Subura

Rūfus per viās angustās[6] Subūrae it. Subitō virum videt. Vir humī[7] iacet. Nōnnūllī virī Rūfum attentē spectant. *Rūfus* cōgitat: »Fortāsse vir mortuus est. Interdum virī scelestī dominīs īnsidiās parant, aedificia incendiō dēlent. Saepe etiam virōs pecūniīs spoliant.« Subūra Rūfum multīs perīculīs terret. Itaque timet et festīnat. Quīntā hōrā vīllae amīcī appropinquat.

1 speculum, -ī n. *Spiegel* – 2 libellus, -ī m. *kleines Buch* – 3 faber, fabrī m. *Handwerker*
4 saccus, -ī m. *»Sack«* – 5 lavāre *waschen* – 6 angustus, -a, -um *eng*
7 humī (Adv.) *am Boden* – 8 perīculōsus, -a, -um *gefährlich*

Salvēte, amīcī!

B Quīntus atque Claudia Rūfum exspectant. Clāmant: »Salvē!« *Rūfus* respondet: »Salvēte et vōs!«. Tum cūnctī vīllam intrant. Rūfus amīcīs dōna pulchra dat. Quīntus atque Claudia gaudent. Tum servae Rūfum cibō et vīnō dēlectant, dum amīcī nārrant. *Claudia:* »Quīntā hōrā tandem ades!« *Rūfus:* »Iterum atque iterum virī īnfēstī mē terrēbant, ubīque perīcula erant. Multās hōrās per viās Subūrae errābam. Ibī vīta molesta et dūra est, hīc autem iūcunda. Vīlla, hortus, pecūnia vōs cūrīs līberant, servī servaeque vōs cibīs et vīnīs dēlectant. Hīc habitāre iūcundum est.«
Tum per hortum eunt. *Quīntus:* »Statuīs Graecīs hortum nostrum māgnā dīligentiā ōrnāre cōgitō; nam statuae Graecōrum mihi placent. Itaque parvā statuā mē dēlectās.« Hodiē Rūfus nōn iam redit. Sub vesperum enim per Subūram īre perīculōsum[8] est.

1. Die Subura war im antiken Rom eine verrufene Gegend. Durch welche Aussagen wird das Unheimliche und Gefährliche im Text hervorgehoben?
2. Schreibe alle Ablativformen aus Text A heraus und ordne sie nach Genus und Numerus.
3. Die Sinnrichtungen des Ablativs (die häufigsten sind: instrumental, separativ, temporal) lassen sich durch gezielte Fragen an den Text erschließen. Wie könnten sie lauten?
4. Suche aus Text A und B für jede Sinnrichtung je ein Beispiel. Übersetze es und vergleiche, wie die lateinische und die deutsche Sprache den jeweiligen Sachverhalt ausdrückt.
5. Rufus will einen Geschäftspartner zu einem vertraulichen Gespräch treffen. Wenn du die unleserlichen Buchstaben richtig ergänzst und kombinierst, kennst du die vereinbarte Stunde.

6. In dem Satz »Rūfō placet Quīntum statuā, speculō Claudiam dēlectāre« ist ein besonderes Stilmittel verwendet. Beschreibe es und erläutere seine Funktion.

Lectio IX

Paula līberīs forum Rōmānum mōnstrat

Am letzten Tag ihres Aufenthalts in Rom führt Paola Marc und Cordula aufs Kapitol; sie möchte den Kindern von dort aus das Forum Romanum zeigen, das einst der politische, wirtschaftliche und religiöse Mittelpunkt des gesamten Römischen Reiches war. Doch was ist nur mit Marc und Cordula los?

A Dum Mārcus et Cordula ē Capitōliō forum Rōmānum spectant, Paula līberīs forum mōnstrāre studet. Līberī autem attentī nōn sunt. Itaque *Paula* līberōs interrogat: »Quid est?« »Attentī nōn sumus, quod ruīnās[1] hinc[2] spectāre nōbīs molestum est. Cūr in forum nōn īmus?« Tum Paula cum līberīs per forum it. Nunc attentē spectant, dum *Paula* narrat: »Hodiē multās ruīnās[1] in forō vidētis, sed quondam forum Rōmānum erat māgnificum. Hīc erant et aedificia pūblica et templa pulchra; hīc Rōmānī māgnā cum dīligentiā deīs immolābant, hīc multīs verbīs causās tractābant, hīc nōn sine studiō dē imperiō, dē bellīs, dē prōvinciīs cōgitābant.

Multās enim prōvinciās imperium Rōmānum continēbat. Nam Rōmānī iterum atque iterum populōs aliēnārum terrārum superābant. Saepe Rōmānī ē terrīs aliēnīs cum captīvīs miserīs Rōmam redībant. Tum triumphōs māgnificōs in forō Rōmānō habēbant. Postrēmō imperium Rōmānum ab Hispāniā ūsque ad Parthiam, ā Britanniā ūsque ad Āfricam pertinēbat.«

1 ruīnae, -ārum f. (Pluralwort) *»Ruinen«* – 2 hinc (Adv.) *von hier aus*

Rūfus per forum Rōmānum it

Rufus und Quintus fahren früh am Morgen von der Villa aus in die Innenstadt. Rufus will dort Geschäfte mit römischen Händlern abschließen. Quintus führt gerne Besucher durch die Stadt und möchte Rufus die Sehenswürdigkeiten zeigen.

B Tertiā hōrā amīcī forum Rōmānum intrant. Prope basilicam Aemiliam vir Rūfō māgnam olīvārum[3] cōpiam commendat[4]. Quod Rūfō pretium nōn placet, virī diū verbīs certant. Dum Rūfus olīvās[3] probat, Quīntus ad Cūriam it.

Subitō *Rūfus:* »Quīnte! Quīnte!« Quīntus autem nōn iam adest. Itaque Rūfus per forum ad basilicam Iūliam festīnat. Deinde per viam Sacram ā basilicā ūsque ad parvum Vestae templum it. Quīntum autem nōn videt. Itaque īrātus est. Ubī stat Quīntus? Fortasse mediō in forō prope Rōstra vel prope Cūriam? Postrēmō Rūfus medium in forum redit et circumspectat[5]. Subitō amīcum videt et gaudet. Quīntus ante Cūriam sedet et lūdum līberōrum attentē spectat.

3 olīva, -ae f. *»Olive«* – 4 commendāre *empfehlen* – 5 circumspectāre *sich umsehen*

Das Forum Romanum vom Kapitol aus gesehen.

»Quid est? Cūr hīc sedēs?« »Mē nōn iuvat verbīs dē olīvārum[3] pretiō certāre. Nunc tandem negōtiīs līberī sumus, iuvat mē tibi templa nostra mōnstrāre. Hinc[2] Capitōlium vidēs. Ibī templum māgnificum est. Sub Capitōliō templum Sāturnī deī vidēs. Ibī est aerārium[6] populī Rōmānī.« Quīntus rīdet. »Nōs Rōmānī pecūniam pūblicam ē prōvinciīs in templum portāmus. Hīc pecūniā pūblicā aedificia pulchra aedificāmus.«

6 aerārium, -i n. *Staatskasse*

1. a) Verfolge mit Hilfe des Plans auf S. 36 den Weg, den Rufus gegangen ist. An welchen Gebäuden kommt er vorbei?
   b) Welche Gebäude erklärt Quintus? Suche sie im Plan. Welche Gebäude spielen weder auf dem Weg des Rufus noch bei der Führung, die Quintus gibt, eine Rolle?
2. Nenne aus Text A alle Adverbiale. Ordne sie danach, ob sie Adverb, Ablativform oder Präpositionalausdruck sind. Bestimme die Sinnrichtungen der Ablative.
3. Suche aus Text B alle Präpositionalausdrücke heraus. Ordne sie nach ihren Präpositionen (beim Akk./beim Abl.).
4. Bilde mit den Präpositionen *ante, ā, ab, ē, ex, dē, cum, per, sine, in* und den folgenden Substantiven sinnvolle Adverbiale. Achte auf den Kasus, bei dem die Präpositionen stehen, und übersetze: amīcus, provinciae, aedificium, vīlla Rūfī, terrae aliēnae, studium, multī populī, forum Pompēiānum, Cūria, imperium Rōmānum, viae lātae, amīcī laetī.

Rekonstruktionszeichnung des Forum Romanum (1. Jh. n. Chr.)

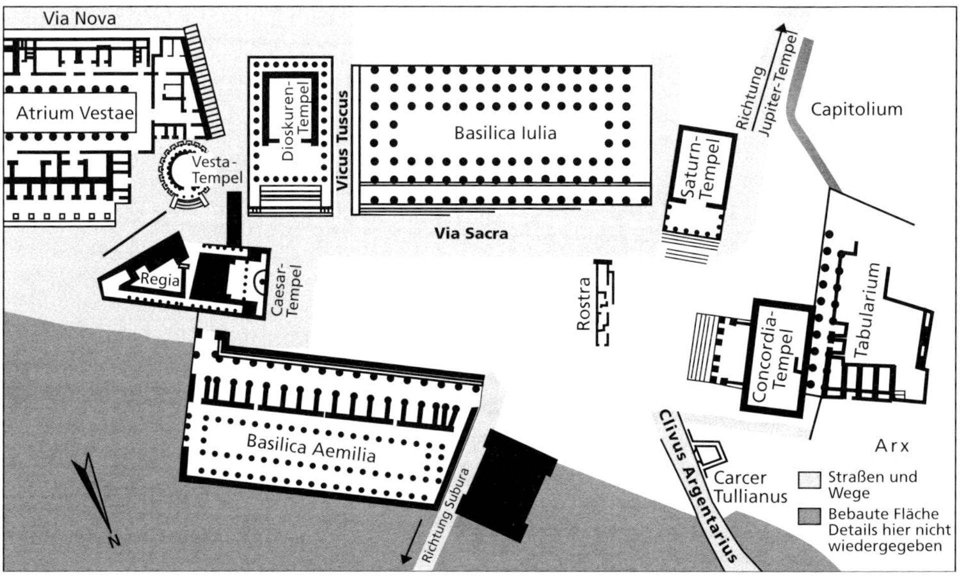

Plan des Forum Romanum (1. Jh. n. Chr.)

Modell der Stadt Rom in der späten Kaiserzeit

Rom war bereits im 1. Jh. n. Chr. eine Millionenstadt. Wissenschaftler gestalteten das Modell nach Funden und Angaben aus der lateinischen Literatur.

① Tiber

② Circus Maximus

③ Colosseum

④ Aqua Claudia, einer der 11 Aquädukte der Stadt. Dieser Aquädukt brachte täglich 184280 m^3 Wasser in die Stadt.

⑤ Palatin; auf diesem Hügel standen die Kaiserpaläste.

⑥ Von Kaiser Trajan errichtete Thermen.

⑦ Roms großartigste Basilika (100 x 65 m; 35 m hoch). Sie wurde im 4. Jh. n. Chr. errichtet.

⑧ Kaiserforen; weil zu Beginn der Kaiserzeit das Forum Romanum als Repräsentations- und Verwaltungszentrum nicht mehr ausreichte, erbauten einzelne Kaiser (Augustus, Trajan) prächtige Foren.

⑨ Forum Romanum; versuche mit Hilfe der Karte am Schluss des Buches folgende Gebäude zu identifizieren: Basilica Aemilia – Basilica Iulia –Tempel des Saturn.

⑩ Jupiter-Tempel auf dem Kapitol.

Zusätzliche Übungen

zu Lektion 1

1. Zeichne ein Bild der Familie des Rufus, wobei du den Personen andere Tätigkeiten als in der Lektion zuordnest. Schreibe dazu einen kleinen lateinischen Text.
2. Ihr könnt in der Klasse die Szenen aus Text A und B spielen.

zu Lektion 2

1. Setze zu den folgenden Substantiven vir, amīcus, fīlia, puer, convīvium passende Adjektive und setze deine Substantiv-Adjektiv-Verbindungen in den Plural.
2. Gibt es heute noch Sklaverei?

zu Lektion 3

Wenn du die folgenden Wörter richtig übersetzt, lassen sie sich leicht in den Vokabelhund einbauen: denn – er gehorcht – neues (N. Pl.) – sie lachen.

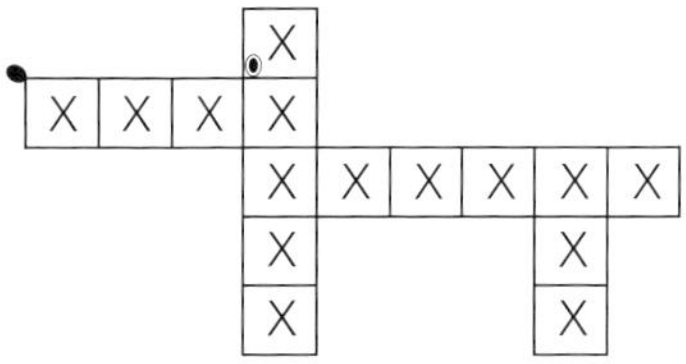

Denke dir eine andere solche Figur aus.

zu Lektion 4

1. Bei Ausgrabungen haben Archäologen die Scherben eines Trinkgefäßes gefunden. Versuche die Scherben zusammenzusetzen und nicht mehr lesbare Buchstaben zu ersetzen.

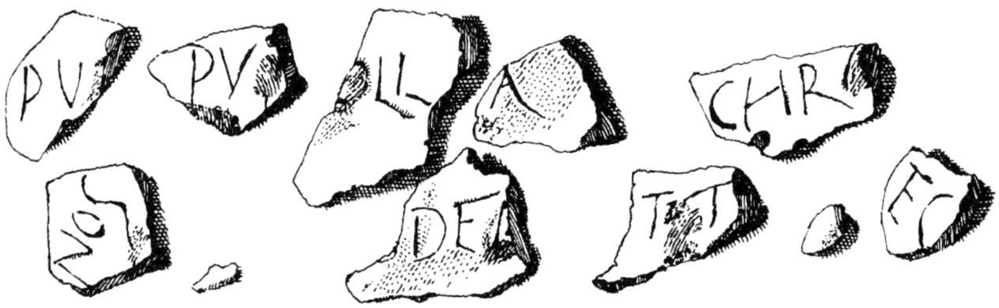

2. Barbarī thermās nōn habent, nōs autem Rōmānī sumus, nōs multās thermās aedificāmus. Kannst du dir vorstellen, warum in der Geschichte hier das nōs steht? Welche Wirkung hat es, wenn es zweimal gesetzt wird?

zu Lektion 9

Beantworte lateinisch: Ubī hodiē ruīnās templī Vestae vidēmus? Ubī Rūfus Quīntum videt? Cūr Quīntus nōn iam adest?

Zusammenfassende Übungen

Ergänze in dem folgenden Text sinnvoll die fehlenden Konnektoren aus dem Konnektorenvorrat. Beachte, dass einige Konnektoren auch mehrfach eingesetzt werden können.

Auf dem Landgut des Rufus

___ Rūfus Dāvum vocat. Dāvus est vīlicus Rūfī. Dāvus ___ nōn respondet. ___ Rūfus per vīllam, per cellās[1], per agrōs it; ___ Dāvum vocat. ___ vīlicus nōn appropinquat. ___ Rūfus trepidat[2]. ___ Syrum aliōsque servōs advocat[3]: »Ubī labōrat Dāvus?« Syrus: »Nōbīs nōtum[4] nōn est. ___ Dāvus vīlicum Gaī, amīcī tuī, vīsitat.« ___ Rūfus īrātus est et clāmat: » ___ olīvae[5] mātūrae[6] sunt!« Itaque Syrus aliīque servī ad olīvās[4] eunt et labōrant.

___ Lȳdia cibōs apportat. ___ ūnus ē servīs Dāvum procul videt: appropinquat vīllae Rūfī. Syrus Dāvō obviam[7] it et clāmat: »Dāve, Dāve, cūr hīc nōn labōrābās? Rūfus īrātus est.« Dāvus ___: »Apud Lȳdiam eram. ___ amīca mea est. ___ egō laetus sum, sed Rūfus ... ? Vae[8] mihi ...!«

1 cella, -ae f. *Vorratsraum* – 2 trepidat *er läuft hin und her*
3 advocat *er ruft herbei* – 4 nōtus, -a, -um *bekannt*
5 olīva, -ae f. *»Olive«; Ölbaum* – 6 mātūrus, -a, -um *reif*
7 obviam (Adv.) *entgegen* – 8 vae! *wehe!*

Konnektorenvorrat

fortasse, māne, subitō, autem, tum, iam diū, sed, itaque, nunc, tandem, diu, iterum atque iterum, sextā hōrā

1.

	1	2	3	4	5	6	7	8	9	10
A	A	S	I	P	I	B	I	L	E	C
B	D	E	R	A	T	I	S	M	T	A
C	E	E	B	M	S	C	H	N	I	S
D	M	O	S	E	O	D	I	S	B	U
E	N	S	D	T	M	A	U	U	E	M
F	T	A	E	O	E	M	F	N	A	U
G	A	B	I	S	A	O	E	T	U	S
H	C	I	N	B	R	T	T	O	E	I
I	R	M	I	T	O	S	C	P	T	M
K	S	T	N	U	E	Q	U	R	S	T

In diesem Gitter sind mindestens 10 Formen von ESSE und IRE zu finden. Die Buchstaben können von rechts nach links, von links nach rechts, von oben nach unten, von unten nach oben und diagonal gelesen werden. Schreibe die Formen, die du gefunden hast, heraus und übersetze sie. Stecken noch andere lateinische Wörter im Gitter? – Du kannst selbst ein Gitterrätsel zusammenstellen, wobei du angibst, welche Formen und wie viele gefunden werden sollen.

2. Du hast durch die Seitenzählung die lateinischen Zahlen von 1 bis 10 kennengelernt. Präge sie dir ein. Welche Fremdwörter, die sich von diesen Zahlwörtern ableiten, kennst du?
3. Hier ist einiges durcheinander geraten. Stellt die Teilsätze so um, dass sinnvolle Sätze entstehen. Schreibt die neuen Sätze auf.

1) Servus asinum agitat,	a) quod hortōs et agrōs cūrant.
2) Vir et puella laetī nōn sunt,	b) sed asinus nōn pāret.
3) Rūfus puerum vocat,	c) nōs Rōmānī autem multās thermās aedificāmus.
4) Servīs Rūfus frūmentum et vīnum dat,	d) nam nōn habent pecūniam.
5) Barbarī thermās nōn habent,	e) tum puer vīnum apportat.

Lectio X

Nunc vidētis vīllam Rūfī, viam Appiam …

Einige Tage schon sind Cordula und Marc wieder in Köln.
In der Klasse zeigen sie ihre Dias und Karten und erklären sie lateinisch.

Hīc Rūfum, amīcum nostrum, vidētis. Rūfus dominus erat et cum familiā in vīllā habitābat. Cūr corōnam[1] habet? Fortasse convīvium in vīllā Rūfī erat. In convīviō Rōmānī corōnīs[1] pulchrīs sē ōrnābant. Servī servaeque cibīs et vīnīs dominōs domināsque dēlectābant. Convīvia Rōmānīs semper placēbant.

Nunc vīllam amīcī nostrī spectāmus. Vīlla māgna et pulchra erat, quod Rūfus, vir ēgregius, māgnam habēbat pecūniam. Hīc familia habitābat: dominus dominaque, fīliī et fīliae, servī servaeque.

Saepe Rūfus cum amīcīs multās hōrās per viās oppidī ībat. Tum cūnctī forum frequentāre solēbant; nam ibī multī virī dē negōtiīs, dē pecūniā, dē lūdīs disputābant. Etiam Rūfō iūcundum erat disputāre. Sub vesperum thermās intrābat et clāmābat: »In aquā calidā[2] natāre[3] mē semper dēlectat.«

Nunc vīllam rūsticam[4] vidētis. Rōmānī vīllās rūsticās[4] extrā oppida aedificābant. Quod dominō multa negōtia in oppidō erant, vīlicus vīllam, hortōs, agrōs cūrābat. Vīlicus servīs imperābat. Servī autem saepe contentī nōn erant; dūrum enim erat agrōs et hortōs cūrāre. In vīllā rūsticā[4] nōn sōlum vīlicus, sed etiam vīlica[5] negōtia cūrābat. Vīlicae[5] pārēbant servae.

Nunc viam Appiam spectāte! Via Appia lāta erat. Rōmānīs nōnnumquam molestum erat viā Appiā īre. Prope viam Appiam multī tumulī mortuōrum erant. Nam Rōmānī tumulōs extra mūrōs oppidōrum aedificāre solēbant.

Ecce Colossēum! Hodiē māgnās ruīnās[6] vidēmus, sed tum Rōmānī in amphitheātrō lūdōs spectābant. Pūgnae adversāriīs perīculōsae erant, sed turba gaudēbat et clāmābat, virōs incitābat.

Subūra: viae sunt angustae[7], aedificia māgna. Hīc nōn sōlum fabrī[8] et servī habitābant, sed etiam virī scelestī. Saepe dominīs īnsidiās parābant, saepe virōs pecūniīs spoliābant. Nōnnumquam dominōs gladiīs necāre temptābant. Itaque perīculōsum erat per Subūram īre.

Nunc forum Rōmānum intrāmus. Memoriae mandāte: Forum Rōmānum umbilīcus[9] Rōmae et imperiī Rōmānī erat. Ibī multa aedificia pūblica et sacra vidēmus: Cūriam et basilicās et templum Sāturnī deī. Rōmānī forum statuīs māgnificīs virōrum egregiōrum ōrnābant.

1 corōna, -ae f. *Kranz, Krone* – 2 calidus, -a, -um *warm, heiß* – 3 natāre *schwimmen*
4 vīlla rūstica *Landgut* – 5 vīlica, -ae f. *Verwalterin* – 6 ruīnae, -ārum (Pluralwort) f. *»Ruinen«*
7 angustus, -a, -um *eng, schmal* – 8 faber, fabrī m. *Handwerker*
9 umbilīcus, -i m. *Mittelpunkt*

De vita Romanorum

Wohnen und Essen

1 Haustür
2 Korridor (vestibulum)
3 Laden/Werkstatt
4 Atrium
5 Regenbecken (impluvium)
6 Seitenflügel
7 Schlaf-, Wohn- und Wirtschaftsräume
8 Esszimmer (triclinium)
9 Gesellschaftsraum
10 Gang
11 Garten (hortus)

Modell eines römischen Hauses

Abendliches Festessen im Triclinium

Römische Süßspeise, zur Nachahmung empfohlen

Entferne die Kruste von Milchbrötchen und weiche sie in Milch ein. Wenn sie sich vollgesogen haben, gib sie in den Backofen, aber nicht zu lange, so dass sie nicht trocken werden. Nimm sie heraus, übergieße sie mit Honig. Bestreue sie mit Pfeffer und serviere.

Verba Latina ubique sunt

Sprichwörter und Redewendungen

Errare humanum est.
Ubi bene, ibi patria.
Anno domini
Hic et nunc
Persona non grata

Eine Inschrift aus Pompeji

AEMILIVS CELER HIC HABITAT.

Römische Inschriften aus dem Rheinland

GAVDE – IVVAT ME VINVM! – VINVM MI[1]!

1 mi = mihi

Welche Teile des Hauses sind mit den lateinischen Bezeichnungen gemeint?
Nenne zu den lateinischen Bezeichnungen die deutschen Lehnwörter.

tegula – spicarium – coquina –
murus – caementum – fenestra – porta –
fundamentum – cellarium – (via) strata

VON TROJA NACH ROM

Lectio XI

Amicus Rufi de incendio Troiae narrat

Rufus hat Freunde eingeladen. Rufilla und Lucius waren einige Tage krank, können jetzt aber endlich wieder aufstehen und freuen sich sehr auf den Besuch.

A Etiam liberi convivio interesse possunt. *Rufilla,* quod alii convivae[1] saepe pulchras fabulas narrare poterant, etiam nunc nonnullos interrogat: »Quis nobis fabulam narrare potest?« Tum *Gaius,* unus e convivis[1]: »Ego de bello Troiano, de dolo[2] Graecorum, de fato Troianorum vobis narrare possum! Nam Vergilius noster saepe incendium Troiae cantabat[3]:

Quondam Graeci decem annos Troiam oppugnabant, sed oppidum expugnare non poterant. Postremo Ulixes, unus e Graecis, dolo[2] Troianos superare cogitavit. Itaque Graeci ante Troiae portas equum ligneum[4] aedificaverunt et nonnullos viros in equo occultaverunt. Ceteri ad oram Tenedi insulae navigaverunt. Troiani autem erant laeti; quin etiam cum liberis ad oram ierunt et equum spectaverunt. Postremo equum in oppido collocaverunt. Noctu Troiani dormitabant[5]. Tum autem Graeci ex equo exierunt et tandem oppidum superare potuerunt. Troiam incendio deleverunt et cunctos fere viros necaverunt. Aeneas autem cum paucis Troianis se servare potuit.«
Rufilla: »Bene narravisti! Incendium Troiae quasi spectavimus et ante oculos habuimus.« *Rufus:* »Ita est! Nos cuncti attenti fuimus.«
Gaius: »Libenter narravi, quod me quoque gaudio vestro delectavistis.«
Rufilla: »Sed quomodo[6] Aeneas se et socios servavit? Potesne nobis narrare?«

1 conviva, - ae m. *Gast* – 2 dolus, -i m. *List* – 3 cantare *(be)singen*
4 ligneus, -a, -um *aus Holz, hölzern* – 5 dormitare *schlafen* – 6 quomodo? *auf welche Weise?*

B *Gaius:* »Dum multi Troiani cum Graecis pugnant, Hector mortuus somnio Aeneae fatum nuntiavit: ›Novam in patriam naviga, serva familiam tuam deosque patrios!‹ Tamen Aeneas contra Graecos pugnare et Troiam patriam servare cogitabat. Sed dei Aeneam prodigiis monuerunt. Postremo fato paruit et cum Ascanio filio et Creusa et paucis sociis ad oram iit. Ubique erant pericula: Graeci Troianos gladiis oppugnabant; alii aliis insidias parabant; Graeci incendio Troiam delebant. Dum Troiani orae appropinquant, Aeneas Creusam non iam videre potuit. Itaque in oppidum rediit. Per vias errabat, iterum atque iterum Creusam vocabat. Subito umbra Creusae appropinquavit et Aeneam monuit: ›Ego mortua sum et ad inferos ii. Tu autem serva Ascanium filium et familiam nostram, naviga in novam patriam.‹
Tum umbra rediit ad inferos. Aeneas ad filium et socios iit. Tandem Troiani in novas terras navigaverunt.«

Das Trojanische Pferd. Griechisches Vasenbild aus dem 7. Jh. v. Chr.

Du hast im Text A (Z. 6 ff.) ein weiteres Vergangenheitstempus kennengelernt.

a) Schreibe also alle Prädikate aus dem Text A (Z. 6–17) heraus.

b) Ordne den Prädikaten – soweit möglich – Konnektoren und adverbiale Bestimmungen der Zeit zu.

c) Welche Informationen zum Handlungsverlauf kannst du
- aus der Bedeutung der Prädikate
- aus der unterschiedlichen Verwendung von Imperfekt und Perfekt
- aus den adverbialen Angaben der Zeit entnehmen?

d) Beschreibe abschließend die Funktion von Imperfekt und Perfekt in erzählenden Texten.

1. Die Eroberung Trojas könnte auch in einem Comic dargestellt werden. Wähle einzelne Szenen aus und finde eine lateinische Überschrift dazu.
2. Suche aus Text A alle Infinitive heraus und schreibe jeweils das Verb dazu, von dem sie abhängig sind (z. B. interesse possunt). Nenne die syntaktische Funktion der Infinitive.
3. Schreibe aus Text A, Z. 1–5 alle Formen von posse (Präsens und Imperfekt) in eine Konjugationstabelle. Ergänze die fehlenden Formen.
4. Schreibe aus Text A, Z. 6–17 und Text B alle Vergangenheitsformen von posse heraus und wandle sie in die entsprechende Form des Präsens um.
5. Woran erkennst du die Verbformen in Text A, die im Perfekt stehen? Was drückt das Perfekt im Gegensatz zum Imperfekt in diesem Text aus?
6. Lege eine Tabelle für die Akkusativobjekte in Text A, Z. 6–17 an. Ordne sie dabei nach Wortarten.

Zeile	Substantive mit Attribut	Infinitive	Pronomina

7. Wo ergeht es Flüchtlingen heute ähnlich wie in Troja?

Lectio XII

Quis Graecis, quis Troianis adfuit?

A Liberi contenti sunt, quod Gaius diu narravit. Rufus videt etiam convivas[1] gaudere; itaque laetus est. *Rufus:* »Nos non ignoramus pium Aeneam semper fato deorum paruisse. Itaque et socios et filium et deos patrios e Troia servare potuit. Vergilius narravit Troianos navigiis diu per altum[2] erravisse et multis in periculis fuisse. Tandem Africam viderunt. Putaverunt Africam esse novam patriam. Tamen ibi non manserunt; iterum Aeneas prodigiis deorum paruit et in Italiam navigavit.«

Sed Rufilla maesta est, quod Graeci Troianos dolo[3] superaverunt. Iterum atque iterum interrogat: »Cur Troiani Graecos dolum[3] adhibuisse ignorabant? Cur Graeci Troiam delere potuerunt? Num dei magnam Troiam non servaverunt propter odium Troianorum?«
Tum *Gaius:* »Nondum narravi Graecos Troiam auxilio deorum quoque superavisse. Dei enim pugnae interfuerunt: Iuno, Neptunus, Mercurius, Vulcanus, Minerva Graecis adfuerunt, quod amici Graecorum erant; Mars, Phoebus, Diana, Venus Troianos adiuverunt propter amicitiam Troianorum. Tandem Iuppiter victoriam Graecorum probavit. Dolo[3] Graeci Troiam expugnaverunt.«

1 conviva, -ae m. *Gast* – 2 altum, -i n. *das hohe Meer* – 3 dolus, -i m. *List*

B *Rufilla* iterum: »Quis autem Aeneam adiuvit?« *Gaius:* »Venti cuncta fere navigia deleverunt; tamen dei etiam tum in amicitia Troianorum manserunt: Paucos servaverunt. Venti ad Africae oras Aeneam sociosque nonnullos portaverunt. Ibi Dido, regina[4] Poenorum, viros ad convivium invitavit[5].
Vidit Aeneam sociosque esse maestos. Itaque regina[4] Aeneam oravit: ›Narra de fato vestro! Cur tam maesti estis?‹
Tum *Aeneas:* ›Troiani sumus. Ego vidi Graecos patriam nostram dolo[3] superare. Graeci enim ante portas Troiae equum ligneum[6] aedificaverunt. In equo viros occultaverunt. Nos autem putavimus Graecos in patriam navigavisse; itaque equum in oppido collocavimus. Noctu Graeci nos pugna superare potuerunt: Alios Troiam flammis delere, alios viros et liberos necare vidimus. Magno cum periculo vitae nos servare potuimus. Ventos per altum[2] nonnullos viros in regnum tuum portavisse non ignoras. Fortasse Africa patria nova est.‹
Diu Aeneas narrabat; regina[4] attenta erat et mox desiderio Aeneae arsit.«

4 regina, -ae f. *Königin* – 5 invitare *einladen* – 6 ligneus, -a, -um *aus Holz, hölzern*

Die schiffbrüchigen Trojaner erreichen mit letzter Kraft die Küste Afrikas.

1. Schreibe alle Perfektformen aus Text A heraus. Unterscheide dabei die verschiedenen Perfektstämme.
2. Schreibe aus Text A und B alle Sätze heraus, in denen ein AcI steht. Unterstreiche dabei in deinem Heft die Verben, von denen der AcI abhängig ist. Welches Zeitverhältnis besteht zwischen dem AcI und dem übergeordneten Verb? Welche syntaktische Funktion hat der AcI?
3. Übersetze die folgenden lateinischen Sätze ins Deutsche. Mache dann jeweils die rechte Spalte abhängig vom links stehenden Satz, und lies die neuen Sätze vor. Was verändert sich im Deutschen, was verändert sich im Lateinischen?

a) Rufilla amicis narrat:	Graeci dolum adhibuerunt, sed dei Troianis adfuerunt.
b) Gaius convivis narrat:	Regina Poenorum Aeneam sociosque ad convivium invitavit.
c) Dido vidit:	Aeneas sociique maesti sunt.
d) Liberi ignorant:	Regina desiderio Aeneae ardet; Aeneas magno cum periculo se servare potuit; venti Aeneam in Africam portaverunt.

4. In Text A, Z. 13–14 werden zwei unterschiedliche Verben für »helfen« gebraucht. Worin besteht der Unterschied in der lateinischen Konstruktion?
5. Suche aus Text A, Z. 7–15 und B alle Genitive heraus. Unterscheide dabei nach der semantischen Funktion.

Zeile	Genitivus subiectivus	Genitivus obiectivus

6. Aeneas wird in Text A, Z.2 als pius bezeichnet. Wie verhält er sich gegenüber Göttern, Heimatstadt und Familie? Welche weiteren Übersetzungen für pius könntest du also nennen?
7. Im Wort regnare steckt der Stamm *reg-*. Suche aus dem Text Worte mit dem gleichen Stamm und erkläre ihre Bedeutung.

Rufus pater de origine Romanorum narrat

Rufilla ist froh, dass Aeneas in Afrika seine Irrfahrt glücklich beendet hat und nun vielleicht sogar eine Königin heiraten kann.

A *Rufilla:* »Fama est Aeneam et filium Ascanium patres Romanorum fuisse. Cur Troiani multis cum laboribus ex Africa ad oras Latii navigaverunt?«
Rufus: »Pater Aeneas non amori reginae[1], sed fato deorum paruit. Itaque cum sociis in Italiam navigavit. Dido regina[1] autem dolorem non toleravit, sed se necavit. Constat labores patris Aeneae et maiorum in Italia non parvos fuisse. Tandem Troiani victores fuerunt; Ascanius Albam Longam, novum oppidum, aedificavit.

Ibi postea multi reges imperaverunt. Inter eos Numitor et Amulius fratres fuerunt. Amulius cum Numitore fratre de regno certavit. Is Numitorem pugna superavit et regno spoliavit. Rhea Silvia autem, filia Numitoris, iussu Amulii sacerdos Vestae erat. Quod ei cum Marte deo duo filii, Romulus et Remus, fuerunt, Amulius eam morte multavit[2]. Etiam eius filios necare studuit. Fama est lupam[3] eos servavisse et postea pastorem[4] eis adfuisse et eos educavisse.«
Rufilla: »Non ignoro eos fratres postea magnum oppidum, id est Romam, aedificavisse.«
Rufus: »Maiores nostri narrant etiam Romulum et Remum de regno eius oppidi certavisse: Olim[5] Romulus oppidum suum muro circumdedit. Quod murus eius parvus erat, Remus fratrem irrisit. Itaque Romulus fratrem suum gladio necavit; eum tum sine fratre Romanis imperavisse constat.«

Romani filias Sabinorum raptant[6]

B *Rufilla:* »Non mirum est Romulum, filium Martis, tam barbarum fuisse. Eratne semper tam barbarus?«
Rufus: »Fama est maiores nostros postea insidiis finitimos superavisse. Nam Romulus, quod feminae ei et sociis eius deerant, Sabinos, finitimos suos, et filias eorum ad ludos invitavit[7]. Dum Sabini ludos spectant, Romani filias eorum raptaverunt[6]. Iam Sabini ardebant odio Romanorum et contra finitimos pugnare cogitabant.
Tum Sabinorum filiae et Sabinos, patres suos, et Romanos, viros suos, oraverunt: ›Arcete bellum. Neque sine patribus neque sine viris esse possumus.‹ Feminae animos cunctorum moverunt. Romanos et Sabinos tum pacem conciliavisse[8] constat.«

1 regina, -ae f. *Königin* – 2 multare *bestrafen* – 3 lupa, -ae f. *Wölfin*
4 pastor, -oris m. *Hirte* – 5 olim (Adv.) *einst* – 6 raptare *rauben* – 7 invitare *einladen*
8 pacem conciliare *Frieden schließen*

Die kapitolinische Wölfin, Bronze, 5. Jh. v. Chr. Die 1,15 m lange Wölfin wurde von einem etruskischen Künstler geschaffen. Die Figuren von Romulus und Remus wurden erst viel später hinzugefügt.

1. a) Ordne alle Formen von is, ea, id aus Text A, Z. 7–18 in einem Deklinationsschema.
   b) Erläutere die Funktion, die dieses Pronomen jeweils übernimmt.
   c) Suche aus Text B alle Possessivpronomina der 3. Person heraus. Unterscheide sie nach ihrer syntaktischen Funktion und erkläre ihre unterschiedliche Bildung.
2. Übersetze folgende Sätze und ergänze die Formen des Possessivpronomens.
   Aeneas amori … non paruit. Labores … in Italia parvi non fuerunt. Filius … Albam Longam aedivicavit. Romulus fratrem … gladio necavit. Sabini Romulo et sociis … filias in matrimonium non dederunt.
3. Von welchen Verbformen ist im Text B ein AcI abhängig? Welche Satzteilfunktion erfüllt er?
4. a) Welche Nomina in den Texten A und B gehören der 3. Deklination an?
   b) Stelle mit den vorkommenden Formen eine Tabelle zusammen, in der die Kasusendungen der 3. Deklination zusammengefasst sind.
   c) Welche Gemeinsamkeiten und Unterschiede bestehen zur a- und o-Deklination?
5. Verbinde die Substantive mit passenden Pronomina und lies die Ausdrücke vor:

1) labore	2) mortem
3) oppido	
4) dolores	5) famae
6) famam	
7) regibus	8) pace

a) eos	b) eam
c) ei	
d) eo	e) iis
f) eam	
g) ea	h) eo

6. a) Untersuche die Zusammensetzung des Wortes postea. Erkläre hieraus seine Bedeutung.
   b) Welche Bedeutung haben demnach interea und antea?
7. Wie beurteilst du im Text B das Verhalten der Römer, wie das der Sabinerinnen?

IM ARCHÄOLOGISCHEN PARK XANTEN

Lectio XIV

Iuvat Coloniam Ulpiam Traianam adire

Die Lateinschüler einer 7. Klasse aus Freiburg sind zum Archäologischen Park bei Xanten gefahren. Dort sind freigelegte Reste und wiederhergestellte Bauten einer Römerstadt, der Colonia Ulpia Traiana, zu sehen.
Die Kinder haben im Unterricht lateinische Texte über das Leben der Römer in dieser Stadt vorbereitet. An Ort und Stelle drehen sie einen Videofilm, den sie Eltern und anderen Interessierten vorführen wollen.

A *Marcus:* »Per portam antiquam coloniam intramus. Inter arbores aedificia, monumenta, statuas aetatis Romanorum videmus.« *Cornelia:* »Quis hic habitabat? Cuius statua ibi est?« *Claudia:* »Imperator Marcus Ulpius Traianus eam coloniam aedificavit. Eius statuam ibi videtis.« *Iulius:* »Quem in ea colonia collocavit? Cui id notum est? Tibine, Anna?« *Anna:* »Mihi notum est in ea regione castra legionis fuisse. Plerique veterani non in patriam redierunt, sed cum uxoribus liberisque in eis regionibus manserunt. Constat imperatorem Traianum imprimis veteranos legionum in colonia collocavisse. Veterani hic varia negotia vel in tabernis vel in officinis[1] curabant.« *Claudius:* »Varia aedificia in colonia sita videbitis. Amphitheatrum et thermas adibimus. Sed primo ludos Romanorum vobis monstrabo! In novo aedificio varios ac pulchros ludos spectare potestis. Velut liberi Romani nos quoque nuces[2] in orcam[3] iactare temptabimus! Temptabisne, Marce? Et tu, Anna? Quis victor erit?« *Marcus:* »Certe! Ego victor ero!« *Magistra:* »Vos cuncti temptare poteritis. *(Ad spectatores[4]:)* Nunc ad ludos ibunt, certe contenti erunt.«

Ludi nos delectant

B *Benedictus:* »Temptavimus nuces[2] in orcam[3] iactare. Non Marcus, sed Claudius victor est. Nunc novus ludus nos delectabit. Ecce ludus pulcher: In reticulo[5] parvae pilae[6] sunt. Nunc tu, Iulia, primam pilam[6] tene! Non licet alias pilas[6] movere.« *Iulia:* »Sine labore pilam[6] tenebo! Videte!« (Pilam[6] tenet – sed alias movet.) »Quis poterit primam, deinde alteram tenere neque alias movere? – Ecce! Cornelia magna cum diligentia primam pilam[6] tenet, alteram, tertiam – ne postremam quidem movet.« *Cuncti:* »Victoria! Victoria!« *Diana:* »Constat ludos antiquos hodie quoque liberos delectare. Videte ludum deltae[7]. Cui is ludus notus est? Explicabo vobis eum ludum. In delta[7] decem areae[8] sunt. Iactabimus nuces[2] in areas[8] deltae[7].« *Cornelia:* »Deltam[7] adibo et nucem[2] iactabo.« (Nucem[2] in aream[8] sextam iactat.)

Diana: »Sex nuces[2] habebis. Nunc tu, Cordula, nucem[2] iacta! (Cordula nucem[2] non in deltam[7] iactat.) Nuces[2] non habebis.« *Marcus:* »Quem ludi aetatis Romanorum non delectabunt? Cui non placebunt? Diu hic manebimus.«

1 officina, -ae f. *Werkstatt* – 2 nux, nucis f. *die Nuss (in vielen Spielen als Spielzeug verwendet)*
3 orca, -ae f. *schmales Gefäß* – 4 spectator, -oris m. *Zuschauer* – 5 reticulum, -i n. *Netz*
6 pila, -ae f. *Ball* – 7 ludus deltae *Deltaspiel; das Spielfeld gleicht dem griechischen Buchstaben Δ (Delta)* – 8 area, -ae f. *Feld*

Kinder beim Orca-Spiel im Archäologischen Park Xanten

1. Einer der Zuhörer überrascht die Kinder bei der Filmvorführung mit der Frage: »Quid videmus?«. Stelle lateinisch weitere Fragen nach den hervorgehobenen Wörtern:
   a) Statuam *imperatoris* videtis. b) *Nobis* imperator Traianus notus est. c) Marcus clamat: *Ego* victor ero. d) *Claudius* interrogat: Temptabisne, Marce? e) Cornelia *Marcum* laudat.
2. Noch nicht, aber bald! Schreibe nach folgendem Beispiel die weiteren Sätze:
   Nondum ... sed mox (ego, *curare*): Nondum curo, sed mox *curabo*.
   (Marcus, parere; pueri, studere; nos, redire; Cornelia, adesse; vos, intrare; tu, videre posse).
3. Auf die Endung kommt es an! Bestimme und übersetze folgende Formen:
   legio – interrogabo – explicabo – monumento – moveo – subito;
   clamavistis – regionis – variis – aetatis – tenetis – antiquis – imperatoris.
4. Versucht ein Orca- oder Deltaspiel herzustellen. Ihr könnt Nüsse oder Korken werfen.
5. Unter Trajan hatte das römische Reich seine größte Ausdehnung. Nenne mit Hilfe der Karte vorne die heutigen Länder, die ganz oder zum Teil unter römischer Herrschaft standen.

Ludi magister est is, qui liberos docet

Jetzt sitzen die Kinder im Parkgelände. Peter erklärt, dass ludus auch »Schule« heißt. Dann berichten die Kinder über Schule und Schüler zur Römerzeit.

A *Petrus:* »Liberi, qui in villis habitabant, vel ii, quorum parentibus magnae divitiae erant, domi manebant. Eos docebat servus, cuius scientia magna erat, velut Apollodorus[1]. In oppidis puellae puerique quinque fere annos ludo intererant. Scriptores antiqui narrant ludum in foro fuisse. Magistris ludi, quibus parentes parvam pecuniam dabant, saepe vita acerba erat: Liberi eis non parebant, molesti erant. Sed etiam is puer, qui ludum frequentabat, haud raro miser erat.«
Cornelia: »Puella quoque, quae ludo intererat, magistrum durum timebat et virgam[2], qua liberos verberabat[3]. Praemia, quae raro bonis dabat, erant crustula[4] aut alia eius modi. Id autem, quod magister docebat, paucis verbis narrare possum: Litteras Graecas et Latinas docebat, fabulas narrabat, quas liberi recitabant.«
Iulia: »In tabula, quam vobis nunc monstro, ludum aetatis Romanorum spectare potestis. Puellae, quae sedent, ex tabulis vel litteras vel carmina recitant. Viri, quos stare videtis, paedagogi[5] sunt. Puer, quem magister verberat[3], fortasse carmen non bene recitavit. Corpus pueri nudum[6] est! Alii pueri magistrum etiam adiuvant! Id non solum corpus, sed etiam animum pueri vulnerat.«
Marcus: »Multa eorum, quae scriptores antiqui narrant, certe vera sunt: Tempus, quo ludum frequentabant, liberis miserum erat.«

Salvete, puellae puerique!

Und nun spielen die Siebtklässler eine Szene in einer römischen Schule:

B *Claudius:* »Quis magister erit?« *Marcus:* »Ego magister ero, cuius humanitas magna erit! Bonos laudabo, improbi me timebunt.«
Cornelia: »Magistra esse desidero. Imprimis pueros vexabo!«
Claudius: »Minime! Certe ignoras temporibus antiquis mulieres numquam liberos in ludo docuisse. Marcus magister erit!«
Marcus: »Salvete pueri puellaeque! Ubi pecunia est? Labor durus est, tempora iucunda non sunt. Iam fames, iam capitis dolor me vexat.«
Cuncti: »Io! Io! Ferias habebimus!« *Marcus:* »O tempora, o mores! Ferias non habebimus! Laborabitis! Cornelia, recita fabulam, quam vobis narravi!«
Cornelia: »Narravisti fabulam de ... o, ignoro! Sed pulchrum carmen, quod frater me docuit, cantare[7] possum!«

Marcus: »Non cantabis[7]! Claudi, monstra abacum[8]! O, non bene numeravisti[9]! Ubi est virga[2], qua molestos verberare[3] soleo?« (Claudius virgam[2] post corpus tenet).

Marcus: »Petre, monstra litteras, quae in tabula tua sunt! MARCVS – bene! ASIN … o, ea sunt verba, quae recitare non possum!« (Petrus cunctis tabulam monstrat, in qua ea verba sunt: MARCVS ASINVS STVLTVS EST.)

1 Vergleiche L I. – 2 virga, -ae f. *Rute* – 3 verberare *schlagen* – 4 crustulum, -i n. *Plätzchen*
5 paedagogus, -i m. *Sklave, der die Kinder zur Schule begleitet* – 6 nudus, -a, -um *nackt*
7 cantare *singen* – 8 abacus, -i m. *Rechenbrett* – 9 numerare *rechnen*

Römische Schule: Wandgemälde aus Herculaneum.

1. Setze zu den Substantiven im linken Kasten passende Formen von is, ea, id und übersetze.

scientiae	carmina	ei	eo
corpori	capite	ea	eas
humanitas	litteras	ea	eius

2. Verbinde jeweils zwei Hauptsätze zu einem Hauptsatz mit Relativsatz. Schreibe das neue Satzgefüge in dein Heft und übersetze.
   a) Magister puerum verberat. — Puer attentus non est.
   b) Romanis mulieres non erant. — Filias Sabinorum raptaverunt.
   c) Romani multa monumenta aedificabant. — Etiam in nostris regionibus varia monumenta Romanorum spectare possumus.
3. Wer entschlüsselt folgende Inschrift und rät, wo sie gestanden haben könnte?
   ESQVODERAMERISQVODSVM
4. Worin unterscheidet sich der Unterricht in einer römischen Schule vom Unterricht in einer heutigen Schule? Hätte es dir in einer römischen Schule gefallen? Begründe deine Meinung.

Kindheit und Jugend

Die Erziehung der kleinen Kinder war in der Regel Aufgabe der Mutter. In manchen reichen Familien wuchsen die Kinder zusätzlich unter der Obhut einer griechischen Amme oder eines griechischen Sklaven auf. So lernten viele Kinder von klein auf neben ihrer Muttersprache auch Griechisch. Bei den Söhnen sollte nach alter römischer Vorstellung vom 7. Lebensjahr an der Vater selbst die Erziehung übernehmen. Oft überließen die Römer Privatlehrern – meist Sklaven – diese Aufgabe. Eine allgemeine Schulpflicht gab es nicht.

In der »Grundschule« lernten sie Lesen, Schreiben und Rechnen. Nach der etwa fünfjährigen Ausbildung beim ludi magister gingen die Schüler zum grammaticus, der sie die Grammatik lehrte und mit ihnen die Werke der wichtigsten lateinischen und griechischen Schriftsteller las, z.B. die Odyssee des Homer oder die Geschichte des Äneas von Vergil. Die männlichen Jugendlichen konnten sich dann noch, wenn sie in die Politik gehen wollten, in Rhetorik, d.h. Redekunst, ausbilden lassen. Das war eine Art Universitätsstudium.

Römische Kinder spielten mit Rasseln und Klappern, Puppen und Tieren, mit Bällen, Reifen, Kreiseln und Sprungseilen, sie spielten Blindekuh und Verstecken. Besonders beliebt waren Geschicklichkeitsspiele mit Nüssen; die Redewendung »die Nüsse verlassen« bedeutete »erwachsen werden«.

Die Römer sahen in Kindern und Jugendlichen kleine Erwachsene, sie bemühten sich also, die Kinder in die Welt der Erwachsenen hineinleben zu lassen. Für viele Mädchen war die Jugendzeit früh zu Ende; sie heirateten oft schon mit 12 Jahren. Die Jungen legten an ihrem 17. Geburtstag die Männertoga an und galten damit als erwachsen.

Szenen aus dem Leben eines Kindes. Römisches Relief aus dem 3. Jahrhundert n. Chr.

Modell der Colonia Ulpia Traiana bei Xanten.

In den Thermen der Herberge.

Ein Zimmer in der römischen Herberge.

Lectio XVI

De aedificiis in Colonia Ulpia Traiana sitis

Marcus hat sich als römischer Bürger gekleidet. Er geht mit Claudius, der einen Geschäftsmann aus Rom spielt, durch die Stadt.

A *Marcus:* »Specta moenia turresque, quibus coloniam nostram circumdedimus! Moenium turriumque vis hostes prohibet semperque prohibebit. In ea turri vigiliae sunt, quarum officium est civibus pericula nuntiare. Campos silvasque, flumen Rhenum navesque vident, cuncta vident!« *Claudius:* »Possuntne oram maris videre?«
Marcus: »Mare videre non possunt, nam procul est. Nunc ad amphitheatrum imus. Hic multis licet ludos spectare. Raro homines, saepe animalia inter se pugnant. Nos iuvat viros spectare, qui in arena[1] inter arbores cum canibus ursos[2] magna vi temptant. Constat silvas Germaniae plenas ursorum[2] esse hominesque vim eorum animalium timere. In arena[1] autem id animal non timent.
Nunc ante hospitium[3] stamus. Viri, quibus in nostra colonia negotia sunt, narrant se id hospitium[3] bonum aestimare, sibi cibos hospitii[3] placere. Gaudent servos hospitii se bene curare, se thermas quoque frequentare posse.«
Claudius: »Ita est. Et ego censeo ibi cuncta iucunda esse. In taberna hospitii[3] veteranum, civem coloniae, vidi, qui in provincia Iudaea stipendia meruit, tum domum rediit. Narravit se quattuor menses in itinere fuisse, in mari nostro, in fluminibus Rhodano et Rheno, in montibus.«
Marcus: »Notum est eum nunc villam rusticam[4] non procul a colonia sitam possidere. Saepe autem coloniam frequentat et in taberna de periculis narrat, quae subiit.«

1 arena, -ae f. *»Arena«* – 2 ursus, -i m. *Bär* – 3 hospitium, -i n. *Herberge*
4 rusticus, -a, -um *ländlich, Land-*

Videbitis vestes Romanas

Zum Schluss treten mehrere Schülerinnen und Schüler in römischer Kleidung auf.

B *Marcus:* »Ego civis Romanus sum. In publico togam gesto[5]. Domi vestis mea tunica[6] est. Quod togam gesto[5], magna cum dignitate per vias eo. Non licet mihi festinare. Hic est servus meus: Non ignorat sibi non licere togam gestare[5]. Eius vestis semper tunica[6] est.«
Iulia: »Tunica[6] et stola[7] variorum colorum vestes virginum et mulierum sunt. Mulier, quae in forum aut ad amicam it, super stolam[7] pallam[8] gestat[5], qua nonnumquam caput velat.«
Benedictus: »Vestes pueri Romani sunt tunica[6] et toga praetexta[9], quae est signum libertatis. Puer sedecim annorum cum patre ad templum it. Ibi pater ei togam candidam[10] civium Romanorum dat; filius se nunc virum esse gaudet.«

Cornelia: »In itineribus vim ventorum frigusque prohibere studemus. Itaque nonnullas tunicas[6] gestamus[5] et corpus paenulis[11] vel lacernis[12] velamus. Tamen venti frigusque nobis molesti sunt!«

5 gestare *tragen (von Kleidungsstücken)* – 6 tunica, -ae f. *»Tunika« (ärmellose Oberbekleidung)*
7 stola, -ae f. *»Stola« (langes Kleid)* – 8 palla, -ae f. *Umhang* – 9 toga praetexta *Toga mit Purpursaum* – 10 candidus, -a, -um *weiß* – 11 paenula, -ae f. *Poncho aus dickem Filz*
12 lacerna, -ae f. *Mantel aus Wollstoff mit Kapuze*

Marcus und Benedictus in der Toga, Iulia in Tunica und Stola.

Alexandra führt vor, wie die Palla getragen wird.

1. Schreibe das Deklinationsschema von *corpus* und *animal* sowie *natio* und *hostis* im Singular und Plural nebeneinander in dein Heft, und kennzeichne die Unterschiede in den Ausgängen.
2. Nenne die entsprechenden Formen von animal: bestiae – bestia – bestias – bestiis.
3. In jeder Reihe ist ein »Irrläufer«, du findest ihn sicher!
   regionis – regionum – regnorum – regionibus   causas – aetas – divitias – duras
   iter – iterum – itinera – itineribus   aedificium – caelum – animalium – animum.
4. Der Veteran erzählt: »Varia animalia vidi. Multos menses in itinere fui. Venti mihi molesti erant. Nunc thermas adeo. Thermae cunctos delectant.« Nun berichtet Claudius, was der Veteran ihm erzählt hat: »Veteranus mihi narravit ...«
5. Vergleicht den Stadtplan der CVT mit dem Plan eurer Stadt oder Gemeinde.
6. Entwerft einen Stadtplan, der euren Vorstellungen und Wünschen entspricht.
7. Ihr könnt eine »römische« Modenschau vorführen! Ist diese Kleidung ausgestorben?

SIEGER UND BESIEGTE

Lectio XVII

Pax Romana

Der junge Offizier Gaius Cornelius Gallus kam bei einem römischen Angriff im Jahr 16 n. Chr. bis zur Weser. Aus Germanien schrieb er öfter an seine Verlobte Aurelia:

A C. Cornelius Gallus Aureliae suae salutem dicit

Salve, Aurelia! Saepe in litteris de victoriis nostris scribebam, sed hodie de Arminii et Flavi colloquio scribo:
Aliquando ad flumen Visurgim adiimus, quod Romanos a Cheruscis dividit. Subito Arminius, princeps Germanorum, in ripa altera apparuit; ibi nos Romanos iterum atque iterum verbis offendebat. Clamavit: »Certe Romani multos populos regunt; sed frustra legiones vestras, Romani, in Germaniam mittitis: Nos Cheruscos subigere non potestis. Arcessite nunc fratrem meum ad ripam!« Tum Flavus, qui nobiscum vivebat, ad ripam adiit.
Arminius: »Salve! Placetne tibi in servitute Romanorum esse? Ego et amici mei hic honeste vivimus, tu autem servus Romanus es, misere cum Romanis vivis. Valesne?«
Flavus: »Optime valeo.« *Arminius:* »Optime? Video te oculum amisisse. Ubi amisisti?«
Flavus: »Nuper proelium cum Suebis commisimus; sagitta[1] oculum amisi.«
Arminius: »Quae deformitas[2] est pretium servitutis tuae.« *Flavus:* »Tace! Cuncti fere populi non ignorant Romanos dominos orbis terrarum esse. Qui domini multos populos subegerunt; tamen apparet vitam eorum nunc iucundam esse.« *Arminius:* »Sed tu et Romani tui haud raro eos offendistis!« Quibus verbis Arminius fratrem lacessivit. Quid cogitas tu, amica mea, de verbis Arminii? Redde mihi litteras! Vale!

B C. Cornelius Gallus Aureliae suae salutem

Certe etiam te, Aurelia, verba Arminii offenderunt. Ego puto populum Romanum alios populos non subegisse. Nam saepe eos a tyrannis liberavimus. Itaque probo verba Flavi, qui nobiscum vivit. Sed nunc, amica, lege de fratrum colloquio:
Flavus: »Certe Romani multos populos bellis subegerunt, sed semper humani fuerunt erga[3] eos, qui libenter imperium Romanum toleraverunt.«
Arminius: »Hercle[4]! Libenter? Quibus verbis et deos Germanorum et parentes tuos offendis. Sed patriam nondum amisisti! Redi ad fratrem tuum, committe te tuo populo!« Quae verba Flavum lacessiverunt; cum fratre pugnare cogitavit, sed non potuit, quod flumen Romanos a Germanis divisit.
Quid, Aurelia, cogitas de Arminii et Flavi colloquio? Certe multi populi libertatem amiserunt, quod nos eos superavimus; sed nunc pacem habent, nobiscum vivunt,

contenti sunt. Totum fere orbem terrarum Romani regunt. Etiam familiae meae, quae aliquando libertatem amisit, placet in imperio Romano cum Romanis vivere. C. Iulius Caesar enim Gallos, maiores meos, subegit. Vale!

1 sagitta, -ae f. *Pfeil*
2 deformitas, -atis f. *hier: hässliche Wunde*
3 erga (beim Akk.) *gegenüber*
4 Hercle! *beim Hercules!*

Germanischer Krieger (Kleidung rekonstruiert nach Moorfunden)

a) Als neue Textsorte lernt ihr in dieser Lektion den Brief kennen. Da ihr alle schon Briefe geschrieben habt, könnt ihr sicher angeben,
- welche Personen bei dieser Textsorte eine Rolle spielen,
- auf welche sprachlichen Kennzeichen ihr achten müsst, um diese Personen zu erkennen.

b) In der deutschen Einleitung erfahrt ihr bereits, daß Gallus an seine Verlobte Aurelia schreibt. Sammelt nun alle Verbformen und Pronomina, die sich auf Gallus und Aurelia beziehen.

c) Entwerft anhand eurer bisherigen Beobachtungen eine Grobgliederung des Briefes. Welcher Abschnitt ist wohl für das inhaltliche Verständnis der wichtigste?

d) Nennt aus diesem Abschnitt alle Personen und Personengruppen und gebt – soweit möglich – an, in welchem Verhältnis diese Personen(gruppen) zueinander stehen.

e) Übersetzt nun Text A.

f) Sammelt aus Text A alle Stellen, die sich dem Wortfeld »Herrschen« zuordnen lassen: z.B. Substantive, Verben, Wortverbindungen, Begriffe, die einen Gegensatz dazu beinhalten …

g) Die Überschrift der Lektion heißt »Pax Romana«. Könnt ihr die Überschrift, wenn ihr eure bisherigen Ergebnisse bedenkt, erklären?

1. Wie lautet die entsprechende Form des Präsens zu der Perfektform (z.B.: legi → *lego*): scripsi – rexisse – reddidisti – offendimus – paruit – divisistis – apparuerunt – misit.
2. Bilde jeweils die entsprechende Präsensform zu: scribebam – videbam – laudabam – eram.
3. Suche in Text B die Beispiele heraus, bei denen das Relativpronomen als relativer Satzanschluss dient, und übersetze diese Sätze.
4. Fasse die Argumente der beiden Brüder über die römische Herrschaft zusammen. Wer hat die besseren Argumente? Begründe deine Entscheidung.

Lectio XVIII

Hic est Inguiomerus, haec est Ruttonia

Gallus befürwortet die römische Weltherrschaft, ist aber auch stolz auf die Leistungen der Gallier, seiner Vorfahren. Als Gallus einige Wochen nach dem Marsch zur Weser in Kriegsgefangenschaft gerät, lernt er die Germanen genau kennen. Gallus hat Glück: Weil er kurz zuvor das Kind eines Cheruskerfürsten vor einem römischen Legionär beschützt und ihm das Leben gerettet hat, behandeln die Cherusker ihn fast wie einen Freund. Deshalb kann er auch Aurelia schreiben:

A C. Cornelius Gallus Aureliae suae salutem

Arminius ille, postquam nos vicit, eos Romanos, qui captivi Germanorum erant, singulis nationibus distribuit. Me ei nationi attribuit, quam hic vir iam multos annos regebat. Haec est natio Cheruscorum.
Per silvas ad vicum huius nationis adiimus. Primum Cherusci me magno clamore salutaverunt; deinde Cariovaldas, princeps illius vici, apparuit. Tum *Cariovaldas* haec dixit: »Salve! Hi sunt Inguiomerus et Segimerus, hae sunt Ruttonia et Thusnelda; illi sunt filii, hae sunt filiae meae. Diu te iam exspectamus, quamquam constat Romanos hostes Germanorum esse. Sed tu, quod filium meum ex illo magno periculo servavisti, amicus noster eris. Et hoc est signum hospitii[1] mei.« His verbis Cariovaldas mihi cerevisiam[2] dedit. Quando autem tecum vinum Romanum bibam[3]? Quando, Aurelia, amicus tuus cibum Romanum edet[4]? Quando hanc epistulam leges? Fortasse Inguiomerus et Segimerus, cum occasionem habent, hanc epistulam eis Romanis tradent, qui regionem explorant et in Germania negotia habent. Quando, Aurelia, Romae vivemus? Exspecta me! Nam amor meus firmus manebit. Vale!

1 hospitium, -i n. *Gastfreundschaft* – 2 cerevisia, -ae f. *Weizen- oder Gerstengetränk, ähnlich unserem Bier* – 3 bibere (konsonant. Konjugation) *trinken* – 4 edere (kons. Konjugation) *essen*

B C. Cornelius Gallus Aureliae suae salutem

De moribus Germanorum nunc multa disces. Constat illos arcessere mulieres, cum occasio pugnae est. Nos Romani certe numquam mulieres ad bellum arcessemus. Cras ego et Inguiomerus ad Arminii castra contendemus. Inguiomerus hodie mihi hoc narravit: »In his castris adulescentes Cheruscorum gladiis proelia inter se committent.« Tum Segimerus, frater eius, apparuit, dum *Inguiomerus* mihi haec narrat: »Patres distribuunt pueros principibus. Pueri, postquam apud illos didicerunt armis contendere, hostes vincere poterunt.«
Tum ego: »Iamne adulescentes, ubi parentes suos reliquerunt, legere et scribere didicerunt?« *Inguiomerus:* »Neque legunt neque scribunt pueri puellaeque Germani, quod eis non sunt magistri.«

Postremo *Segimerus:* »Mihi non placet Romanos et Germanos hostes esse. Post hoc bellum in provinciam contendam. Primum ego Mogontiacum ibo; deinde parentes arcessam; tum tota familia in provincia cum Romanis vivet.« Sed *Inguiomerus* illi restitit: »Tace! Ego in hanc provinciam non contendam; nos patriam non relinquemus.«
Iam duos menses, Aurelia, cum his barbaris vixi; nonnulli horum etiam amici mei sunt, quamquam captivus in hac regione sum. Vale!

Germanische Kleidung, rekonstruiert nach Funden aus Huldremose (Dänemark).

1. Welche Erfahrungen hat Gallus in der Gefangenschaft gemacht? Nenne Beispiele aus Text A, Z. 1–11. Was hast du über das Schicksal von Kriegsgefangenen heutzutage gehört?
2. Cariovaldas stellt Gallus seine Familie vor. Setze die passende Form von *hic, haec, hoc* ein und schreibe den Text dann ins Heft. »xx est tectum meum. xx est filius meus; xx sunt filiae meae. xx est nomen Segimerus, xx sunt nomina Ruttonia et Thusnelda.«
3. Gallus schreibt einen Brief an seine geliebte Aurelia und stellt ihr vor Augen, wie die Zukunft sein wird. Leider ist der Brief beim Transport an wichtigen Stellen beschädigt worden. Du kannst aber sicher den richtigen Wortlaut finden:
   »Amicum tuum non amitt… , quod neque mulieres Germanorum desider… neque illae maritos suos re… inque… . Certe aliquando ad te red… . Sed quando nos videb… ?«
4. Nenne in Text A jeweils 1 Beispiel für eine Satzreihe und ein Satzgefüge.
5. Versuche herauszufinden, wie es Gallus bei den Germanen gefällt.
   Wie unterscheidet sich das Leben in Rom und in Germanien grundsätzlich voneinander?
6. Bestimme die in L 18 vorkommenden Nebensätze jeweils nach
   a) ihrer Form (Subjunktionalsatz/Relativsatz),
   b) ihrer syntaktischen Funktion (Adverbiale/Attribut),
   c) semantischen Funktion (temporal/kausal/konzessiv).

Limes ille – opus, quod cetera superat laude

Im Jahr 9 n. Chr. gaben die Römer den Versuch auf, alle Germanen zu unterwerfen. Trotzdem waren sie nicht sicher vor ihnen. 213 n. Chr. fielen die Alamannen in die Provinzen Germania und Raetia ein. Als Statthalter von Raetia leitete C. Octavius Sabinus kurz nach Vertreibung der Alamannen den Ausbau des Limes. Wir stellen uns vor, dass er in Castra Regina mit einem Freund aus Gallien spricht:

A *Amicus:* »Cur cum armatis in Germaniam pacatam et quietam isti?«
Sabinus: »Nuper Alamanni e Germania nondum expugnata in provincias Romanas invaserunt. Itaque imperator Caracalla me eo misit.«
Amicus: »Intellego. Sed dic mihi: Quomodo nos Romani adhuc ab insidiis Germanorum tecti sumus?« *Sabinus:* »Hercle[1]! Vos adulescentes a legatis non bene instructi estis! Sed ego te instruam: Inter Germaniam liberam et provincias Romanas a militibus nostris opus exstructum est, quod cetera superat laude. Hic est limes. Altera limitis pars ex vallo et fossa constat; palis[2] coniunctis aedificata est. Altera limitis pars, quae provinciam Raetiam a Germanis tegit, nunc lapidibus aedificata est. Hic a militibus nostris hoc anno multi labores acti sunt.

Constat limiti turres altas additas esse. Secundum limitem sunt viae stratae, in quibus legiones eo missae sunt, ubi Alamanni in agrum Romanum invaserunt. Cunctis Romanis notum est limitem a Domitiano imperatore exstructum esse. Etiam in Britannia expugnata a militibus Romanis vallum aedificatum est. Imperator Hadrianus enim non ignorabat illa Britanniae castella, quae citra[3] Caledoniam sita sunt, saepe a Caledonibus oppugnata esse. Itaque limitem, vallum Hadriani, exstruxit.«
Amicus: »Bene a te instructus sum, Sabine.«

Lingua Latina, quasi vinculum Europae

Kathrin, eine Lateinschülerin aus Augsburg, hat Arminius, Flavus und Sabinus so aufmerksam verfolgt, dass sie sogar von ihnen träumt – sie sprechen Latein:

B *Kathrin:* »Dic mihi, Flave: Cur copias Romanas non reliquisti?«
Flavus: »Romani parcunt subactis et debellant[4] superbos. Aliquando pax Romana erit per cunctas terras; ita et Germani in pace erunt. Itaque Romanos non reliqui.«
Arminius: »Apparet multos Germanos ab armatis Romanis lacessitos, vulneratos, necatos esse. Hos Romanos e Germania libera pellam.«
Flavus: »Hoc modo Germania erit terra, quae est divisa in partes duas: provinciam Romanam et Germaniam liberam.«
Kathrin: »Bene a te instructa sum. Sed quid cogitas tu de imperio Romano, Sabine?«
Sabinus: »A Romanis multi quidem populi subacti, sed uno imperio coniuncti sunt; nunc pacem habent. Praeterea cunctae fere nationes orbis terrarum una lingua qua-

si vinculo coniunctae sunt: lingua Latina! Etiam in linguis nationum nondum superatarum verba Latina sunt, velut vinum, vallum, provincia, murus. Et nuper Romani cunctis fere nationibus civitatem dederunt; praeterea templa, viae, pontes ab iis exstructi sunt. Itaque nunc vita nationum iucunda est.«

Kathrin (secum): »Licetne imperium Romanum cum Europa nostra comparare? Sed quid nobis deest? Una lingua! Lingua Latina ...?«

1 hercle! *beim Hercules!* – 2 palus, -i m. »*Pfahl*« – 3 citra (Adv.) *diesseits*
4 debellare *besiegen* – 5 columna, -ae f. *Säule*

Grenzkontrolle an der rätischen Mauer (Limes); Schaukasten mit Zinnfiguren im Limesmuseum Aalen.

1. a) Kannst du mit den angegebenen Wörtern Sätze im Indikativ Perfekt Passiv bilden? Beispiel: (puella, magister, laudare) – Puella a magistro *laudata est.* – Magister a puella laudatus est. (columna[5], Romani, exstruere); (labor, servus, agere); (terra, milites, explorare); (castra, Romani, relinquere); (ager, nos, dividere).
   b) Übersetze nun deine Sätze ins Deutsche.
2. Der römische Statthalter C. Octavius Sabinus erzählt seinem Freund:
   »In Raetia Romani limitem exstruxerunt; etiam nonnullos pontes aedificaverunt. Constat Romanos multos populos subegisse. Nam barbari eos lacessiverunt. Germani saepe turres limitis Romani oppugnaverunt."
   In der römischen Tageszeitung Acta Diurna steht später folgender Bericht: »In Raetia a Romanis limes exstructus est; etiam ...« Wie lautet der vollständige Bericht?
3. Welche Spuren der römischen Weltherrschaft sind in deiner Heimat noch sichtbar?

Zusätzliche Aufgaben

zu L 11

Ordne die folgenden Silben der Verben, so dass sie jeweils eine Perfektform ergeben.
Die unterstrichenen Buchstaben ergeben von oben nach unten gelesen den Namen eines berühmten römischen Dichters:

ra–vis–nar–tis	xxxxx_xxxxx
ii–red	x_xxx
runt – su – ra – pe – ve	xxxx_xxxxxxx
vis – ta – tis – gi – co	xx_xxxxxxxxx
cul – vit – oc – ta	xxxxxxxx_x
runt – ve – ca – lo – col	xx_xxxxxxxxxx
na – mus – vi – ga – vi	xxx_xxxxxxx
is – fu – ti	x_xxxx
ti – is	x_xx

zu L 14

Die folgenden Umwandlungsaufgaben beziehen sich auf die jeweils vorher gebildete Form. Hier ist ein Beispiel:
tempto > *3. Pers.:* temptat > *Plural:* temptant > *Futur:* temptabunt > *1. Person:* temptabimus > *Singular:* temptabo > *Imperfekt:* temptabam.
Könnt ihr nun schon selbst weitermachen? *> 2. Person > Imperativ > Plural > Indikativ* temptatis *> Perfekt > Singular > Präsens.* Bildet die entsprechende Verbkette zu moveo. Stellt selbst in Gruppen Verbketten zusammen.

zu L 15

In jeder Reihe ist ein Irrläufer versteckt. Sucht ihn und begründet eure Entscheidung:
statua – colonia – intra – serva
magistro – aedificio Romano – aedifico
victoris – liberis – monumentis – dominis
servi – pueri – ludi – cui.
Stellt selbst solche Reihen mit Irrläufern zusammen.

zu L 19

Der Streit über die römische Herrschaft geht weiter. Bilde aus den Wortfetzen sinnvolle Sätze (Einer ist zum leichteren Erkennen kursiv hervorgehoben):

Arminius:

Germani	*a Romanis*	mulieres	deleti sunt.
Interdum	a militibus Romanis	*saepe*	violatae sunt.
A Romanis	iterum atque iterum	pontes	*offensi sunt.*

Flavus:

A Romanis	a te	per totum orbem	victi sumus.
Romani	a Germanis	saepe	exstructa sunt.
Nos	aedificia magnifica	haud raro	lacessiti sunt.

Satz- und Texterschließung

Satzerschließung nach der Kolumnenmethode

Form:

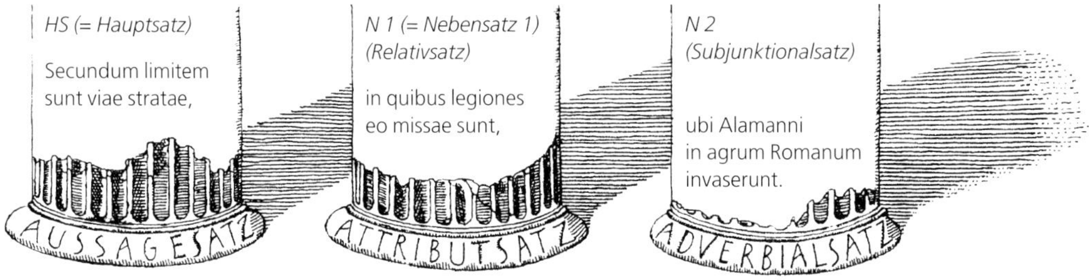

Funktion:

Suche ähnliche Sätze in den folgenden Lektionstexten und veranschauliche sie.

Gegner und Befürworter römischer Herrschaft im »Originalton«:

»Necare et raptare[1]: hoc est imperium Romanum; vastare[2] et delere: ea est pax Romana.«
(nach Tacitus, Agricola 30, 4)

1 raptare *rauben*
2 vastare *verwüsten*

»Tu regere imperio populos, Romane, memento[1], parcere subiectis[2] et debellare[3] superbos.«
(Vergil, Aeneis, Buch 6, Vers 851 u. 853)

1 memento (beim Infinitiv) *sei darauf bedacht*
2 subicere, subicio, subieci, subiectum *unterwerfen*
3 debellare *besiegen*

Fasse die Argumente zusammen. Durch welche sprachlichen Mittel werden sie hervorgehoben?

zu L 11, Text B

a) Wer sind die handelnden Personen? Informiere dich – wenn nötig, auf S. 234 ff.
b) Deine Kenntnisse von der Funktion der beiden Vergangenheitstempora sollen dir nun helfen, einen ersten Überblick über den Handlungsverlauf von Text B zu gewinnen.
   - Schreibe dazu alle Prädikate aus Text B heraus.
   - Beachte die Verteilung von Imperfekt- und Perfektformen.
   - Ordne den Prädikaten alle adverbialen Angaben der Zeit und die Subjekte (vgl. a) zu.
c) Fasse mit Hilfe deiner Beobachtungen den Handlungsverlauf von Text B zusammen; versuche Rufillas Frage (Text A, Z. 18) »Quomodo Aeneas se et socios servavit?« zu beantworten.
d) Vervollständige dein Textverständnis durch eine exakte Übersetzung.

zu L 15, Text B

a) Ihr könnt die römische Schulszene auch spielen. Legt im Heft dazu eine Tabelle an:

Spieler	*Regieanweisung/Position auf der Bühne*	*Rollentext*
Cornelia	winkt aufgeregt die Kinder zu sich …	Nunc in ludo antiquo sumus!

Überlegt, worauf bei den Regieanweisungen zu achten ist: Stimmführung, Gestik …

b) Stellt eine Liste notwendiger Requisiten zusammen. Verteilt und lernt die Rollen.
c) Spielt die Szene. Wer keine Rolle spielt, ist Zuschauer und »Kritiker«. Viel Spaß!

Lectio XX

»Quid cogitas tu de idolis[1], amice?«

C. Plinius Surae suo salutem dicit

Alii putant idola[1] esse, alii putant idola[1] non esse; dicunt ea figuram solum ex eo habere, quod nos ea timemus. Quid cogitas tu de idolis[1], amice?
Ego contendo idola[1] esse, tu quoque me minime irridebis, cum hanc fabulam leges. Erat Athenis[2] aedificium magnum et magnificum, sed mirum et minime iucundum. Iterum atque iterum apparebat idolum[1], senex[3], qui fame et dolore laborabat et vinculis mandatus[4] erat.
Illis, qui in hoc aedificio habitabant, non iam placuit ibi manere. Nam non solum noctu, sed etiam interdiu[5] viri et mulieres idolum[1] timebant, quod etiam memoria idoli[1] iterum atque iterum vexati sunt. Itaque morbis[6] variis laborabant.
Postremo aedificium ab eis relictum est. Cogitabant aedificium pretio haud magno aliis tradere.
Sed tum appropinquavit Athenodorus philosophus[7] huic aedificio, legit pretium haud magnum esse. Postquam cuncta exploravit, aedificium ei placet; etiam gaudet, quod periculo lacessitus est.

Noctu dixit servis suis: »Relinquite me nunc! Epistulam scribam. Quod me ab idolo[1] teget. Hoc modo animus meus neque negotio neque scientia vacuus[8] erit, cum idolum[1] apparebit.«

Primum cuncta erant quieta, deinde vincula insonuerunt[9]. Sed philosophus[7], cuius animus firmus manebat, oculos non ad idolum[1], sed ad epistulam, quam scribebat, movit.

Tum vidit umbram idoli[1] iam in epistula sua apparere. Itaque spectavit ad idolum[1], quod iam apud eum stetit et, quod lingua ei non erat, capite signa dedit. *Athenodorus* autem idolum[1] his fere verbis oravit: »Exspecta me! Nondum laborem meum relinquere possum; mox ad te adibo.«

Quibus verbis idolum[1] contentum non erat. Iterum eius vincula insonuerunt[9], iterum signa ab eo data sunt. Tum philosophus[7] vidit hoc somnium non fuisse; epistulam reliquit et ad idolum[1] spectavit.

Id veste quidem caput velavit, sed signis monstravit philosopho[7]: »Mecum i!«

Tandem Athenodorus idolo[1] paruit.

Postquam in hortum aedificii ierunt, philosophus[7] subito ab idolo[1] relictus est. Athenodorus autem locum signo notavit[10]. Postea iit ad decurionem[11] Athenarum eumque his verbis monuit: »Explora hortum aedificii mei!«

Tum viri, qui eo missi sunt, hortum exploraverunt. Subito nonnullas partes corporis viderunt; etiam vincula ibi iacebant. Postquam corpus illud tandem publica sepultura[12] terrae commissum est, idolum[1] Athenodoro pepercit: Non iam apparuit. Vale!

(nach Plinius, Brief 7, 27)

1 idolum, -i n. *Gespenst* – 2 Athenae, -arum f. Athen; im Ablativ Athenis: *in Athen*
3 senex m. *alter Mann* – 4 vinculis mandare *fesseln* – 5 interdiu (Adv.) *tagsüber*
6 morbus, -i m. *Krankheit* – 7 philosophus, -i m. *Philosoph* – 8 vacuus, -a, -um *leer, frei (von)*
9 insonare, insono, insonui *ertönen, klirren* – 10 locum signo notare *eine Stelle kennzeichnen*
11 decurio, -onis f. *Ratsherr, Beamter* – 12 sepultura, -ae f. *Begräbnis, Bestattung*

De vita Romanorum

Kleidung

Die Kleidung der Römerinnen und Römer

Spiele

Beim »Radmühle-Spiel« im Archäologischen Park Xanten.

Cordula und Marc entdecken auf dem Forum Romanum ein antikes Spielfeld.

De vita Romanorum et Germanorum

Germanische Bauernhöfe, 1.–2. Jh. n. Chr. Rekonstruktionszeichnung.

Vergleiche die germanische Ansiedlung mit dem römischen Landgut auf S. 26/27.

Germanische Frau und Kind beim Überfall römischer Truppen auf ein germanisches Dorf. Ausschnitt aus den Reliefdarstellungen der Markussäule in Rom.

Verba Latina ubique sunt

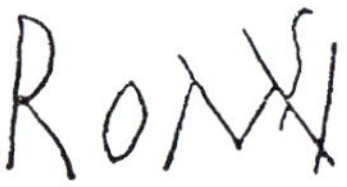

Diese Wandkritzelei (Graffito) wurde in Pompeji gefunden. Das Wort, das hier geschrieben steht, kennt ihr schon.

Anne und Juliane schreiben mit einem Schreibstift (stilus) auf eine Wachstafel.

Lateinische Redewendungen und Formeln im Deutschen

ad acta legen
ad hoc entscheiden
Das Corpus delicti ist gefunden.

Lateinische Sprichwörter

Aut nunc aut numquam.
Amicus est alter ego.
O tempora, o mores.

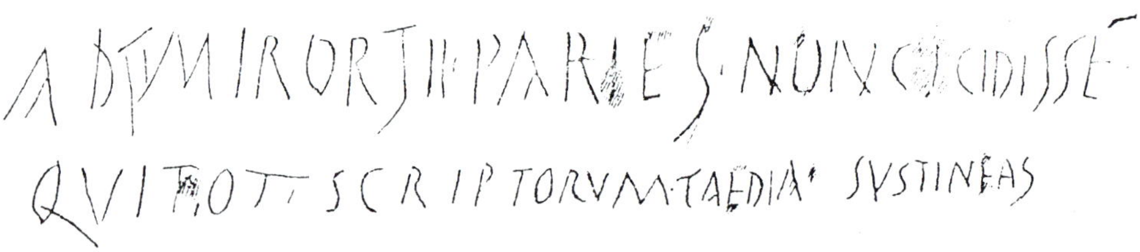

Wandinschrift aus Pompeji

Admiror[1] te, paries[2], non cecidisse[3] (ruinis), qui tot[4] scriptorum taedia sustineas[5].

1 admiror *ich wundere mich* – 2 paries, -etis m. *Wand, Mauer* – 3 cecidisse *Inf. Perf. Akt. zu* cadere *(hier:) zerfallen* – 4 tot *so viele* – 5 taedia sustineas *weil du …/die du das Gekritzel erträgst*

Schola

classis
tabula
nota
aqua tinta
mappa

Ordne den lateinischen Wörtern jeweils die entsprechenden deutschen Lehnwörter zu.

Mercatum

moneta
caupo
radix
malum
Persicum
ficus
saccus
cista
corbis

Servus rotas movet.

El motor mueve las ruedas.

Iucundum est nobis cantare

Cato maior habuit

(nach der Melodie von »Old Mac Donald had a farm; Walter Siewert lat. T.)

Cato maior[1] habuit, iaiao.
magnum latifundium[2], iaiao.
Ecce anseres[3] clamant quac, quac, quac.
Hic est anser[3], illic[4] anser[3], anseres[3] ubique clamant.
Cato maior[1] habuit latifundium[2].

Cato maior[1] habuit, iaiao.
Ecce pullulas[5], clamant gac, gac, gac.
Hic gallina[6], illic gallus[7], pullulae[5] ubique clamant.
Cato maior[1] habuit latifundium[2].

Cato maior[1] habuit, iaiao.
Ecce porculos[8], clamant oinc, oinc, oinc.
Hic est porcus[9], illic porcus[9], porculi[8] ubique clamant.
Cato maior[1] habuit latifundium[2].

1 Cato maior *der ältere Cato* – 2 latifundium, -i n. *Landgut* – 3 anser, anseris f. m. *»Gans«*
4 illic (Adv.) *dort* – 5 pullula, -ae f. *Hühnchen* – 6 gallina, -ae f. *Henne, Huhn*
7 gallus, -i m. *Hahn* – 8 porculus, -i m. *Schweinchen* – 9 porcus, -i m. *Schwein*

Cato maior[1] habuit, iaiao.
Ecce vitulos[10], clamant mu, mu, mu.
Hic sunt vaccae[11], illic boves[12], vituli[10] ubique clamant.
Cato maior[1] habuit latifundium[2].

Cato maior[1] habuit, iaiao.
Ecce catulos[13], latrant[14] vau, vau, vau.
Hic est canis[15], illic[4] canis[15], catuli[13] ubique latrant[14].
Cato maior[1] habuit latifundium[2].

(Walter Siewert lat. T. © Fidula Verlag, Boppard. Aus: Cantate Latine, Fidula Verlag)

10 vitulus, -i m. *Kalb* – 11 vacca, -ae f. *Kuh* – 12 bos, bovis m. *Ochse*
13 catulus, -i m. *Hündchen* – 14 latrare *bellen* – 15 canis, -is m. *Hund*

Ecce gratum

(aus den Carmina Burana, einer mittelalterlichen Liedersammlung)

(aus: Carmina Burana, hrsg. von Alfons Hilka u. Otto Schumann, Bd. 1, 1; zitiert nach AU Jg. XXXIII, Heft 4/1990, S. 41)

1 optatum *erwünscht* – 2 ver reducit *der Frühling bringt zurück*
3 purpuratum floret pratum *purpurfarben blüht die Wiese*
4 sol serenat omnia *die Sonne heitert alles auf*
5 cedant tristia *die traurige Zeit soll zu Ende gehen!*
6 estas (= aestas) redit *der Sommer kehrt zurück*
7 recedit hiemis sevitia (= saevitia) *das Wüten des Winters geht zu Ende*

FORTSCHRITT DURCH ROMANISIERUNG?

Lectio XXI

Bienus litteras in monumento scriptas non intellegit

In den römischen Provinzen, besonders in der Nähe des Limes, wo in friedlichen Zeiten ein reger Grenzverkehr herrschte, versuchten die Kaufleute ihre Waren abzusetzen. Einen von ihnen, Bienus, lernen wir nun kennen.

A Multi mercatores in vicis vel in coloniis merces vendebant. Germani quoque e Germania nondum expugnata apud Romanos merces permutare[1] solebant. Latrones saepe mercatores mercibus spoliavisse notum est. Qui aut fuga salutem petebant aut odio moti armis se defendebant.

Unus ex iis sub vesperum magno clamore duo boves[2] agit, qui plaustrum[3] variis mercibus oneratum vix trahere possunt. Bienus, mercator Gallus, Augustam Rauricam, coloniam ad Rhenum sitam, petit, quod merces desideratas vendere in animo habet.

Römisches Mosaik aus Boscéaz bei Orbe (Schweiz).

Subito Bienus monumentum prope viam collocatum conspicit et militem videt, qui in fossa sedet. Mercator armatus militem non timet. »Heus[4]«, clamat, »quis es? Quid facis? Fugistine? Nonnumquam vos milites fugitis. Certe te mox capient.«

Ille autem a Bieno interrogatus dicit: »Ego sum Sextus Iulius Bassus. Neque fugio neque fugiam. Nam milites Romani numquam fugiunt. Hanc vestem militis gesto[5], sed veteranus sum. Diu hic sedebam et hoc monumentum conspiciebam.« Nunc Bienus hanc inscriptionem[6] monumenti legere incipit: IOM IR ET GL L POMPEIVS GRATINVS MILES LEG VIII AVG BF COS PRO SE ET SVIS. Bienus tacet, quod vim litterarum ignorat. Tum Sextum rogat: »Explica mihi has litteras!«

1 permutare *eintauschen* – 2 bos, bovis m. *Ochse* – 3 plaustrum, -i n. *Wagen*
4 heus! *heda! hallo!* – 5 gestare *tragen (von Kleidungsstücken)* – 6 inscriptio, onis f. *Inschrift*

Sextus litteras explicat

B Veteranus: »Cum illo milite,« inquit, »cuius nomen in hoc monumento legis, stipendia feci. In hanc provinciam missi multa pericula subiimus.« Bienus: »Vivitne adhuc?« Sextus: »Ignoro.« Deinde: »Prope vias imperii Romani multa monumenta a militibus collocata conspicimus. Hoc est monumentum, quod L. Pompeius Gratinus, miles legionis VIII Augustae, pro se suisque deis consecravit: I(ovi) O(ptimo) M(aximo) I(unoni) R(eginae)[7] et G(enio) L(oci)[8].« Bienus interrogat: »Cur ille vir hoc monumentum fecit et deis consecravit? Quid est BF COS?« Sextus: »Beneficiarii consulares[9] sunt milites, qui vias atque pontes tegunt. Notum est officium eorum durum esse, quod in terra a nobis expugnata vivunt. Itaque plerique auxilium a deis petunt.« Mercator contentus est, nam Sextus inscriptionem[6] optime explicavit. Tum veteranus: »Puto te quoque iter facere in Coloniam Augustam Rauricam. Licetne tecum in plaustro[3] ire?« *Bienus:* »Licet.« In itinere amicitiam faciunt.

7 regina, -ae f. *Königin* – 8 genius loci *Schutzgeist des Ortes*
9 beneficiarius consularis *vom einfachen Dienst befreiter Kommandant einer Polizeistation zur Sicherung von Straßen und Brücken*

1. Suche aus Text A alle PPPs und ihre Bezugswörter heraus.
2. Wonach richtet sich die Endung des PPP?
3. a) Sextus a mercatore *interrogatus* dicit / dixit. Übersetze mit verschiedenen Sinnrichtungen.
   b) Vergleiche die Prädikate der deutschen Nebensätze mit dem PPP. Was fällt dir auf?
4. Bilde zu den folgenden Substantivformen das entsprechende PPP der genannten Infinitive:
   militi – apud mercatorem – in terra – mercibus – litterae
   legere – desiderare – armare – spoliare – expugnare
5. a) Stelle alle Formen der Verben mit i-Erweiterung aus Text A, Z. 8–16 zusammen und ordne sie nach Person und Tempus.
   b) Bilde die entsprechenden Formen von legere.
6. Überlege, wieviele Informationen uns die kurze Inschrift vermittelt.

Römischer Handel

Den Senatoren waren direkte Handels- und Geldgeschäfte verboten. Man überließ den Fernhandel den Rittern, die aus allen Teilen der Welt Güter importierten und in Italien hergestellte Waren (z.B. Glas) exportierten. Grundnahrungsmittel und Gebrauchsgegenstände des täglichen Lebens wurden meist vor Ort produziert. Den »Einzelhandel« betrieben vor allem Freigelassene und Ausländer, die meist ihre Waren auch selbst herstellten.

Lectio XXII

Bienus a Sexto invitatus amicum visitat

A Coloniam Augustam Rauricam veterani incolunt, qui in provinciam missi post stipendia facta hic habitant. Eos provincias nonnumquam ab hostibus oppressas defendere oportet. Nam Germani finibus saepe prohibiti tamen provincias Romanas oppugnant. Plerique veteranorum ab amicis vel parentibus in patriam revocati in colonia manserunt. Etiam Sextus a fratre iterum atque iterum monitus in Italiam non rediit, quod se hic bonam vitam agere putat. Hanc vitam Bieno demonstrare in animo habebat. Itaque mercatorem in itinere invitavit.

Is amicum novum visitat. Porta patet. Servus apparet et interrogat: »Quis es?« Gallus: »Bienus vocor, amicus domini tui sum.« Servus: »Iam diu exspectaris.« Tum Sextus et Aemilia uxor arcessuntur. Bienus ab eis exspectatus magno cum gaudio salutatur: »Salve, amice! Tandem apparuisti!« *Sextus* ridet et dicit: »Putavimus te numquam veteranos visitare et nos a te contemni.«
Bienus: »Ab amico non offenderis, Sexte. Gratias vobis habeo, quod tecto vestro recipior. Vos quidem a me neque contemnimini neque contemnemini, quod cives Romani estis. At nos Galli nonnumquam contemnimur, maiores nostri quondam etiam verbis offendebantur. Nam Romani dicebant eos barbaros esse.«
Dum aedificium intrant, *Aemilia:* »Itinere atque fame fatigatus«, inquit, »cibis bonis delectaberis. Cras[1] a nobis recreatus[2] dimitteris.« Tum dominus cibos amico paratos a servo apportari iubet.

Sextus de inventione[3] mira narrat

Während des Essens unterhalten sich Aemilia und die beiden Männer:

B *Aemilia:* »Per vias nostrae coloniae isti. Placuitne tibi? Quid vidisti? Dic nobis!«
Bienus: »Ubique multos homines laborare vidi, in viis, in foro, ad ripam fluminis Rheni. Vidi aedificia exstrui, templa aedificari, statuas collocari, naves compleri.«
Sextus: »Fabri[4] nostri noti sunt. Imprimis autem fabri Romae, capitis imperii Romani, multa opera pulchra fecerunt. De inventione[3] mira tibi narrabo:

1 cras (Adv.) *morgen* – 2 recreare *wiederherstellen; stärken* – 3 inventio, -onis f. *Erfindung*
4 faber, fabri m. *Handwerker, Schmied*

Fuit faber, qui fecit phialam vitream[5], quae non frangebatur. Qui ad principem missus illi phialam[5] donavit. Deinde subito eam corripuit et in pavimentum[6] proiecit. Princeps clamavit: ›Vae[7], misero tibi! Quid fecisti?‹ At ille phialam[5] sustulit[8] et demonstravit eam a se proiectam tamen fractam non esse. Faber propter hanc inventionem[3] praemium exspectavit. Princeps autem illum decollari[9] iussit. Amicis dixit: ›Id facio, quod homines, si scitum erit[10], aurum contemnent et pretium auri detrahetur.‹

(nach Petron, Satyricon 51)

5 phiala vitrea f. *Glasschale*
6 pavimentum, -i n. *Fußboden*
7 vae! *wehe* – 8 sustulit *er hob auf*
9 decollare *enthaupten*
10 si scitum erit *wenn es bekannt wird*

Luxuriöser römischer Glasbecher. Becher, Zierschrift und Ziergirlanden sind aus einem Stück! Das Schleifen eines solchen Gefäßes erforderte etwa 1 Jahr Arbeit.

1. Prüfe bei der Übersetzung von Text A, Z. 1–7, welche neuen Möglichkeiten, das PPP im Deutschen wiederzugeben, hinzugekommen sind.
2. Welche PPPs lassen eine eindeutige, welche eine mehrdeutige Übersetzung zu?
3. Schreibe alle Passivformen aus Text A, Z. 8–19 heraus und ordne sie nach Konjugationsgruppen, Personen sowie Tempora.
4. Wenn du die Passivformen mit den Aktivformen vergleichst, kannst du eine Gesetzmäßigkeit in der Formenbildung erkennen. Ergänze demnach die noch fehlenden Formen mit den Verben vocare, habere, contemnere.
5. Unterscheide sehr genau zwischen *vocabo – vocor – vocabor*. Das deutsche Wort »werden« kann dich auf verschiedene Spuren führen.
6. Überlege, welche lateinischen Passivformen im Deutschen auch durch eine aktive Übersetzung wiedergegeben werden können.
7. Welche Befürchtungen hat deiner Meinung nach der Kaiser, als er von der Erfindung hört? Kannst du ähnliche Beispiele aus unserer Zeit anführen?

De vita divitum atque pauperum

Die beiden Freunde haben sich im Garten einen schattigen Platz ausgesucht. Das Gespräch geht, wie bei uns oft auch, um ganz alltägliche Dinge:

A Sextus et Bienus sub umbra arboris sedent et vino vetere gaudent. Tum Bienus: »Vinum vetus et bonum semper me delectat. Vita in hac colonia iucunda est.«
Sextus: »Hic homines neque divites neque pauperes sunt. Nemo fame perit, nemo paupertate laborat, periculo belli raro terremur. Hoc loco cuncti plerumque[1] pacem habemus. Quamquam cuncta parva sunt, vita nostra contenti sumus. Ego vetus sum, vitam veterani ago. Vita otiosa[2] militi veteri placet. Pauca et parva me delectant: familia et amici. At Romae habitare non cupio, quod eo loco multitudo hominum me terret.«

Tum *Sextus* de Roma, urbe ingenti et celebri, interrogatus narrare incipit: »Urbs vetus, ingens, celebris est. Omnia sunt vetera, omnis via, omne templum, omnis fere murus. Saepe ingentem curiam, ingentes thermas, statuas virorum fortium et audacium conspexi. Ibi vita divitibus Romanis facilis est, pauperibus misera et difficilis. Divitiis ingentibus curis liberati divites pauperibus imperant, interdum autem pauperes adiuvant. Nam more vetere divitis est summo studio pauperem adiuvare.«

Iam montes subversi[3] sunt

Später kommt Sextus auf Berichte über Bauprojekte von ungeheuren Ausmaßen und Veränderungen der Umwelt zu sprechen, die ihm bedenklich erscheinen.

B Tum pergit narrare: »Romanos non solum multa bella terra marique gessisse et complures nationes vicisse, sed etiam nonnullis locis naturam subegisse et delevisse constat. Haec tibi explicabo:
Nobiles Romani, quibus magnae divitiae sunt, multa pecunia et omni potestate omnia cupere atque omnia petere audent. Nautae audaces celeribus navibus per maria navigant et ex omnibus partibus orbis terrarum animalia omnis generis ad gaudium Romanorum in arenas[4] apportant. Divites divitias profundunt. Quos nonnulli Romani accusant: Iam montes subversi[3] et maria constrata[5] sunt, quod illi villas ingentes exstruere cupiunt. Multi homines gravitate urbis[6] fornacibus[7] thermarum et privatarum et publicarum facta dolent et variis morbis laborant. Mox tota natura ab hominibus delebitur. Id verum est, quod Plinius noster timore motus scripsit: »Spectant victores ruinam[8] naturae.«

1 plerumque (Adv.) *meistens* – 2 otiosus, -a, -um *ruhig*
3 subvertere, subverto, subversi, subversum *zerstören; hier: abtragen* – 4 arena, -ae f. *Kampfplatz, »Arena«* 5 consternere, consterno, constravi, constratum *aufschütten* – 6 gravitas urbis *verschmutzte Luft* 7 fornax, -acis f. *Ofen, Feuerung* – 8 ruina, -ae f. *hier: Verwüstung*

Eine luxuriöse Villa. Römische Wandmalerei.

a) Benennt das Thema der Überlegungen des Sextus. Beachtet Text B, Z. 10–12.
b) Im Text werden verschiedene Personengruppen genannt, die mit ihrem Verhalten zu der Gefahr, wie sie in Z. 10–12 genannt ist, beitragen. Stellt die Personengruppen zusammen (Subjekte beachten!); ordnet diesen Gruppen Prädikate zu.
c) Fasst nun zusammen, wie die Personengruppen mit ihrem Verhalten zu der Gefahr beitragen.
d) Übersetzt den Text und nennt moderne Beispiele zu dem Thema.

1. Setze zu den folgenden Substantivformen die entsprechenden Adjektivformen: (vinum, miles, villa) – *vetus;* (amicis, veteranos, hominum) – *dives;* (servam, imperatori, natione) – *pauper*
2. Suche aus Text A, Z. 9–14 alle Adjektive der i-Deklination mit den dazugehörigen Substantiven und vertausche jeweils den Numerus.
3. Welche dieser Adjektive haben eine Endung, welche zwei oder drei Endungen?
4. Untersuche alle Ablative dieser Lektion und ordne sie nach den verschiedenen Sinnrichtungen.

des Mittels	der Art u. Weise	des Grundes	der Trennung	der Zeit

5. Welche Gründe führt Sextus dafür an, dass er nicht in Rom leben möchte?
6. Welche Schädigungen der Umwelt werden im Text genannt? Wer verursacht sie?

Das Limeskastell Saalburg im Taunus (bei Bad Homburg) wurde im 2. Jh. n. Chr. erbaut. Es war von einer Mauer und einem doppelten Graben umgeben. Die Mauer hatte vier Tore. Innerhalb der Mauer befanden sich Mannschaftsbaracken, Getreidespeicher, Ställe, eine Versammlungshalle (in der Mitte), Wohn- und Verwaltungsgebäude, Backöfen und Brunnen. Außerhalb lag das Bad; an der Straße, die zum Kastell führte, siedelten sich Handwerker und Händler an. Die Saalburg wurde im 3. Jh. n. Chr. aufgegeben und verfiel. Man hat sie erst in unserem Jahrhundert über den alten römischen Grundmauern rekonstruiert.

Die Porta Nigra in Trier ist das Nordtor der römischen Stadtbefestigung. Die Bezeichnung »Schwarzes Tor« tauchte erst im Mittelalter auf; der einst helle Sandstein hatte sich infolge des Alters und der Verschmutzung dunkel gefärbt. Das Tor ist im 2. Jh. n. Chr. erbaut worden. Es zeigt sich uns im Wesentlichen so, wie es auch in der Römerzeit ausgesehen hat: ein dreigeschossiger Mittelbau mit einem Innenhof, daran gebaut viergeschössige Türme, die nach der Landseite hin (unser Bild) halbkreisförmig hervortreten.

Das Luftbild zeigt die Theateranlage von Augst (Augusta Raurica) bei Basel.
Die Stadt wurde im 1. Jh. v. Chr. gegründet. Das Theater bot etwa 8000 Zuschauern Platz.

Der Römerturm ist das am besten erhaltene Bauwerk der Colonia Claudia Ara Agrippinensium. Er war Teil der Stadtmauer. Die Fundamente liegen 3–4 m tief im Erdreich, seine Zinnen – die in nachrömischer Zeit eingefügt wurden – ragen 6 m über das heutige Straßenniveau hinaus. Der obere Teil ist mit verschiedenen Mustern und Steinen geschmückt. Wahrscheinlich war die gesamte römische Stadtmauer ähnlich bunt verziert.

EIN GRABSTEIN ERZÄHLT …

Lectio XXIV

Res gestae veterani

Ein besonders netter Museumsführer hat sich bereit erklärt, einer Klasse einen Grabstein im Römisch-Germanischen Museum in Köln auf lateinisch zu erklären.

A M VAL CELERINVS legitur Marcus Valerius Celerinus; VETER legitur: veteranus erat. Scriptores rerum neque nomen neque res gestas huius viri commemorant. In hoc monumento autem Celerinus paucis verbis de rebus a se gestis narrat:
In vico Astigi in Hispania sito natus est. Septendecim annis post magna cum spe gloriae prima stipendia meruit. A prima diei hora usque ad vesperum armis exercebatur. Etiam postea semper multum temporis rei militari tribuere debebat. Nam officium militis erat rem militarem discere et rem publicam defendere; res publica nonnumquam magno in periculo erat.
Postea Celerinus, miles legionis decimae geminae[1] piae fidelis – LEG X G P F – nominatae, varia opera fecit: opera rustica[2], opera muri castrorumque, opera fabrilia[3]. Celerinus, qui tum bona valetudine magnoque corpore erat, rebus rusticis[2] fortasse etiam delectabatur. More vetere Romano viginti annos stipendia meruit. Tum dimissus civis Agrippinensis fuit. Paulo post Marciam Proculam, mulierem parva statura[4], in matrimonium duxit[5]. Nam his verbis in monumento dicitur: CIVES AGRIPPIN(ensis) VIVOS (id est: vivus) FECIT SIBI ET MARCIAE PROCVLAE VXORI.

1 geminus, -a, -um *Zwillings, Doppel-* – 2 rusticus, -a, -um *Land-* – 3 fabrilis, -e *handwerklich*
4 statura, -ae f. *Wuchs, »Statur«* – 5 in matrimonium ducere *heiraten*

L. Quinctius Cincinnatus, vir magna virtute

Celerinus hatte auch Friedenszeiten am Limes erlebt. Da war der Kriegsdienst ganz anders verlaufen, als Celerinus ihn aus den Büchern des Livius kannte, der Charakterbilder von Feldherren der frühen Republik wie Cincinnatus entworfen hatte.

B Illo anno Romani cum Aequis bellum gesserunt. Hostes castra Romanorum obsidebant. Consules et milites summo in periculo erant. Itaque senatores Romani iam de salute rei publicae desperabant. Nonnulli autem clamaverunt: »Opus est Cincinnatum in urbem vocari. Qui enim magna prudentia[6] et summa virtute est. Certe rem publicam servabit.« L. Quinctius Cincinnatus, unica[7] spes populi Romani, trans Tiberim colebat agrum; tum legati eum adierunt atque salutaverunt: »Salve, Cincinnate! Indue[8] togam et pare mandatis senatorum Romanorum!« Paulo post legati Cincinnatum toga velatum vident et clamant: »Salve, dictator populi Romani! Tu a senatoribus in urbem vocaris; nam res publica summo in periculo est.«

Postero die dictator milites conscriptos ad hostes ducit. Media nocte ubi vidit se iam prope hostes esse, consistit et proelium committit. Usque ad lucem magna vi pugnatum est. Postremo Cincinnatus Aequos superavit. Nonnullis diebus post triumphum in foro Romano habuit. Tum dictatura se abdicavit[9].

(nach Livius, Ab urbe condita 3, 26–30)

6 prudentia, -ae f. *Klugkeit* – 7 unicus, -a, -um *einzig*
8 induere, induo, indui, indutum *anziehen* – 9 dictatura se abdicare *die Diktatur niederlegen*

a) – Wer ist die Hauptperson der Inschrift? (s. Text A, Z. 1–15)
– Welchen Beruf hatte die Person?
– Sammelt Hinweise auf ihren Lebenslauf. Welche Lebensabschnitte könnt ihr bereits erkennen? Beachtet adverbiale Bestimmungen der Zeit und Konnektoren.

b) Sammelt an der Tafel Informationen über die Person und fasst eure Beobachtungen zusammen.
c) Klärt mit eurer Lehrerin/eurem Lehrer Vokabeln und Formen.
d) Übersetzt den Text.

1. a) Res ist in Text A, Z. 1–8 durch drei Attribute erweitert. Nennt sie.
   b) Dekliniere diese drei Wortgruppen im Sg. und Pl.
2. Was passt? Verbinde die Formen von *res* und *dies* in Text A, Z. 1–8 mit den zugehörigen Adjektiven: certi – facilis – militari – omnem – omnium – meam – paucas – militaribus.
3. Nenne alle Adverbialen in Text A, Z. 1–12, und ordne sie nach ihrer Form:
   – Adverb oder Präpositionalausdruck; – Substantiv im Akkusativ oder Substantiv im Ablativ.
4. Welche Namen oder Taten berühmter Römer kennst du?

Lectio XXV

Celerinus Hispaniam, patriam suam, laudat

Als einige Kinder mehr erfahren wollen, erzählt der Museumsführer, wie das Leben der Familie sich abgespielt haben könnte:

A Celerinus stipendia faciens in Germania provincia vitam egit. Multis annis post dimissus in hac regione mansit. Hic in villa rustica[1] habitans providebat saluti familiae suae. Cottidie agros cum servo eum adiuvante colebat. Vita rustica[1] Marciae quoque uxori hortum libenter curanti iucunda erat. Sed nonnumquam Celerinus cum Marco filio per agros ambulans patriam ante oculos habebat. Tum dicebat: »Marce, in Hispania varietas pomorum[2] florentium magna est. Cum hic caelum bonum non est, invideo illis rusticis[1] ibi vineta[3] vel agros colentibus.«

Quondam sub vesperum Marcia apud Celerinum sedit. Subito Celerinus ad *Marcum* filium currit magna voce clamantem: »Pater! Pater! Caelum obscurum est! Pluit[4]. Quid de horrei[5] tecto, quod nondum restituisti? Quid de frumento?« Celerinus timore motus statim in horreum[5] currit. Postquam tectum magna diligentia restituit, villam intrans dicit: »In Hispania caelum semper fere bonum est. Ibi alii sole fatigati sub umbra arboris requiescunt, alii calore solis recreantur.« *Marcia:* »Cur patriam multis verbis laudans hic mansisti?« Celerinus cogitat, sed non respondet.

1 rusticus, -a, -um *Land-* rusticus, -i m. *Bauer* – 2 pomum, -i n. *Obstbaum*
3 vinetum, -i n. *Weinberg* – 4 pluit *es regnet* – 5 horreum, -i n. *Scheune*

Colonia Claudia Ara Agrippinensis

»Was heißt denn ›Agrippine‹ ?« fragt ein Kind. Der Museumsführer geht zu dem römischen Torbogen, auf dem CCAA eingemeißelt ist, und erzählt:

B Dum moenibus appropinquant, *Marcus* turrim altam videt et patrem interrogat: »Licetne ascendere[6] in hanc turrim?« *Celerinus:* »Tempus est statim in oppidum ire et disputare cum mercatoribus iam diu me exspectantibus. Ubi autem tempus erit, in turrim ascendemus[6].« Subito *Marcus* notas[7] magna in porta inscriptas[8] legens: »Quid significat CCAA, pater?« *Celerinus:* »CCAA legitur *C*olonia *C*laudia *A*ra *A*grippinensis. Civitas nostra nomine imperatoris Claudii appellata est. Claudius saluti militum providens hic veteranis praedia donavit et sic coloniam auxit. Itaque CC legitur: *Co*lonia *C*laudia.« Tum *Marcus* notas[7] AA spectans: »Quid de his litteris?« »Nos in hac civitate habitantes *A*grippinenses sumus, quod Agrippina, uxor Claudii, hic nata est. Tum *a*ra[9] pulchra ab Augusto imperatore consecrata umbilicus[10] oppidi erat. Itaque hodie per civitatem nostram ambulans et attente spectans ubique notas[7] CCAA vides.«

6 ascendere *hinaufsteigen* – 7 nota, -ae f. *Anfangsbuchstabe* – 8 inscribere, inscribo, inscripsi, inscriptum *daraufschreiben, einmeißeln* – 9 ara, -ae f. *Altar* – 10 umbilicus, -i m. *Mittelpunkt*

1. Nenne aus Text A, Z. 1–7 sechs finite Verbformen. Bilde dazu Infinitiv und Partizipien.
2. Stelle aus Text A, Z. 1–7 alle Partizipien zusammen; nenne jeweils den Infinitiv des Verbs und den Nom. des Partizips; dekliniere das Partizip im Sg. und Pl.
3. Was hat sich geändert? Wenn du die Sätze a) – e) und 1–5 sinnvoll verbindest, übersetzt und mit denen in Text A, Z. 8–14 vergleichst, wirst du die Veränderung erklären können.

a) Celerinus ad Marcum filium, ..., currit.	1 *quod* timore motus est
b) Celerinus, ..., statim in horreum currit.	2 *qui* magna voce clamat
c) Celerinus, ..., dicit:	3 *dum* villam intrat
d) Alii, ..., sub umbra arboris requiescunt.	4 *postquam* sole fatigati sunt
e) Cur hic mansisti, ...?	5 *quamquam* patriam multis verbis laudas

4. Köln hieß in römischer Zeit *Colonia Claudia Ara Agrippinensis;* Trier *Colonia Augusta Treverorum,* Kempten *Cambodunum,* Bonn *Bonna,* Aachen *Aquae Granni.* Leite die modernen Ortsnamen aus den lateinischen ab (Der Name Aachens sagt etwas aus über die Besonderheit des Ortes. Ein Lexikon hilft dir weiter).

Romanisierung

Im 1. Jh. v. Chr. erhielten alle freien Bewohner Italiens das römische Bürgerrecht. Ungefähr hundert Jahre später konnten bereits viele Bewohner der Provinzen von sich behaupten: »Etiam nos Romani sumus«. – In der Nähe der Legionslager hatten sich Siedlungen mit Geschäften, Handwerksbetrieben und Lokalen gebildet. Dort ließen sich Veteranen nieder, so entstanden allmählich römische Städte. Die Veteranen hatten Latein gelernt, betrachteten die römischen Götter als die ihren und bauten ihre Häuser nach römischem Vorbild. Im 3. Jh. n. Chr. wurde allen freien Bewohnern des Imperium das römische Bürgerrecht verliehen.

Lectio XXVI

De exercitu Romano

»Oft fuhr Celerinus zum Einkaufen in die Stadt. Wenn Marcus ihn begleitete, versuchte er manchmal, mehr über die Dienstzeit des Vaters in der Legion zu erfahren:«

A *Marcus:* »Pater, narra mihi de exercitu Romano!« Pater: »In opere Livii multa de exercitibus Romanis legere potes.« *Marcus:* »Tua autem verba, quibus gloriam exercitus Romani laudas, mihi magis placent.« Pater: »Exercitus Romanus clarus est. Disciplina atque fide exercituum nostrorum imperium Romanum auctum et defensum est. Germani tum, cum stipendia feci, plerumque[1] nobiscum pacem servabant. Sed cum magna vi in nos irruerunt[2], impetus eorum nos terruerunt. Sed legati, qui exercitui nostro praeerant, statim nos admonuerunt. Tum impetus sustinere potuimus.«

Marcus: »Si tempus tibi est, pater, narra mihi de pugnis tuis!« *Celerinus:* »De quibus narrare iucundum non est.« *Marcus:* »Cur? Quamquam non iuvat, quaeso[3], narra mihi!« Pater: »Cum de hac re narro, Titus, amicus meus, mihi ante oculos est. Magna fuit caedes in illa pugna, ex qua Titus non rediit.« Filius: »Si ego miles Romanus ero, ingenti hostium impetu non terrebor. Si hostes audaces appropinquabunt, pila mittam.« *Celerinus:* »Quid autem facies, si fortuna te non adiuvabit? Multi enim milites vulnerati domum redierunt, multi necati sunt.«

1 plerumque (Adv.) *meistens* – 2 irruere, irruo, irrui *losstürzen auf* – 3 quaeso *bitte*

Cur Celerinus in Germania provincia mansit?

Der Museumsführer schließt seine Erzählung über das Leben des Celerinus ab, bevor die Klasse ihn mit viel Beifall verabschiedet.

B Quondam in castris exercitus *Celerinus* miles amico suo dixit: »Si imperator mihi post stipendia facta praedium donabit, prope hanc civitatem vitam agere cupio. Hic vita iucunda est. Colonia Agrippina caput provinciae est: Ex portibus alienarum terrarum variae res navibus ad portum nostrum portantur. In portu mercatores multas res vendunt, quibus milites exercituum delectantur. Si vitam veterani agere potero, hic manebo.« Amicus: »Quid facies, si tui te in Hispaniam revocabunt?«
Celerinus: »Parentes mei mortui sunt. Hic multi amici cari vivunt.« Multis annis post Celerinus cum familia prope Coloniam Agrippinam vitam veterani egit. Subito autem morbo affectus sibi monumentum aedificari in animo habuit et metu mortis commotus dixit: »Cum mortuus ero, hoc monumento meae vitae memoria familiae amicisque servabitur.« Paucis diebus post vita excessit. In patriam non iam rediit.

1. exercitus: Nom. Sg.; Gen. Sg.; Nom. Pl.; Akk. Pl. – Gilt das auch für die Substantive *corpus – gladius – filius – tempus – impetus – legatus – salus – populus – murus – servitus – servus?*
2. Suche aus Text A fünfzehn verschiedene Wörter heraus, die auf -i enden. Bestimme Kasus, Verbform oder Wortart. Nenne bei Verben den Infinitiv, bei Substantiven den Nom. Sg.
3. Celerinus erzählt ungern vom Kriegsdienst. Kannst du dir denken, warum?
4. In den folgenden Sätzen sind die Konnektoren durcheinander geraten. Ordne sie richtig zu.

Si	Marcus cum patre in turrim ascendit (ascendere – hinaufsteigen), portum spectare cupit.
Cum	pater fabulam pulchram narrat, Marcus attentus non est.
Cum	portum intrant, pater dicit:
Dum	attentus eris, navem tibi monstrabo.
Postquam	navis portui appropinquat, magna turba hominum ad portum festinat.
Quamquam	navis solvit (solvere – ablegen), multi homines clamant: Valete, valete!

5. Warum bleibt Celerinus in Germanien? Nenne Gründe, die im Text angegeben sind.

Römisches Heer

In der Kaiserzeit gab es 28 Legionen, die die Grenzen des Reiches zu verteidigen hatten. Zu einer Legion gehörten etwa 6000 Soldaten; sie besaßen das römische Bürgerrecht. Der Kampf mit Wurfspeer (pilum), Schild (scutum) und Schwert (gladius) wurde ständig geübt. Auf Kriegszügen trug der Legionär in der Regel ein Gepäck von 30-40 kg und marschierte 30 km und mehr. In feindlichem Gebiet wurde abends meist mit Graben, Erdwall und Pfählen ein Lager gebaut.
Auch Straßen- und Brückenbau war eine Aufgabe der Truppen. Sie bewirtschafteten sogar eigene Äcker. Verbündete oder Unterworfene wurden als Hilfstruppen (auxilia) eingesetzt. Wer 25 Jahre Dienstzeit überlebte, erhielt für sich und die Familienangehörigen das römische Bürgerrecht.

FABEL – HAFTES

Lectio XXVII

Si callidae essetis, hanc litem sedare possetis

A Apes favos[1] in arbore fecerunt, sed fuci[2] inertes[3] dixerunt hos esse suos. Tum regina apium, quod non ignorabat fucos[2] numquam laborare, ira commota dixit: »Si possem, omnes fucos[2] necarem.« Una ex apibus respondit: »Si eos necares, in culpa esses neque posses eis ostendere id, quod verum est.« Ita apes disputabant. Regina: »Si animal nobis erit, quod et apes et fucos[2] non ignorabit, iudex bonus nobis erit.«
Apis: »Nemo nisi vespa[4] iudex bona esse potest.«
Tum vespa[4], postquam regina eam arcessivit: »Si callidae essetis«, inquit, »hanc litem sedare possetis. Aliter res quidem se haberet, nisi fuci[2] et apes colore pares essent.«

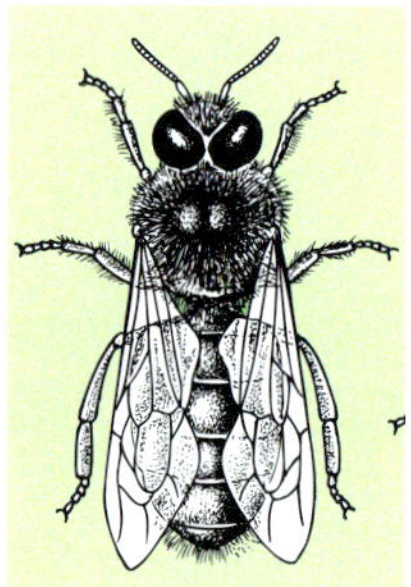

oben: fucus (Drohne, arbeitet nicht, ♂)
links: apis (Arbeiterin, ♀) auf einer Blüte

Deinde vespa[4] rem explicare temptavit: »Certe a vobis irriderer, nisi mihi notum esset multum inter apes et fucos[2] interesse. Si a vobis, fuci[2], alvei[5] cera explerentur, certe cognosceretur ex hac re vos favos[1] fecisse.« Explete nunc alveos[5] cera! Nam ex sapore[6] mellis et forma favorum[1] docebimur de eorum auctoribus!« Addidit illud: »Si hac re doceremini, fuci[2], prudentes essetis!«
Quae verba apibus placuerunt, sed non fucis[2], quod favos[1] facere non potuerunt. Vespa: »Nunc apertum est hos favos[1] ab apibus factos esse. Tu, genus fucorum[2], ab apibus non irridereris, nisi tam ignavum esses.«

1 favus, -i m. *Honig(wabe)* – 2 fucus, -i m. *Drohne (männliche Biene, die nicht arbeitet)* – 3 iners, -tis *träge* – 4 vespa, -ae f. *Wespe* – 5 alveus, -i m. *hier: Bienenstock* – 6 sapor, -oris m. *Geschmack*

De leone grato

B Leo aliquando in silva errabat. Qui subito spina[6] in pede vulneratus dixit: »Si possem, spinam[6] e pede traherem, neque tanto dolore vexarer.« Tamen ire perrexit; tandem pastorem vidit. Caudam[7] movens et pedem vulneratum tollens[8] pastori appropinquavit. At pastor magno timore affectus secum cogitavit: »Si leoni nonnulla animalia dabo, ille vitae meae parcet.« Leo autem non animalia cupivit, sed medicinam; itaque pedem pastori ostendit. Hic leonem adiuvare decrevit, vulnus exploravit, patefecit, spinam[6] e vulnere traxit. Leo valde gratus erat; iterum caudam[7] movit, dum pastor dicit: »Si ego in rebus adversis ero, nonne a te quoque adiuvabor?«

Leo rediit in silvam. Paulo post captus et Romam ad ludos missus est. Eo tempore etiam pastor captus, Romam ductus, ad bestias condemnatus est. Sic leo et pastor simul in arenam[9] missi sunt.

Leo virum cognovit et secum cogitavit: »Gratus non essem, si in eum, qui me adiuvit, impetum facerem.« Pastori appropinquavit neque eum necavit. Tum pastor eum cognovit. Spectatores[10]: »Certe a leone necareris, pastor, nisi amicus tuus esset.« Tum pastor eis rem narravit; et pastor et leo liberati sunt.

(nach Romulus, Aesopi libri fabularum, Fabel 51)

6 spina, -ae f. *Dorn, Stachel* – 7 cauda, -ae f. *Schwanz, Schweif* – 8 tollere *hochheben*
9 arena, -ae f. *Kampfplatz im Amphitheater* – 10 spectator, -oris m. *Zuschauer*

a) Welche »Personen« stehen im Mittelpunkt der Geschichte? Schreibe alle Stellen, an denen sie genannt sind oder auf sie verwiesen wird, aus Text B heraus.
b) Ordne nun den handelnden »Personen« die jeweiligen Prädikate und Partizipien zu.
c) Ermittle Zeitgerüst und Schauplätze anhand der Konnektoren und adverbialen Angaben.
d) Kannst du jetzt mit Hilfe deiner Beobachtungen den Handlungsverlauf erzählen?

1. Verändere folgende Satzreihen zu Satzgefügen, die Möglichkeiten ausdrücken. Beispiel: Contentus sum; nam magistra me laudat. – Contentus *essem,* si magistra me *laudaret.*
   a) pergo ire; nam pastor me adiuvat.
   b) Contenti sunt; nam vespa liti finem facit.
   c) Leo gratus est; pastor enim vulnus eius curat.
   d) Pastor necatur. Sed a leone adiuvatur.
2. Setze die jeweilige Form des Konjunktivs in die entsprechende Form des Indikativs: ostenderem – expleretis – decerneretur – adesset – amitterentur – exstrueres – dimitteretis.
3. a) Welcher/Welchen literarischen Gattung(en) gehören die Texte an?
   b) Kennst du noch andere Texte dieser Gattung(en)? Was ist ihre »Moral«?

Lectio XXVIII

Subveni nobis, Iuppiter!

Phädrus, ein Freigelassener des Kaisers Augustus, schreibt über die richtige Herrschaftsform. Er greift eine Fabel des Dichters Äsop auf, die in Athen spielt: 594 v. Chr. hatte Solon eine politische Reform durchgeführt. Trotzdem waren die Bürger unzufrieden. Später riss Peisistratos alle Macht an sich. Aber auch damit waren die Bürger nicht einverstanden. Da soll Äsop gesagt haben:

A »Audite me! Fortasse haec fabula tristitiam[1] vestram finiet. Nam vero stulti essetis, si fabulam audientes verum non cognosceretis.« Tum narravit: »Ranae[2], quae in palude salientes[3] semper controversias inter se habebant, regem a Iove petiverunt: ›Non iam consentimus; certe audis clamorem nostrum. Nonne nobis regem invenire potes?‹ Iuppiter: ›Audio clamorem ranarum[2], quae non consentiunt. Iam saepe vos audiebam; subveniam vobis.‹

Tum Iuppiter tigillum[4] illis dono dedit, quod de caelo in terram iecit. Dum id in paludem advenit, sonus, qui auditus est, ranas[2] terruit. Mox tigillum[4] ab eis inventum est. Primum consenserunt id esse regem suum; deinde, quod iners[5] erat, tigillum[4] irriserunt. Paulo post ad Iovem venerunt cupientes alium regem inveniri. Iterum Iuppiter eis subvenit; sed tum misit hydrum[6], a quo ranae[2] inveniebantur et necabantur.

Postremo autem patri deorum non iam curae fuit ranis[2] adesse: Non iam ab eo auditae sunt.«

Compluribus saeculis post Romae non iam consules, sed imperatores rem publicam regebant. Tum nonnulli cives putabant libertatem Roma exisse. Itaque civibus hac re maestis Phaedrus servus illam Aesopi fabulam de ranis[2] narravit. Tum *Phaedrus:* »Athenienses sorte sua contenti erant; quid vos, Romani, nunc de imperatoribus vestris sentietis?« Ita Phaedrus civibus auxilio venit.

Plebs cum patribus[7] consentiret, nisi illi tam superbi essent

B Aliquando cives rei publicae Romanae non iam consenserunt. Plebs a patribus dissentiebat, quod militiam duram tolerare debebat neque ei iura erant. Itaque a patribus paria iura desiderabat. Sed patres superbi plebem non audiebant. Postremo plebs ex urbe in Montem Sacrum exiit.

Tum Menenius Agrippa a patribus ad plebem iratam missus illam de ventre[8] et membris fabulam narravit: »Aliquando in corpore humano non, ut nunc, concordia fuit, sed omni membro erat suum consilium. Tum pleraque membra ventrem[8] offenderunt: ›Nos magno labore cibum invenimus et paramus, tu nobis non subvenis. Oportet te non iam vitam inertem[5] vivere!‹ Tum a membris iratis labores finiti sunt: Non iam cibus in ventrem[8] adveniebat, non iam aqua ventrem[8] sitientem[9] delectabat.

At membra, postquam labores finiverunt, intellexerunt se etiam sibi nocere. Quae fame sitique[10] coacta senserunt ventrem[8] omnibus partibus corporis necessarium utilemque esse; ergo a ventre[8] non iam dissentiebant.«

Hac fabula Menenius Romanis auxilio venit: Lites civium sedavit; plebs in urbem rediit. Paulatim iura plebis aucta sunt.

1 tristitia,-ae f. *Traurigkeit* – 2 rana, -ae f. *Frosch* – 3 salire, salio, salui *hüpfen*
4 tigillum, -i n. *Balken* – 5 iners, inertis *träge* – 6 hydrus, -i m. *Schlange*
7 patres, patrum m. *Patrizier* – 8 venter, ventris m. *Magen* – 9 sitire, sitio, sitivi *Durst haben*
10 sitis, -is f. *Durst*

1. Bestimme jeweils Form und Konjugation des Verbs und schreibe die entsprechende Form des in Klammern gesetzten Verbs daneben in dein Heft: finient (regere) – audire (capere) – veniebat (videre) – consentientes (laudare) – auditum est (subvenire) – consensit (advenire).
2. Welche syntaktische und semantische Funktion haben die Dative in den folgenden Sätzen?
   a) *Ranis* nunc tigillum est. b) Tigillum *eis* primum *usui* (usus, -us m. Vorteil) est, tum *risui* (risus, -us m. Spott). c) Postremo pater deorum *eis* hydrum *dono* mittit. d) Superbia sua ranae mortem *sibi* paraverunt.
3. a) Wie würdest du als Römer/in nach Phädrus' Fabel über die römischen Kaiser denken?
   b) Vergleiche die Wirkungen, die von den beiden Fabeln beim Zuhörer erzielt werden.

EIN NEUES LEBENSZIEL?

Lectio XXIX

Quem deum Christiani colunt?

Seit dem 3. Jh. n. Chr. gab es an Rhein und Mosel, z.B. in Trier und Köln, christliche Gemeinden. An einem christlichen Feiertag besucht Ursa, ein Mädchen aus der Colonia Agrippina, mit der Freundin Secundia das Grab ihrer Schwester.

A Ursa cum amica sepulcrum Concordiae sororis adit et flores deponit. Secundia haec verba in monumento inscripta legit: »Concordia hic iacet. Pia parentibus. Vixit annum semissem[1]. Innocens in caelis habetur[2].«

Secundia: »Quid verba ›Innocens in caelo habetur‹ significant? Quae est vis harum litterarum: A, Ω, X, P?«

Ursa: »Ignorasne parentes meque Christianos esse? Credimus innocentes post mortem vitam aeternam in caelo cum Deo vivere. Litterae A, Ω, X, P sunt litterae Graecae: A (Alpha) prima, Ω (Omega) ultima litterarum Graecarum est. X (*Chi*) id est Latine Ch, et P (Rho), id est Latine R; hae sunt primae litterae nominis *Chr*isti, Domini nostri. Nonne nunc intellegis Christum initium et finem omnium rerum esse?«

Secundia: »Qui est ille Christus? Quem deum vel quos deos vos Christiani colitis?«

Ursa: »Christus, Deus noster, in caelo regnat[3]. Omnia conspicit, omnia cognoscit. Ali-

quando in terram venit. In provincia Iudaea natus est, ibi coepit homines haec docere: recte vivere, legibus Dei parere.« *Secundia:* »Quae est recta vita? Quibus virtutibus studetis? Quae sunt leges dei vestri?« *Ursa:* »Studemus misericordiae, concordiae, clementiae[4], iustitiae. Christianos oportet omnes homines diligere, et proximos et inimicos.«

Secundia: »Quid dicis? Etiamne inimicos? Narra mihi amplius[5] de vestra religione!«

Quis est proximus meus?

Ursa erklärt ihrer Freundin, was die Christen unter Nächstenliebe verstehen.

B Narrabo tibi parabolam[6]. Tum fortasse intelleges vim nostrae religionis. Audi nunc! Aliquando vir Iesum interrogavit: ›Magister, quomodo vitam aeternam possidebo?‹ *Iesus* haec fere respondit: ›Dominum diligere debes ex toto corde tuo, et ex tota anima tua, et ex omnibus viribus tuis, et ex omni mente tua. Proximum tuum diligere debes sicut te diligis.‹ Et ille: ›Sed quis est proximus meus?‹

Iesus dixit: ›Homo iter faciens in latrones incidit, qui eum vulneraverunt et spoliaverunt. Tum abierunt. Paulo post sacerdos[7] advenit, eum vidit, praeteriit; tum levita[8] venit et praeteriit. Postremo Samaritanus venit et hominem vulneratum conspiciens misericordia motus est. Appropinquavit, vinum et oleum[9] infudit in vulnera. Tum hominem in asinum suum imposuit et duxit eum in tabernam. Ibi stabulario[10] pecuniam dedit dicens: ›Cura illum! Mox redibo et tibi dabo id, quod postulabis pro cura.‹ Tum Iesus virum interrogavit: ›Quis proximus fuit illi, qui incidit in latrones?‹ ›Ille, qui misericordiam fecit.‹ Tum *Iesus:* ›I et fac simili modo!‹«

Multa secum cogitans Secundia domum redit.

(nach Lukasevangelium 10, 25–37)

1 annum semissem *eineinhalb Jahre*
2 Innocens in caelis habetur. *Sie ist frei von Schuld und in den Himmel aufgenommen.*
3 regnare *herrschen, König sein* – 4 clementia, -ae f. *Milde, Nachsicht*
5 amplius (Adv.) *noch mehr* – 6 parabola, -ae f. *Gleichnis* – 7 sacerdos, -otis m. *Priester*
8 levita, -ae m. *»Levit«, Tempeldiener* – 9 oleum, -i n. *»Öl«* – 10 stabularius, -i m. *Gastwirt*

1. Fremdwörter? Für uns Lateiner kein Problem! Erkläre mit Hilfe des Vokabelverzeichnisses und eines Lexikons, von welchen lateinischen Wörtern folgende Fremdwörter abgeleitet sind: *Florist – Depot – Kredit – intelligent – Abitur – Präteritum – Infusion – imponieren – Justiz.*
2. »Familienbande« – Nenne zu folgenden Wörtern ein Substantiv oder Verb aus der gleichen Familie: diligere – inimicus – pugnare – vivere – vincere – clamare – colere.
3. Nenne alle von ire abgeleiteten Verben und Substantive in Text A und B und übersetze sie.
4. Bilde nach dem Beispiel der Aufgabe zu L 14, S. 60 folgende Verbkette: *abeo* – 3. Person – Plural – Imperfekt – 2. Person – Perfekt – Singular – Futur – Imperativ – Indikativ – Plural – 1. Person – Singular.
5. Was hat Secundia aus den Erzählungen ihrer Freundin darüber erfahren, wie sich Christen verhalten sollen? Nenne aus den Texten A und B lateinische Formulierungen.

Zusätzliche Übungen

zu L 24

Beim Lernen sind Karteikarten durcheinander geraten:

publicam		militari	militaribus	
faciles	facilium	huius	haec	Romanam

Stelle aus Text A, Z. 1–8 alle Formen von *res* und *dies* zusammen und ordne sie den Karteikarten zu (Achtung: die Karten enthalten z. T. Attribute, die im Text nicht genannt sind!).

zu L 25

Welche Partizipien ergeben einen Sinn im Satz? Ergänze richtig.

Celerinus stipendia *xx* in Germania vitam egit.	(faciens/factus)
Verba Hispaniam *xx* Celerino placent.	(laudantia/laudata)
Marcus notas AA *xx* dicit:	(spectans, spectatus)
Multis annis post *xx* in hac regione mansit.	(dimittens, dimissus)

zu L 26

Es fällt dir sicher leicht, zu den Substantiven der u-Deklination aus Text A, Z. 1–7 passende Adjektive oder Pronomina als Attribute hinzuzufügen:
magnus, -a, -um – vester, vestra, vestrum – alter, altera, alterum – omnis, -e, – is, ea, id – multi, -ae, -a – hic, haec, hoc.

zu 28

Welcher Unterschied des Kasusgebrauchs zeigt sich bei den folgenden Orts- und Richtungsangaben zwischen dem Lateinischen und Deutschen?
Ranae *in tigillum convenerunt.* – Una ex ranis pedem *in tigillo collocavit.*

Zu L 29

1. »Nomen est omen«, sagten die Römer. Eine Reihe von Vornamen stammt aus dem Lateinischen. Führe folgende Beispiele auf ein lateinisches Wort zurück und erkläre sie:
   Beate – Clemens – Vera – Clara – Benedikt – Luzia – Florian – Patricia – Regine – Felix
2. Das adjektivische Interrogativpronomen wird wie das Relativpronomen dekliniert. Wiederhole es und ergänze dann in den folgenden Sätzen das passende Fragepronomen. Schreibe die vollständige Frage in dein Heft. Kannst du auch eine lateinische Antwort geben?

a) *xx* sepulcrum Ursa Secundiaque adierunt?
b) De *xx* religione Ursa amicae narravit?
c) *xx* est ultima littera alphabeti Graeci?
d) *xx* sunt virtutes, quibus studetis?
e) *xx* fabulam Ursa narravit?
f) *xx* legibus Christiani parere debent?

Satzerschließung und Textvergleich

Satzerschließung

Lies den lateinischen Satz zuerst ganz. Markiere während oder unmittelbar nach der Lektüre zusammengehörige Bestandteile oder Blöcke:
- Subjekt und Prädikat (Satzkern);
- Satzwertige Konstruktionen wie z.B. AcI, Subjekts-/Objektsinfinitiv, PC;
- Attribute und ihre Bezugswörter.

Unterstreiche jeweils den Satzkern (einschließlich seiner Attribute). Markiere satzwertige Konstruktionen durch ein Kästchen und schreibe daneben oder darüber ihren Namen (z.B. AcI). Schreibe die vorgefundenen Blöcke untereinander und verbinde ein Attribut oder PC jeweils durch eine Klammer mit seinem Bezugswort; übersetze dann:

Beispielsatz: Regina apium non ignoravit fucos[1] numquam laborare.
Markierung: <u>Regina apium non ignoravit</u> Satzkern
[fucos[1] numquam laborare]. AcI

Übersetzung: Die Bienenkönigin wusste sehr gut, daß die Drohnen niemals arbeiten.

Versuche nun, folgende Sätze ähnlich zu veranschaulichen und wiederzugeben:
- Mihi notum est multum inter apes et fucos[1] interesse.
- Paulo post ranae[2] ad Iovem venerunt cupientes alium regem inveniri.
- Multi homines gravitate urbis[3] fornacibus[4] thermarum facta dolent.

1 fucus, -i m. *Drohne* – 2 rana, -ae f. *Frosch* – 3 gravitas urbis *verschmutze Luft* – 4 fornax, -acis f. *Ofen*

Textvergleich: Fremde Fehler – eigene Fehler

Quid autem vides festucam[1] in oculo fratris tui, et trabem[2] in oculo tuo non vides? Aut quomodo dicis fratri tuo: Sine eiciam[3] festucam[1] de oculo tuo, et ecce trabs[2] est in oculo tuo? Hypocrita[4], eice[3] primum trabem[2] de oculo tuo, et tunc videbis eicere[3] festucam[1] de oculo fratris tui.

(Matthäus 7, 3–5)

1 festuca, -ae f. *Splitter* – 2 trabs, trabis f. *Balken*
3 sine eiciam *lass mich herausziehen* (eicere) *herausziehen* – 4 hypocrita, -ae m. *Heuchler*

Peras[1] imposuit Iupiter nobis duas:
Propriis[2] repletam[3] vitiis post tergum[4] dedit,
alienis ante pectus suspendit gravem[5].
Hac re videre nostra mala non possumus;
alii simul[6] delinquunt[7], censores[8] sumus.

(Phädrus 4, 10)

1 pera, -ae f. *Ranzen* – 2 proprius, -a, -um f. *eigen*
3 repletus, -a, -um *gefüllt* – 4 tergum, -i n. *Rücken*
5 *einen von fremden Fehlern schweren Ranzen hängte er an unsere Vorderseite*
6 simul *sobald* – 7 delinquere *Fehler machen*
8 censor, -oris m. *Zensor, Richter*

Lectio XXX

Dominus in Bethlehem natus est

Secundia, ein junges Mädchen aus der Colonia Agrippina (Köln), spricht mit ihrer Freundin Ursa über die Religion der Christen, zu denen Ursa gehört. Ursa erzählt ihr von der Geburt ihres Religionsgründers Christus, die die christliche Welt noch heute zu Weihnachten feiert:

Ursa: »Christus nonnullis saeculis[1] ante in Bethlehem in stabulo natus[2] est.« *Secundia:* »Ubi est Bethlehem? Possumusne id oppidum frequentare? Cur Christus in stabulo natus[2] est?« *Ursa:* »Bethlehem est parvum oppidum in Iudaea situm. Misera Maria, miser Ioseph! Nusquam[3] enim manere poterant, quod cunctae tabernae plenae virorum feminarumque erant. Itaque stabulum[2] intraverunt. Ibi Christus natus est. Maria filium suum in praesaepium imposuit[4]. In agris prope stabulum[2] sitis nonnulli pastores[5] erant, et ecce! noctu angelus[6] stat apud pastores[5], et timent valde[7]. Sed angelus[6] nuntiat: ›Gaudete, pastores[5]! Vobis enim magnum gaudium nuntio. Hodie vobis Christus Dominus in Bethlehem natus est. Puer in praesaepio[4] iacet in stabulo[2]. Festinate et videte!‹ Subito multi angeli[6] affuerunt, laudaverunt Deum et cantaverunt[8]: ›Gloria in excelsis Deo[9]!‹ Pastores[5] autem angelo[6] paruerunt et ex agris ad stabulum[2] festinaverunt. Ibi puerum viderunt, valde[7] gaudebant, puerum adorabant[10]. Tum magi ex Oriente[11] puero dona apportaverunt: aurum, tus, myrrham[12]. Nam putabant puerum novum Dominum esse.«

Secundia: »Pulchram fabulam mihi narravisti. Aliamne fabulam narrare potes?«

(nach Lukasevangelium 2)

1 saeculum, -i n. *Jahrhundert* – 2 in stabulo natus est *er ist in einem Stall geboren*
3 nusquam (Adv.) *nirgends* – 4 in praesaepium imposuit *sie legte ihn in eine Krippe*
5 pastor, -oris m. *Hirte* – 6 angelus, -i m. *Engel* – 7 valde (Adv.) *sehr* – 8 cantare *singen*
9 gloria in excelsis deo *Ehre sei Gott in der Höhe* – 10 adorare *anbeten*
11 magi ex Oriente *Weise (Magier) aus dem Orient*
12 aurum, tus, myrrha *Gold, Weihrauch, Myrrhe*

Dominus resurrexit

An Ostern, erzählt Ursa weiter, feiern die Christen die Auferstehung Christi von den Toten. Am Morgen des dritten Tages nach der Kreuzigung seien Frauen zum Grab gegangen.

Mane mulieres ad sepulcrum[1] venerunt[2], sepulcrum[1] intraverunt, sed Christum mortuum non invenerunt[3]. Viderunt virum ignotum[4], cuius vestis erat sicut[5] nix[6].
Dixit: »Christus non iam adest, ecce resurrexit[7], sicut[5] dixit.« Illae autem ex sepulcro[1] fugerunt magno timore commotae[8]. Postea Christus discipulis[9] mulieribusque apparuit. Post quadraginta dies[10] in caelum ascendit[11].

(nach Matthäusevangelium 28)

1 sepulcrum, -i n. *Grab* – 2 venerunt *sie sind gekommen* – 3 invenerunt *sie haben gefunden*
4 ignotus, -a, -um *unbekannt* – 5 sicut *wie* – 6 nix, nivis f. *Schnee*
7 resurgere, resurgo, resurrexi *auferstehen* – 8 magno timore commotus, -a *in großer Angst, voller Angst* – 9 discipulus, -i m. *Schüler* – 10 quadraginta dies *vierzig Tage*
11 ascendere, ascendo, ascendi,ascensum *auffahren, emporsteigen*

Penteconste

Nun berichtet Ursa von einem Wunder, das sich an Pfingsten, 50 Tage nach Ostern, in Jerusalem zugetragen habe. Dort hätten sich viele Anhänger von Christus in einem Haus versammelt.

Subito ventus vel sonus[1] de caelo venit[2], et ecce: Supra[3] capita eorum hominum linguae velut flammae apparuerunt. Mirum in modum discipuli[4] Christi coeperunt verba facere variis linguis. Erant tum in ea urbe non solum multi Iudaei ex omnibus regionibus Iudaeae, sed etiam Iudaei, qui habitabant in Mesopotamia, Aegypto, Libya, aderant Parthi et Medi, Cretes et Arabes. Audiverunt[5] discipulos[4] Deum laudantes et dixerunt: »Quid hoc est? Illi viri nostra lingua verba faciunt. Quomodo nos audimus[6] linguam nostram in qua nati sumus?« Alii autem eos irridebant dicentes: »Musti[7] pleni sunt.«
Secundia diu tacet, tum dicit: »Non puto eos musti[7] plenos fuisse. Fortasse Deus vester id effecit[8].«

(nach Apostelgeschichte 2)

1 sonus, -i m. *Ton, Laut* – 2 venit *(er/sie/es) kam* – 3 supra (beim Akk.) *oberhalb von, über*
4 discipulus, -i m. *Schüler* – 5 audiverunt *sie hörten* – 6 audimus *wir hören*
7 mustum, -i n. *junger Wein, »Most«* – 8 efficere, efficio, effeci, effectum *bewirken*

Frühlingslied

Aus einer mittelalterlichen Textsammlung, den CARMINA BURANA.

Floret silva nobilis
floribus[1] et foliis[2].
Ubi est antiquus
meus amicus?
Hinc equitavit[3]!
Eia! Quis me amabit[4]?

1 flos, floris m. *Blume*
2 folium ,-i n. *Blatt*
3 hinc equitavit *von hier ist er fortgeritten*
4 amabit *wird lieben*

In dulci iubilo

In dulci iubilo nun singet und seid froh.
Unsers Herzens Wonne leit in praesepio,
leucht heller als die Sonne matris in gremio[1].
Alpha est et O.

1 gremium, -i n. *Schoß*

Apollo

Bacchus

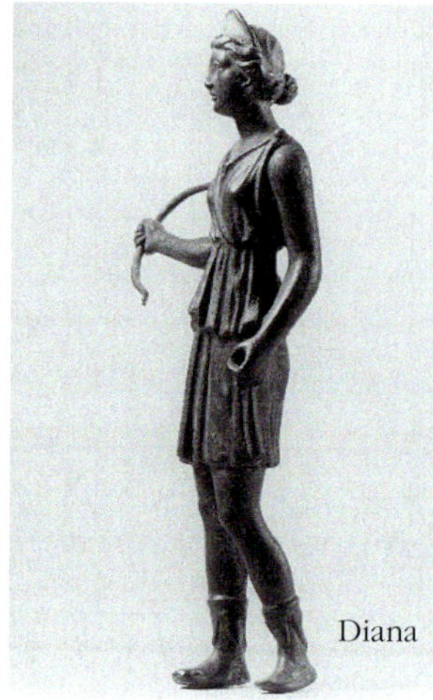
Diana

Minerva

Römische Götter

Die Karten wurden von dem Schüler Christopher Wille gezeichnet.

Mercurius

Der römische Kalender

Saturnus Sol Luna Mars Mercurius Iuppiter Venus

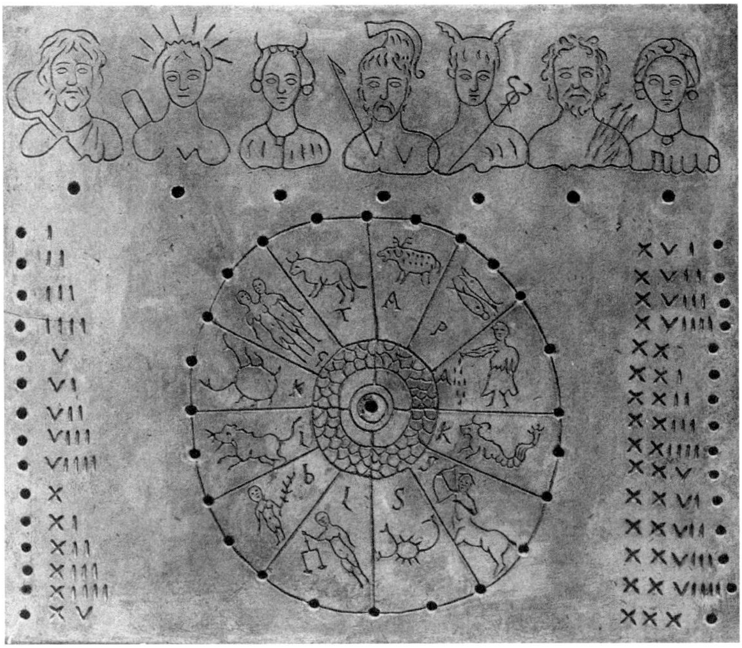

Römischer Steckkalender:

Oben die Götter, nach denen die Wochentage benannt sind, in der Mitte die Tierkreiszeichen als Symbole für die Monate; links und rechts Stecklöcher für die Tage, auf der Kreislinie Löcher für die Kalenden (Monatsanfang) und Iden (Monatsmitte).

Der altrömische Kalender wurde 45 v. Chr. von C. Iulius Caesar nach Vorgaben des griechischen Astronomen Sosigenes reformiert (Julianischer Kalender) und ist nach einer geringfügigen Verbesserung unter Papst Gregor XIII. 1582 (Gregorianischer Kalender) bis heute Grundlage unserer Zeitrechnung.
Ursprünglich war der März, ab 153 v. Chr. der Januar der erste Monat:

Ianuarius	Januar – benannt nach dem doppelgesichtigen Gott Ianus, der in die Vergangenheit und in die Zukunft schaut.
Februarius	Februar – nach februa, der »Reinigung« benannt.
Martius	März – Monat des Kriegsgottes Mars.
Aprilis	April (Bedeutung des Wortes nicht geklärt)
Maius	Mai – Monat der Göttin Maia.
Iunius	Juni – Monat der Juno.
Iulius	Juli – zu Ehren von C. Iulius Caesar so benannt.
Augustus	August – nach Kaiser Augustus benannt.
September October November December	Diese Namen sind von den Zahlwörtern septem, octo, novem und decem abgeleitet. Man behielt die Namen auch dann bei, als der Jahresanfang in den Januar verlegt wurde.

Verba Latina ubique sunt

Die Wochentage

lateinisch:	
Solis dies	der Tag Sols, des Sonnengottes
Lunae dies	der Tag der Mondgöttin Luna
Martis dies	der Tag des Gottes Mars
Mercurii dies	der Tag des Gottes Mercurius
Iovis dies	der Tag Jupiters
Veneris dies	der Tag der Göttin Venus
Saturni dies	der Tag Saturns

Der Tag Saturns wurde bald umbenannt, man verwendete den hebräischen *Sabbath* als Namensgeber. Unter christlichem Einfluss wurde aus dem Tag Sols der Tag des Herrn, der *dies dominicus;* für Mercurii dies findet man auch *media hebdomada* – die Mitte der Woche.

Vergleiche damit nun die deutschen Wochentage, danach die französischen, italienischen, spanischen und englischen. Erkundige dich, woher die Namen Dienstag, Donnerstag, Freitag kommen.

deutsch:	*französisch:*	*italienisch:*	*spanisch:*	*englisch:*
Sonntag	dimanche	domenica	domingo	Sunday
Montag	lundi	lunedì	lunes	Monday
Dienstag	mardi	martedì	martes	Tuesday
Mittwoch	mercredi	mercoledì	miércoles	Wednesday
Donnerstag	jeudi	giovedì	jueves	Thursday
Freitag	vendredi	venerdì	viernes	Friday
Samstag	samedi	sabato	sábado	Saturday

papa
episcopus
missa
claustrum
ordo
praedicare
signare
monachus

Nenne die aus dem Lateinischen abgeleiteten deutschen Lehnwörter.

Lateinische Redewendungen und Sprichwörter

de iure gehört es Ihnen, aber de facto …
der Schwiegersohn in spe
Er hat bona fide gehandelt.
Wir wollen gleich in medias res gehen …
pro forma sollten Sie …
Ad multos annos.
Omnia vincit Amor.

Wer spricht hier?

Ego sum principium mundi.
Et finis saeculorum.
Per me omnia continentur.
Sine me nihil est.
Sum trinus[1] et Unus.
At tamen non sum Deus.

1 trinus, -a, -um *dreifach*

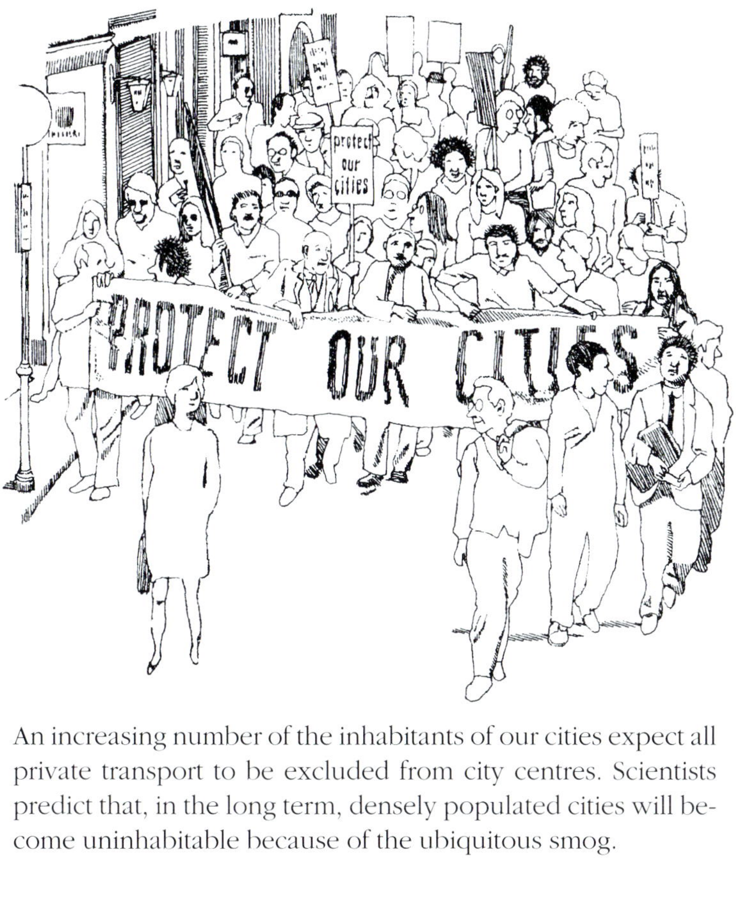

Wer Latein kann, versteht leichter, worum es hier geht.

An increasing number of the inhabitants of our cities expect all private transport to be excluded from city centres. Scientists predict that, in the long term, densely populated cities will become uninhabitable because of the ubiquitous smog.

… è facile

Il tempo è oro.

Ogni cosa a suo tempo.

ENTSCHEIDE DICH!

Lectio XXXI

Alexander Magnus et Philippus medicus

Der Schriftsteller Curtius Rufus berichtet, dass Alexander der Große 334 v. Chr. in einer gefährlichen Situation einen sehr wichtigen Entschluss fassen musste.

A Alexander Magnus, rex Macedoniae, magnum exercitum contra Persas Hellespontum traduxit. Iam satrapae[1] victi erant, iam Ephesus et Miletus, coloniae Graecae, imperio Persarum liberatae erant. Tum Alexander contra Darium, regem Persarum, exercitum duxit; Cydno flumini appropinquavit. Alexander, quod sudore perfusus erat[2], vestes deposuit et in flumen descendit. Statim corpus imperatoris riguit[3]; milites territi eum mortuo similem in castra portaverunt.

Paene iam luctus in castris erat. Alii putabant regem mortuum esse et eum circumstantes haec fere dicebant: »Tu, rex, qui nos in Asiam duxeras, qui semper ipse magna audacia contra hostes pugnaveras, flumen inisti gelidum[4]; propter hanc temeritatem nunc in morbum mortiferum[5] incidisti.« Alii regem vivere sperabant et cogitabant: »Sanabuntne medici regem nostrum? Quando rex ipse nos ab isto Dario defendere et in patriam ducere poterit? Ipsi in magno periculo sumus. Libenter huic regi paruimus; numquam victi sumus. Alium imperatorem deligere difficile est. Sed regi ipsi libenter parebimus. Nam in ista terra sine imperio regis ipsius peribimus.«

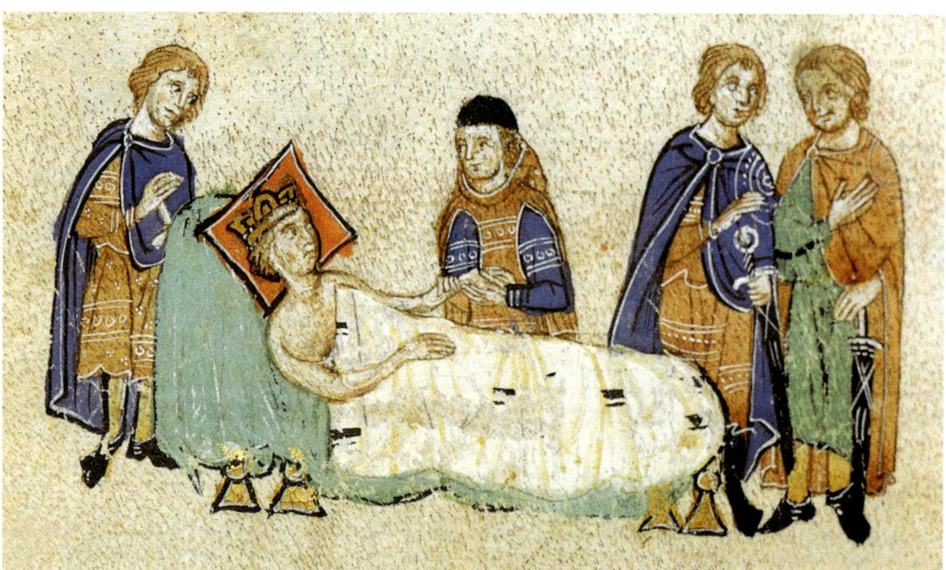

Illustration zu dieser Geschichte in einer mittelalterlichen Handschrift.

Interea rex oculos adlevaverat[6]. Statim non lentam[7] medicinam poposcit; nam sentiebat Darium sibi imminere. Milites autem, quibus temeritas regis magnam curam incusserat[8], dicebant periculum ista festinatione[9] augeri, quod Darius ipse mille talenta[10] interfectori[11] Alexandri promiserat.

B Erat inter nobiles medicos Alexandri Philippus, qui regi fidem semper servaverat. Is promisit: »Mox te medicina salubri sanabo.« Alexander magna spe medicinam exspectabat. Parmenio autem, fidelis amicus regis, Alexandro scripserat: »Iste medicus a Dario, rege Persarum, corruptus est, medicina istius amici est venenum.« *Alexander*, postquam epistulam legit, secum cogitavit: »Necabitne unus ex amicis regem ipsum? Licetne salutem meam isti medico committere? Aut veneno in castris necabor aut metu meo!« Denique medicus ipse cum poculo[12], in quo medicinam diluerat[13], intravit. Alexander epistulam a Parmenione missam manu tenens accepit poculum et hausit[14]; tum epistulam legere Philippum iussit. Medicus autem dixit: »Crimen parricidii[15] tua salus ipsa diluet[13].« Tum Alexander Philippo manum porrexit et gratias egit.

(nach Q. Curtius Rufus, Hist. Alex. Magni III 6, 9. 12)

1 satrapa, -ae m. *»Satrap«, Statthalter einer persischen Provinz*
2 sudore perfusus *schweißüberströmt* – 3 rigescere, rigesco, rigui *erstarren*
4 gelidus, -a, -um *eiskalt* – 5 mortiferus, -a, -um *tödlich* – 6 oculos allevare *die Augen öffnen*
7 lentus, -a, -um *hier: langsam wirkend* – 8 incutere, incutio, incussi, incussum *einflößen*
9 festinatio, -onis f. *Ungeduld, Hast* – 10 talentum, -i n. *»Talent«, größte griechische Währungseinheit* – 11 interfector, -oris m. *Mörder* – 12 poculum, -i n. *Becher*
13 diluere, diluo, dilui, dilutum *auflösen* – 14 haurire, haurio, hausi, haustum *trinken*
15 parricidium, -i n. *Mord*

a) Fasse zusammen, in welcher Lage sich Alexander und die Soldaten befinden (Text A).
b) Notiere, welche Personen in Text B erwähnt werden. Informiere dich über neue Vokabeln.
c) Ordne die Prädikate den handelnden Personen zu. Beschreibe den Handlungsverlauf.
d) In welcher Entscheidungssituation befindet sich Alexander?
e) Übersetze abschließend und überprüfe dein erstes Textverständnis.

1. a) Lege eine Tabelle an, in der du alle finiten Verbformen des A-Textes einträgst:

Plusquamperfekt	Imperfekt/Perfekt	Futur

   b) Erläutere die unterschiedliche Funktion der Tempora in den Texten dieser Lektion.
   c) Forme die Zeiten aus der mittleren Spalte um ins Plusquamperfekt.
2. Milites Alexandri non sine ira dixerunt: »Nos Darium superare debemus, quod rex Persarum nos delere studet. Persae nos vincent, nisi Alexander ipse nos contra hostem ducet.«
   a) Übersetze dieses Textstück.
   b) Ersetze die angesprochenen Feinde durch entsprechende Formen von *iste*.
   c) Vergleiche den neuen Text mit dem Text in dieser Übung. Welche Wirkung erzielt *iste?*

Lectio XXXII

Hercules in bivio[1]

Herkules, von dessen Stärke und Tatkraft viele Sagen berichten, war in der Antike Vorbild für Athleten, ja sogar für manchen römischen Kaiser.
Nach einer antiken Erzählung musste sich Herkules in jungen Jahren entscheiden, wie er sein weiteres Leben gestalten sollte:

A Scriptores antiqui ferunt Herculem in loca deserta[2] isse viam vitae rectam quaerentem. Subito in bivio[1] duae pulchrae feminae Herculi se offerunt. Altera, quae in vultu et habitu formam suam prae se ferebat, haec fere dixit: »Affero tibi vitam iucundam. Si mecum ibis, tibi omnes voluptates parabo. Semper pueri pulchri ad nutum[3] tuum magnificas epulas[4] tibi afferent. Si mihi parebis, numquam aegre feres, numquam vita curas feret, numquam vita tibi molesta et ardua[5] erit.«

Dum femina hanc viam Herculi offert, Hercules nomen ex ea quaesivit. »Voluptatem«, inquit, »me amici mei vocant, inimici Vitium.«
Tum altera femina adulescenti dubitanti appropinquavit. *Hercules:* »Quid tu mihi offers?« Illa: »Confer viam istius cum mea! Si tu cum Voluptate ires, putares tibi viam bonam et iucundam esse. Nam ista negat labores aut curas hominibus esse. Mea via autem, quamquam longa et ardua[5] est, tamen ad virtutem et gloriam ibis. Nam hominibus strenuis[6] dei gloriam et vitam beatam obtulerunt. Nisi hi homines mihi, Virtuti, paruissent et labores suscepissent, numquam ab iis gloria aeterna accepta esset. Ista quidem Voluptas promittit viam et brevem et iucundam: re vera autem te quoque in perniciem duceret, si ei pareres. O homines, si me semper isti feminae praetulissetis, amici deorum fuissetis et vobis vita beata data esset.«

1 bivium, -i n. *Weggabelung* – 2 loca deserta n. *einsame Gegend, Einöde*
3 nutus, -us m. *Wink* – 4 epulae, -arum f. *Speisen* – 5 arduus, -a, -um *steil, schwierig*

B Hercules, quod magnos labores susceperat, postea apud homines in summam gloriam venit. Dei post mortem ei immortalitatem[7] obtulerunt.
Nisi Virtus Herculi viam aeternae gloriae obtulisset, duros labores non subisset: numquam bestias ingentes necavisset, numquam ab eo stabulum[8] Augiae uno die stercore[9] liberatum esset, numquam Cerberum ex inferis deduxisset. Si Voluptati paruisset, numquam gloriam aeternam aut immortalitatem[7] accepisset.

6 strenuus, -a, -um *tatkräftig, entschlossen* – 7 immortalitas, -atis f. *Unsterblichkeit*
8 stabulum, -i n. *Stall* – 9 stercus, -oris n. *Mist*

Herkules im Garten der Hesperiden. Wandmalerei in der Villa von Oplontis (bei Neapel). Um 20–10 v. Chr.

a) Welche Personen werden außer Herkules erwähnt? Was für Personen sind das?

b) Gebt eine Grobgliederung für Text A, indem ihr Personenkonstellation, Pronomina und Konnektoren beachtet.

c) Welche Ratschläge und Versprechungen geben die Personen? Stellt Beispiele an der Tafel gegenüber. Welche Konnektoren heben die Gegensätzlichkeit der Vorschläge hervor?

d) Welche Entscheidung trifft Herkules wohl? Übersetzt abschließend den Text.

1. Das Verhalten des Herkules gilt seit der Antike als beispielhaft. Teilst du diese Einschätzung?
2. – In virtute multi sunt ascensus (ascensus, -us m. Steigung). – Virtus est per se ipsa laudabilis (lobenswert) et sine ea nihil laudari potest. – Ad virtutem una et ardua (steil) via est. – Virtus est vitium fugere. – Etiam sine magistro vitia discuntur.
   a) Überlegt, wie hier virtus am besten übersetzt werden kann.
   b) Inwiefern lassen sich diese Sätze auf die Entscheidung des Herkules anwenden?
3. Wer findet alle hier enthaltenen Formen von *ferre:* fortis, fertis, vestris; fere, ferre; fero, vero; tui, tuli; venissem, tulissem, fuissem; fers, veris?
4. Setze die Verbformen sinngemäß in den folgenden Text ein und übersetze dann:
   (fuissent; accepissem; praetulissent; paruissem)
   Virtus: »Si homines me semper Voluptati xxx, amici deorum xxx.« Hercules secum cogitavit: »Nisi Virtuti xxx, numquam magnam gloriam xxx.«

Lectio XXXIII

Gladius Damoclis

Damokles, der lange Zeit mit sich unzufrieden war, kann plötzlich eine außergewöhnliche Chance nutzen:

A Damocles fortunae Dionysii, tyranni Syracusanorum, invidebat. Cum copias eius, opes, maiestatem, magnificentiam aedium regiarum vidisset, secum cogitavit: »Nemo tam beatus est quam Dionysius, nemini fortuna ita favet ut ei.« Tyrannus, cum Damoclem sibi invidere cognovisset, dixit: »Quoniam te haec vita delectat, tibi ipsi eam degustare[1] licebit. Vitam meam degusta[1], tunc vitam meam lauda! Fortasse autem huius vitae te pigebit[2].« Cum Damocles se id cupere dixisset, tyrannus iussit eum in aureo lecto[3] collocari.

Cum complures mensae[4] argento auroque ornatae essent et Dionysius pueros Damocli ministrare[5] iussisset, odores[6] incensi, mensae[4] magnificis epulis[7] exstructae sunt. Damocles, cum his rebus delectaretur, putabat neminem tam beatum esse quam se ipsum.
Cum autem Dionysius iussisset gladium saeta equina aptum[8] super caput Damoclis demitti[9], Damocles nihil nisi gladium capiti suo impendentem vidit; neque pueros aspexit neque ullum cibum cepit. Cum vita fortunaque Dionysii a Damocle degustata[1] et cognita esset, intellexit etiam Dionysium tyrrannum in periculo esse et abire cupivit.
Postea Damocles, cum memoria teneret vitam nullius hominis sine ullo detrimento esse, nemini umquam invidit, cuius vitam non degustaverat[1]. Cum enim opes Dionysii videbat, memoria tenebat etiam pericula, quae illi imminebant.

1 degustare *kosten* – 2 piget me (beim Gen.) *ich empfinde Widerwillen gegen etw.*
3 lectus, -i m. *Bett, Speisesofa* – 4 mensa, -ae f. *Tisch* – 5 ministrare (beim Dat.) *jmdn. bedienen*
6 odores, -um m. *Räucherwerk* – 7 epulae, -arum f. *Speisen* – 8 saeta equina aptus *an einem Rosshaar aufgehängt* – 9 demittere, demitto, demisi, demissum *herablassen*

1. Vieles sieht aus wie Plusquamperfekt, ist es aber nicht:
   Suche aus folgenden Wörtern alle Plusquamperfektformen heraus; ordne sie nach Aktiv und Passiv:
   - oppugnaveram, terram, videram, alteram, adveneram
   - adierunt, aedificaverant, docebant, habitant
   - iacta est, magnifici erant, necatus erat, contemptum esset, contenti sumus
   - fueratis, tulissem, irem, rem, principem, quaesitus essem, delegeram.

Zeichnung des Schülers Valentin Wittkamp

2. Sprichwörtliche Weisheit:
   Übersetze die folgenden Dichterzitate und erläutere, in welchem inhaltlichen Zusammenhang sie mit der Erzählung von Damokles stehen:
   - Nihil est ab omni parte beatum.
   - Fortuna multis dat nimis (zu viel), satis (genug) nulli.
3. Satzpuzzle:
   Ordne die *cum*-Sätze sinnvoll den Hauptsätzen zu:

Damocles, xx , tyranno invidit.	*cum* servi mensas ornavissent
Dionysius, xx , iussit eum in aureo lecto collocari.	*cum* memoria teneret Damoclem vitam suam degustare cupere
xx , Damocles omni modo delectatus est.	*cum* opes Dionysii vidisset
xx , neque pueros aspexit neque cibum cepit.	*cum* Damocles gladium capiti suo impendentem vidisset

RÖMER, DIE DIE WELT BEWEGTEN?

Lectio XXXIV

De M. Tullio Cicerone

A Ab auctoribus rerum Romanarum multa de vita virorum praeclarorum relata sunt, quorum in numero est etiam M. Tullius Cicero, summus ille orator. Cicero non solum iuri, sed etiam litteris studuerat. Relatum est Ciceronem adulescentem iam Romam venisse et in foro causas egisse. Quamquam primus suae gentis ad rem publicam accessit, tamen ingenio et eloquentia cursum honorum[1], id est cursum magistratuum, explevit. Nam Romani eum quaestorem, aedilem, praetorem creaverunt. Etiam consul suo anno[2] factus est. Merito[3] Cicero magnus orator habebatur. Constat Ciceronem se accusatorem[4] fortem praestitisse. Cum enim C. Verres, qui praetor Siciliam administraverat, in ius vocatus esset, quod ab illo Siculis magnae iniuriae illatae erant, Cicero eorum causam bene egit.

Cum Cicero consul creatus esset, L. Sergius Catilina, qui rem publicam opprimere in animo habebat, coniurationem fecit.

Dum fama coniurationis per urbem fertur et nuntii certi de hac re afferuntur, Cicero periculum rei publicae ferri non posse putavit: Senatum convocavit et Catilinam hostem iudicavit. Itaque Catilina ex urbe exire coactus est. Cicero autem laudibus Romanorum elatus est, qui dicebant eum rem publicam e periculis servavisse.

B Saepe Cicero fortunae vulneribus percussus[5] est. Primum, postquam coniurationem Catilinae oppressit, inimici odio in eum lati Ciceronem in exilium[6] pepulerunt. Sed paulo post senatus consilio revocatus est.

Deinde Cicero, qui vir bonus habebatur, laetus iterum ad rem publicam accedere studuit. Sed neque libertatem neque veterem auctoritatem senatus a triumviris[7] minutam restituere potuit. Qua de causa magno dolore affectus se a negotiis publicis removit[8] et se totum studiis litterarum atque philosophiae dedit.

Postremo Cicero ab Octaviano et Antonio, quem orationibus offenderat, proscriptus[9] a militibus necatus est.

Cicero vixit tres et sexaginta annos. Si vitam eius atque dolores, qui saepe huic viro inferebantur, considerabimus, Ciceronem felicem non dicemus.

1 cursus honorum m. *Laufbahn der staatlichen Ehrenämter* – 2 suo anno *in dem für ihn frühestmöglichen Jahr* – 3 merito (Adv.) *mit Recht* – 4 accusator, -oris m. *Ankläger*
5 percutere, percutio, percussi, percussum *schmerzlich verwunden, treffen*
6 exilium, -i n. *»Exil«, Verbannung* – 7 triumviri m. *»Triumvirn«, »Triumvirat« (60 v. Chr. hatten Pompeius, Crassus und Caesar ein politisches Bündnis geschlossen)* – 8 se removere *sich zurückziehen, sich fernhalten* – 9 proscribere, proscribo, proscripsi, proscriptum *ächten*

1. a) In dieser Lektion hast du einige Passivformen von *ferre* kennengelernt. Schreibe sie aus Text A heraus und verwandele jeweils die Perfektformen in die entsprechenden Präsensformen und umgekehrt.
   b) Bestimme: feres – ferreris – ferris – ferres – feror – ferar – fereris – ferri – ferentis – ferimur – ferebamini – latis.
2. Überlege, unter welchem Stichwort du im Vokabelverzeichnis nachschlagen musst, wenn dir folgende Formen unbekannt sind:
   illata – contulit – oblati – extulisse – allatis – intulisti – collatos?
3. Nun kannst du sicher auch diese Begriffe ableiten und erklären:
   Konferenz – Offerte – Referat – Oblate – relativ – Relation – Superlativ.
4. Cicero primus suae gentis ad rem publicam accessit. – Cicero magnus orator habebatur. – Romani eum consulem creaverunt. – Senatus Catilinam hostem iudicavit. – Cicero consul illum ex urbe exire coegit. – Hic consul se fortem praestitit. – Cicero vir magna diligentia erat.
   Stelle jeweils die Sätze zusammen, die das Prädikativum, den doppelten Nominativ bzw. den doppelten Akkusativ aufweisen, und prüfe, wie wir sie übersetzen können.
5. Der Text nennt wichtige Stationen im Leben Ciceros. Fasse sie in einer Tabelle chronologisch zusammen.

Lectio XXXV

De C. Iulio Caesare et Caesare Augusto, Caesaris filio

A Duo viri Gallia expugnata et nonnullis partibus Germaniae occupatis fines totius fere imperii Romani firmaverunt vel protulerunt: Alter fuit C. Iulius Caesar, alter Octavianus, qui postea a senatu Augustus appellatus est. Neque ulli homini privato neque ulli imperatori tanti honores umquam tributi erant. Auctoritate senatus minuta utriusque potestas magna fuit, utrique senatus populusque paruit, uterque denique rem publicam solus rexit, quamquam neuter rex appellatus est.
Uter alterum gloria superavit? Utrius res gestae Romanis profuerunt? Alter altera de causa praeclarus habebatur.

Notum est in bellis milites a Caesare summa audacia in prima acie pugnante ad virtutem incitatos esse. Sed Augustus legatis bella pro principe administrantibus ipse in urbe ad rem publicam accessit. Dictatura[1] perpetua a Caesare recepta Brutus et Cassius et alii, qui rem publicam liberam servare studebant, eum Idibus Martiis occiderunt. Caesare occiso Augustus senatu atque populo sibi dictaturam[1] deferente eam non recepit. Dixit quidem se rem publicam servavisse, sed re vera libertas amissa erat. Augustus plerisque Romanis pacem donavit. Nam Augusto imperante porta templi Iani Quirini ter[2] clausa erat. Qua porta clausa pax, patente bellum erat.

De rebus gestis Augusti

B Paulo post mortem Augusti res gestae principis et impensae[3], quas in rem publicam fecerat, tabulis inscriptae sunt: Augustus ipse omnes honores enumeravit, qui ei a populo tributi erant, triumphos, quos senatu decernente egerat, templa, quae aedificaverat. Inter alia haec scripsit:
»(1) Annos XIX natus exercitum privato consilio et privata impensa[3] comparavi, per quem rem publicam oppressam liberavi.
(2) Qui parentem meum necaverunt, eos in exilium[4] pepuli et postea bellum inferentes rei publicae vici.
(3) Bella terra et mari toto in orbe terrarum saepe gessi victorque omnibus veniam[5] petentibus civibus peperci.
(20) Capitolium et Pompeium theatrum utrumque opus impensa[3] magna refeci sine ulla inscriptione[6] nominis mei.
(35) Senatus populusque Romanus appellavit me patrem patriae.«

(Monumentum Ancyranum)

1 dictatura, -ae f. *»Diktatur«* – 2 ter (Adv.) *dreimal* – 3 impensa, -ae f. *Kosten*
4 exilium, -i n. *»Exil«, Verbannung* – 5 venia, -ae f. *Verzeihung* – 6 inscriptio, -onis f. *Inschrift*

Darstellung Caesars auf einer in seinem Auftrag geprägten Münze.

Porträtbüste des Augustus

1. Sammle aus Text A, Z. 1–8 alle Pronominaladjektive. In welchem Kasus unterschieden sie sich von den Adjektiven der o- und a-Deklination?
2. Übersetze und überlege, welche Funktion die hier gebrauchten Pronominaladjektive haben. Duae deae ad Herculem venerunt: Altera fuit Voluptas, altera Virtus. Utraque putabat Herculem consilio et auxilio suo egere (nötig haben). Neutram ille antea (vorher) viderat. Utrius deae consilium Herculi placuit? Neutri deae statim paruit, sed diu secum cogitabat.
3. Übersetze und stelle fest, welche lateinische Fassung eine Sinnrichtung eindeutig vorgibt und welche nicht.
   a) Caesare occiso
   b) Cum Caesar occisus esset,
   c) Postquam Caesar occisus est, Augustus dictaturam non recepit.
   d) Quod Caesar occisus est,
   e) Quamquam Caesar occisus est,
4. Suche alle Abl. abs. aus Text A heraus und ordne sie nach ihren verschiedenen Zeitstufen.
5. Gib sie durch verschiedene sinnvolle Nebensätze oder Präpositionalausdrücke wieder.
6. Zwei bedeutende römische Staatsmänner haben wir in dieser Lektion kennengelernt. Belege am Text Gemeinsamkeiten und Gegensätze im Wesen und Handeln der beiden.

Lectio XXXVI

De Constantino

Im Jahr 305 n. Chr. zog sich Kaiser Diokletian freiwillig aus der Politik zurück. Zwei »Augusti« und zwei »Caesares« sollten, wie schon unter seiner Regierung, die Herrschaft gemeinsam führen. Das musste Rivalitäten und militärische Auseinandersetzungen hervorrufen.

A Diocletiano vivo Caesares et Augusti inter se de principatu armis certaverunt. Constantinus, unus ex imperatoribus, bellum Maxentio, adversario suo, indixerat; qui cum exercitu magno Romae se continebat. Constantino duce milites ad urbem admoti prope pontem Mulvium[1] consederunt. Tiberis flumen exercitus adversariorum divisit. Maxentius autem mortem timens, quam oraculum praedixerat[2], urbem non reliquit. Ipso absente bellum per idoneos duces gerebatur.

Imminebat idem dies, quo Maxentius paucis annis ante a militibus Augustus factus erat. Eodem die Constantinus in somnio voce ignota iussus est: »Nota[3] scuta signo dei atque ita proelium committe!«
Idem signum, quod somnio vidit, id est crucem[4], scutis imprimit[5], tum exercitum in hostem ducit. Summa vi utrimque pugnatur. Eidem milites Constantini, qui antea hostes timuerunt, nunc illo signo freti eos pellunt. Auctores Christiani ferunt Constantinum pugnantem eandem crucem[4] in caelo vidisse et haec verba audivisse: »Hoc signo vinces!«

Münze Konstantins aus dem Jahr 315 n. Chr.

B Maxentius, ut commemoravimus, Romae manserat. Ibi cottidie audiverat Constantinum a se vinci non posse. His rumoribus[6] coactus dux mediam in aciem contendit. Exercitu suo a militibus Constantini victo Maxentius a turba fugiente in Tiberim pulsus est.
Constantinus Maxentio mortuo ceterisque adversariis victis imperator totius orbis fuit. Idem vir Christianis, qui per multos annos contempti et vexati erant, religionem Christianam permisit. Ab eisdem temporibus Christiani non iam interficiebantur. Immo numerus eorum in dies augebatur. Constantinus imperator etiam solum[7] donans Christianos adiuvit. Aedem sacram super sepulcro Petri apostoli[8] exstrui iussit. Postea Constantino auctore caput imperii Romani Constantinopolis facta est, quae Nova Roma appellabatur.

1 pons Mulvius *Milvische Brücke (Tiberbrücke nördlich von Rom)*
2 praedicere, praedico, praedixi, praedictum *vorhersagen* – 3 notare *kennzeichnen*
4 crux, crucis f. *»Kreuz«* – 5 imprimere, imprimo, impressi, impressum *einprägen*
6 rumor, -oris m. *Gerücht* – 7 solum, -i n. *Land, Bauland*
8 Petrus apostolus *der Apostel Petrus*

1. »Der Ablativus absolutus – der absolute Sparhit der lateinischen Grammatik«. Kannst du diesen Slogan erklären?
2. Übersetze:
   a) Constantino duce — exercitus diu pugnavit.
   b) Constantino eo ducto

   c) Cicerone exeunte
   d) Cicerone consule — senatus convocatus est.
   e) Cicerone pulso
3. Welches Zeitverhältnis drückt der sogenannte verkürzte Abl. abs. aus?
4. Idem, eadem, idem lehnt sich in der Deklination stark an is, ea, id an.
   Bei welchem Kasus stellst du aber eine Veränderung fest? Kannst du sie erklären?
5. Übersetze und mache dir den Unterschied zwischen »selbst« und »derselbe« klar:
   Semper idem facimus. – Imperator ipse iussit. – Isdem verbis dixit. – Uno et eodem tempore convenerunt. – Iidem viri id fecerunt. – Viri ipsi ea fecerant.
6. Beschreibe das Verhalten von Konstantin und Maxentius. Woran orientieren sie sich bei ihren Entscheidungen?

Kaiser Augustus, dargestellt wie ein römischer Feldherr und ein griechischer Halbgott. Auf seinem Panzer sind Gottheiten abgebildet, z.B. oben der Himmelsgott, der den Himmel wie ein Segel über sich ausspannt.

Reiterstandbild des Marc Aurel (Kaiser 161–180 n. Chr.). Rom, Platz des Kapitols.

Marmorbüste, die Commodus (Kaiser 180–192 n. Chr.) als Herkules darstellt.

Kopf einer Kolossalstatue Konstantins.

FERIEN, FESTE, FEIERTAGE

Lectio XXXVII

Feriae Vestae

Feriae waren Fest- oder Feiertage, an denen Priester Opferhandlungen durchführten. Mancher römische Festtag ist übrigens noch heute bei uns Feiertag, weil die Christen Feiertage bewusst auf die Termine römischer Feste legten, so z.B. den Weihnachtsfeiertag auf das Geburtstagsfest des Gottes Sol invictus .
Fromme Bürger besuchten an Festtagen den Tempel und beteten oder führten zu Hause Opferhandlungen durch. Viele nutzten Feiertage aber, um Bekannte zu besuchen. So auch der junge P. Ovidius Naso am 9. Juni, dem Tag des Vestafestes.

A Sub vesperum P. Ovidius Naso laetus domum redit. Visitavit amicum carum post longum tempus e gravi morbo recreatum. Itaque in villa eius ubique vultus laetos spectavit; laetus erat amicus, laeta familia.

Nunc Naso non invitus viam Novam foro Romano coniunctam init et attente circumspectat[1]. Iuvat prima aestate per forum lumine solis collustratum[2] ambulare. Subito Naso aspectu mirabili obstupescit[3] et tacitus[4] consistit. Nam mulierem pede non velato[5] obviam venientem videt. De hac re cogitans audit anum[6] haec dicentem: »Video te hanc mulierem spectantem; cur eam spectas?«

Naso: »Equidem per forum haud raro domum redeo, sed numquam mulierem pede non velato[5] per vias ambulare vidi.« Anus: »Conside, adulescens! Hanc rem tibi explicabo. Ubi nunc forum est, ibi quondam paludes erant. Nunc haec est terra, aqua

Die Göttin Vesta, neben ihr ein Lar. Pompejanische Wandmalerei.

erat antiquis temporibus. Illo tempore nemo paludes pede velato[5] inire potuit. Tum aqua recessit[7], nunc hoc loco terra sicca[8] est. Tamen ille mos feriis Vestae manet.«

(nach Ovid, Fasti 6, 395 f.)

B *Naso:* »Certe, hodie ferias Vestae agimus. Paene me fugit hic dies festus. Paucis diebus ante, cum per forum ambularem, portas aedis Vestae apertas esse et duas virgines Vestales aedem purgantes[9] vidi.« Anus[6]: »Ita res se habet, nunc portae aedis patent, purgata[9] est aedes, dies festus Vestalis adest. Virgines Vestales et pontifex maximus laeti diem festum ad salutem populi Romani in foro celebraverunt. Ob eam rem hodie mulieres per forum ambulantes et aedem Vestae intrantes eodemque loco excedentes vides.«
Naso oculos ad aedem convertens: »Cur«, inquit, »mihi non licet ad sacra Vestae ire?« Anus[6]: »Scimus Iunonem, Cererem, Vestam sorores fuisse, Iunonem Cereremque nupsisse, Vestam autem unam nubere semper recusavisse. Itaque Vesta virgo neminem nisi feminas in aede sua videre cupit. Quibus licet novem dies in anno aedem Vestae intrare.«

1 circumspectare *sich umschauen* – 2 collustrare *erleuchten*
3 obstupescere, obstupesco, obstupui *staunen* – 4 tacitus, -a, -um *wortlos*
5 velare *bekleiden* – 6 anus, -us f. *alte Frau* – 7 recedere, recedo, recessi *zurückweichen*
8 siccus, -a, -um *trocken* – 9 purgare *reinigen*

1. Übersetze und gib die syntaktische Funktion der hervorgehobenen Wörter an: Naso *laetus* villam intravit. – Vultus *laetos* servorum spectavit. – Illo die omnis familia *laeta* erat.
2. Lies Text B, Z. 3 Portae … – 10 recusavisse. Welches Stilmittel erkennst du? Chiasmus oder Parallelismus? Welche Wirkung hat es jeweils?
3. Fasse mit eigenen Worten zusammen, was Ovid über das Vestafest erfährt.
4. In Text B, Z. 2–3 findest du sowohl einen AcP als auch einen AcI. Schreibe den Satz heraus, unterstreiche beide Konstruktionen, übersetze sie und erkläre den Unterschied.

Der Vestakult

Wichtige Bereiche des röm. Hauses standen unter dem Schutz besonderer Götter: Die Penaten schützten die Vorratskammer, die Laren den Herd und die Göttin Vesta das Herdfeuer; ihr wurde jeden Tag ein Stück gesalzener Opferkuchen ins Herdfeuer geworfen.
Vesta war auch die Göttin des Staatsfeuers: In ihrem Tempel durfte das heilige Feuer niemals erlöschen. Es wurde von sechs Vestapriesterinnen behütet. Außerdem bewahrten sie im Tempel heilige Gegenstände auf, wie z.B. das Palladium, das Kultbild der Göttin Pallas Athene; man glaubte, es sei nicht von Menschenhand geschaffen, sondern einst vom Himmel in den Tempel von Troja gefallen. Aeneas habe es nach Rom gebracht. Die Römer waren überzeugt, es garantiere den Bestand ihres Reiches, solange es im Vestatempel geschützt werde.

Lectio XXXVIII

De vita virginum Vestalium

Der junge Ovid hat natürlich von den Vestapriesterinnen gehört und weiß einiges über ihre Aufgaben. Die alte Frau scheint aber einen genaueren Einblick in diesen Kultbereich zu haben. Deshalb spricht Ovid sie darauf an.

A Anus[1] de officiis virginum Vestalium a Nasone breviter interrogata multis verbis respondet Nasoni attente audienti: »Sacerdotes omnia, quae ad cultum Vestae pertinent, diligenter conficiunt. Multis annis ante etiam ego virgo Vestalis eram. Nam pater pontificem maximum adierat et me ad sacerdotium[2] obtulerat. Puella sex annos nata in atrium Vestae ducta sacerdotibus tradita sum, quibus libenter parebam. Usque ad hoc tempus ego sicut omnes fere Vestales numquam nupsi. Me sacerdote numquam ignis in aede Vestae exstinctus est.«

Naso non cunctatur ex anu[1] vitam eius quaerere: »Puella parentes relinquere debuisti. Tune miserata[3] es hanc fortunam? Tune hodie fortunam tuam miseraris[3]? Sero[4] est, ut mihi videtur, tum bene vivere incipere, cum finis vitae instat.«
Anus[1] de verbis Nasonis meditans[5]: »Fortunam meam neque miseror[3] neque miserata[3] sum. Profiteor tamen me puellam parvam domum redire saepe cupivisse. Sed pontificem maximum in patris loco, in matris loco Vestalem maximam habui. Me vitam sacerdotis triginta annos agentem in atrio Vestae libenter habitavisse fateor. Numquam fortunam meam miserabor[3].« *Naso:* »Gratias tibi habeo. Vale!«

Der Schriftsteller Valerius Maximus, ein Zeitgenosse Ovids, hat Beispiele für kindliches Pflichtgefühl gegenüber den Eltern (pietas in parentes) gesammelt. Besonders bemerkenswert ist für ihn das Verhalten der Vestalin Claudia.

B Claudia sacerdos sacrum ignem diligenter tuens patrem Salassos, gentem Alpinam, superavisse et Romam redisse audivit. Tum Appius Claudius Pulcher, pater virginis, victoria sua merito[6] gloriatus consul triumphum postulavit. Triumpho a senatu non decreto consul tamen sua pecunia triumphum egit. Tribunus plebis[7] autem arbitratus Appium Claudium auctoritatem senatus contemnere consulem a triumpho vehementer prohibebat. Sed Claudia, cum patrem suum triumphum agentem a tribuno plebis[7] violenta[8] manu e curru triumphali[9] detrahi animadvertisset, mira celeritate inimicum patris depulit. Tum alterum triumphum pater in Capitolium, alterum filia in aedem Vestae duxit. Nunc cogitate: Utrum arbitramini laude dignum? Patrem, qui vicit, an filiam, quae patrem magna cum pietate defendit?

1 anus, -us f. *alte Frau* – 2 sacerdorium, -i n. *Priesteramt*
3 miserari, miseror, miseratus, -a sum (beim Akk.) *klagen über etw.* – 4 sero (Adv.) *zu spät*
5 meditari, meditor, meditatus sum de *nachdenken über*
6 merito (Adv.) *verdientermaßen, zu Recht* – 7 tribunus plebis m. *Volkstribun*
8 violentus, -a, -um *gewalttätig, heftig* – 9 currus triumphalis m. *Triumphwagen*

Das Atrium Vestae auf dem Forum Romanum (s. Plan S. 36)

1. Schreibe aus Text A, Zeile Z. 1–7 drei Adverbien heraus, unterstreiche die Adverbendung und nenne die entsprechenden Adjektive im Nom. Sg. Verfahre ebenso bei den Adverbien: longe – misere – celeriter – crudeliter – diligenter – dure – late – fortiter – graviter.
2. Bilde von folgenden Adjektiven das Adverb, indem du zunächst den Gen. Sg. bildest: pulcher – similis – pauper – ingens – nobilis – miser.
3. Wer suchet, der findet – das Adverb:
   Servus miser in agris laborat. Subito clamat: »O me miserum!« Amicus servo misero subvenit. Servum videns clamat: »O te miserum!« Servus non invitus auxilium amici exspectans respondet: »Cur misere vivere debeo?«
4. Hilfe, ständig Befehle:
   Profitere te amicum meum esse! Me tuere et defende, amice! Tuemini fines nostros, milites!
5. In Text B spricht Valerius Maximus von zwei Triumphzügen. Vergleiche sie.

Die Vestalinnen

Vestalinnen genossen viele Ehrenrechte: Im Theater und Amphitheater saßen sie auf Ehrenplätzen; sie hatten die Erlaubnis, in der Stadt mit dem Wagen zu fahren; wenn sie in der Öffentlichkeit erschienen, ging ein Liktor vor ihnen her; begegneten sie zufällig einem zum Tode Verurteilten, so schenkte man ihm das Leben.
Allerdings durften Vestalinnen während ihrer Priesterschaft nicht heiraten. Wenn eine Vestalin eine Liebesbeziehung zu einem Mann eingegangen war, wurde sie lebendig begraben.

Lectio XXXIX

Saturnalia, feriae servorum

Ein halbes Jahr später, am 17. Dezember, nahm Ovid an einem anderen römischen Fest teil, den Saturnalien. Sie gehörten zu den beliebtesten römischen Festen.

A Prima hora diei Naso ad villam amici profectus erat. In fundum eius ingrediens ubique laetos servorum vultus vidit; nam hoc die nemo laborabat, erant feriae servorum. Alii eum salutantes magna voce clamabant: »Bona Saturnalia, amice! Bona Saturnalia!« Alii inter se loquebantur: »Saturnalia, optimi dierum! Laboris fugientes nunc otio fruimur, iuvat laborum oblivisci. Hodie nemo nostrum laborat. - Si ego deus essem, semper Saturnalia essent!« Naso non ignorabat omnes servos hunc diem magno cum gaudio exspectare: Saturnalibus vestimenta cum dominis mutant, tum vinis atque cibis uti et frui possunt. Totum diem officiorum neglegentes dominis non obsequuntur[1]; nam Saturnalibus servi domini sunt.

Numero dierum Saturnaliorum ab imperatore Augusto aucto nonnulli domini incredibilem quandam licentiam dierum feriarum aegre ferebant. Amicum autem Naso servos iocorum[2] cupidos fabulis delectantem vidit; quidam fabulas magno clamore laudabant. *Naso:* »Salvete! Salve, amice! Etiam tu Saturnalibus delectaris, ut video. Fabulae tuae sunt plenae facetiarum[3].« Amicus: »Salve et tu, Naso! Ego Saturnalibus fruor, sed nuper Gaius quidam me visitavit: ›In horto‹, inquit, ›quoddam cubiculum[4] mihi est, ubi voces servorum ne Saturnalibus quidem audio nisi fenestris[5] apertis. Cum reliqua pars familiae magna licentia Saturnaliorum fruitur, me semper in hoc cubiculum[4] recipio.‹ Num huic homini assentiris, Naso?« *Naso:* »Gaium hominem amicorum inopem[6] puto.«

Naso feiert mit dem Freund und dessen Sklaven, bis die Dämmerung kommt und er sich verabschieden muss:

B *Naso:* »Tu, amice, magna clementia[7] in servos uteris, ut video. Iuvat me servos te non timere, immo diligere; nam maiores nostri dominum ›patrem familias[8]‹, servos ›familiares‹ appellaverunt.«

Paulo post *Naso* Romam profectus secum cogitavit: ›Saturnalibus nos Romani memores sumus illius saeculi beati, quo Latini sub Saturno rege fuerunt. Illis temporibus nemo servitutem passus est, nemo pauper vixit. Neque servi neque domini fuerunt. Homines incredibili quadam abundantia[9] omnium rerum vitam egerunt. Quodam die autem Saturnus, quod ultimum saeculi beati diem adesse sentiebat, ex aspectu Latinorum se recepit. Ita illud saeculum finitum est. Tamen homines Saturnum deum auctorem vitae beatae fuisse numquam obliviscentur.‹

1 obsequi, obsequor, obsecutus sum *gehorchen* – 2 iocus, -i m. *Spaß*
3 facetiae, -arum (Pluralwort) f. *witzige Einfälle* – 4 cubiculum, -i n. *Zimmer*
5 fenestra, -ae f. *»Fenster«* – 6 inops, inopis (beim Gen.) *arm an ...; ohne*
7 clementia, -ae f. *Milde* – 8 familias *andere Form für* familiae – 9 abundantia, -ae f. *Überfluss*

1. a) Zwei Störenfriede haben sich unter die folgenden Formen gemischt. Wer entdeckt sie?
   paremus – parebant – paratis – parebunt – parvi – pare – parui – parueras – parere – parens.
   b) Bestimme folgende Formen: locutus est – loquimur – loquebantur – locutus eras – loquimini.
   c) Welche Formen von b) und c) entsprechen sich: dicam – dixit – dicis – dicit – dictis – dixeras?
2. Bestimme die Formen von quidam in Text A, Z. 10–16, und gib ihre Satzfunktion an.
3. Einer oder mehrere? Setze Formen von *quidam* ein:
   Amicus xx diebus xx xx mihi narravit de fabulis xx.
   Welche deiner eingesetzten Formen sind adjektivisch, welche substantivisch gebraucht?
4. Arbeit macht das Leben süß! – Was meinst du dazu?
   Ego Romanus sum et litterarum et iuris peritus (erfahren). Saepe diem noctemque laetus lego et laboro. Nonnumquam autem cupidus ciborum bonorum tabernam intro. Taberna clamoris plena est. Statim puer laboris non fugiens mihi cibos bonos apportat. Tum non iam officiorum memor sum, immo laborum obliviscor. Vini cupidus puerum iterum voco. Eo modo neque officiorum neque ciborum neglegens vita fruor.
5. Was stellst du dir unter dem »saeculum aureum« vor? Kennst du ähnliche Vorstellungen?

Zusätzliche Übungen

zu L 32

Jetzt kann auch ferre »tragen«! Statt portabam : *ferebam*.
Verfahre dementsprechend mit portas – portavimus – portaveras – portat – porta!

zu L 36

Versuche mit Hilfe eines Lexikons zu klären, was wir unter »identisch«/»Identifikation«/»Identität« verstehen.
Vielleicht kannst du dir auch vorstellen, was in Italien eine »carta d'identità« ist.

zu L 37

O diese Sprichwörter!
Dies diem docet. – O tempora, o mores! – Tempora mutantur, nos mutamur in illis. – Veni, vidi, vici! – Vox populi, vox dei. – Misera est fortuna, misera est vita, misera est mors. – Homines dum docent, discunt. – Hic homo est miser, beatus est ille.
Welche Stilmittel charakterisieren diese Sprichwörter und Redewendungen (Anapher, Alliteration, Chiasmus, Parallelismus)?

zu L 38

Kennst du Fremdwörter? Von welchen lateinischen Wörtern dieser Lektion leiten sich folgende Wörter ab?
In welche Misere sind wir geraten! – Viele Professoren lehren an der Universität. – Gern schaue ich den Kulturweltspiegel am Sonntag an. – Ein guter Sportler wird oft zum Profi. – Vehement setzen die Politiker ihre Pläne durch. – Konfekt und Konfitüre werde ich noch besorgen. – Handgeschriebene Briefe sind heute selten geworden.

zu L 39

Stell dir vor, du sollst das römische Fest der Saturnalien deinem Freund oder deiner Freundin erklären; um deine Erklärung anschaulicher zu machen, nennst du heutige Feste, die den römischen Saturnalien ähnlich sind, und beschreibst die Ähnlichkeiten.

Texterschließung und Textvergleich

zu L 36, A-Text

a) In der Einleitung ist von rivalisierenden »Augusti« und »Caesares« die Rede. Wer genau ist gemeint? Lest Text A, Z. 1–6.

b) In welchem Verhältnis stehen die Personen zueinander? Sammelt Belege aus dem Text.

c) Tragt adverbiale Bestimmungen des Ortes zusammen und klärt den Ort der Handlung.

d) Die Wiederholung bestimmter Begriffe kann wichtige Hinweise für das Verständis geben. Lest Text A, Z. 7-14. Welche Substantive werden mehrfach gebraucht? Klärt ihre Bedeutung.

e) Übersetzt den letzten Satz »Hoc signo vinces!«

f) Fasst mit Hilfe eurer Ergebnisse aus d) und e) den Inhalt der Geschichte (Z. 7–14) zusammen.

zu L 37, A-Text

Die folgenden Aufgaben könnt ihr in Partnerarbeit lösen.

a) Lest Text A. Informiert euch über die neuen Vokabeln und lest den Text erneut.

b) Welche Grobgliederung erkennt ihr? Beachtet dazu z.B. Konnektoren, Personen usw.

c) Wer steht im Mittelpunkt des ersten Teils? In welcher Stimmung befindet sich die Person? Sammelt Beispiele aus dem Textabschnitt und beachtet dabei auch Wortwiederholungen.

d) Im zweiten Teil des Textes lassen sich auffällige Wiederholungen feststellen. Notiert sie. Sie geben euch Hinweise zum Ort der Handlung und zu den Personen.

e) Klärt die in den Zeilen 11–13 erscheinenden begrifflichen Antithesen (Gegensätze).

f) Erklärt und übersetzt nun mit Hilfe eurer Ergebnisse aus d) – f) den letzten Satz, beachtet besonders den Konnektor tamen und ille mos.

g) Übersetzt abschließend den Text.

Aus der ersten Rede Ciceros gegen Catilina

Am 8. November 63 v. Chr. hielt Cicero als Konsul im Senat seine erste Rede gegen Catilina. Schon der Anfang der Rede enthält direkte Angriffe auf Catilina:

»... O tempora, o mores! Senatus haec intellegit, consul videt; hic tamen vivit. Vivit? Immo[1] vero etiam in senatum venit ..., notat[2] et designat[3] oculis ad caedem unum quemque[4] nostrum. ... Ad mortem te, Catilina, duci iussu consulis iam pridem[5] oportebat, in te conferri pestem[6], quam tu in nos omnes iam diu machinaris[7].«

1 immo (Adv.) *ja sogar* – 2 notare *bezeichnen* – 3 designare *bestimmen*
4 unum quemque *jeden einzelnen* – 5 pridem (Adv.) *längst*
6 pestis, is f. *Verderben, Untergang* – 7 machinari *heimlich planen*

(Cicero, In L. Catilinam 1, 2)

Lectio XL

Magistratus sunt leges loquentes

Cornelius, ein vierzehnjähriger Junge aus Syrakus, verfolgt mit großem Interesse die politischen Ereignisse. Für ihn steht fest, dass er später die politische Laufbahn einschlagen und nach Rom gehen wird. Aus diesem Grund hat er auch an seinen Onkel, den römischen Senator M. Iunius Silanus, geschrieben, der auch prompt auf die Fragen seines Neffen in einem Brief antwortet:

M. Iunius Silanus Cornelio suo salutem

Recepi litteras tuas, quibus multa ex me quaesiveras: »Quis rem publicam nostram summa cum diligentia administrat? Quis ad rem publicam accedit? Licetne mihi quoque honores petere?« Paucis verbis tibi hoc explicabo:
Leges atque magistratus rem publicam administrant. Vere autem dici potest magistratus leges esse loquentes. Non omnes quidem magistratus tibi explicabo, sed praecipuos[1].
Regibus ex urbe pulsis duo consules rei publicae praeerant. Numerus aliorum magistratuum varius erat, ut tempus resque poscebant. At officia eorum per multa saecula eadem erant: rem publicam administrare, ius dicere, exercitui praeesse. Omnes fere magistratus usque ad hoc tempus annui[2] creantur.
Uterque consul senatu convocato[3] senatores sententiam rogat[4], de pace et bello consulit[5]. Tum senatus consulta perficit[6]. Nos Romani, ut scis, nomine utriusque consulis numerum annorum significare solemus. Cum res publica summo in periculo est, ex senatus consulto dictatorem in sex menses creare licet.

Cicero hält vor dem römischen Senat eine Rede gegen Catilina. Fresko von C. Maccari (19. Jh.)

Alii magistratus hi sunt: praetores, qui ius dicunt et in bello, si opus est, exercitum ducunt; aedilium est vias, aquas, ludos curare; quaestores aerario[7] praesunt.
Vides officia magistratuum Romanorum esse varia atque difficilia. Ergo: Si tu consulatum[8] petere cupis, te quaesturam[9] et aedilitatem[10] vel tribunatum plebis[11] et praeturam[12] percurrere[13] necesse est. Non solum viri nobiles praetores vel consules creantur, sed etiam homines novi velut Ventidius Bassus quidam, de quo haec fere verba in muro scripta nuper legi: MIRUM EST: QUI ASINOS VENDEBAT, CONSUL FACTUS EST!
Ille Ventidius Bassus victum[14] sibi aegre quaerebat et asinos haud raro magistratibus vendebat. Istis negotiis se in amicitiam et fidem Caesaris contulit. Paulo post illo auctore etiam magno in honore fuit. Tribunus plebis[15] ac praetor creatus a senatu cum M. Antonio hostis iudicatus[16] est. Tamen postea pontifex ac consul factus est. Multi Romani autem memoria tenentes Bassum aliquando asinos vendidisse istis verbis eum irrident.
Si nunc ad rem publicam accedere cuperes, tibi de hac re dissuaderem[17], quod tempora sunt difficilia.
Me satis tibi scripsisse puto. Vale!

(nach Gellius, Noctes Atticae 15, 4)

1 praecipuus, -a, um *bedeutend* – 2 annuus, -a, -um *jährlich, für ein Jahr*
3 convocare *einberufen* – 4 sententiam rogare *zur Abstimmung aufrufen*
5 consulere de *eine Umfrage abhalten über etw.* – 6 consultum perficere *einen Beschluss ausführen*
7 aerarium, -i n. *Staatskasse* – 8 consulatus, -us m. *»Konsulat«* – 9 quaestura, -ae f. *»Quästur«, Amt des Quästors* – 10 aedilitas, -atis f. *Amt des Ädils* – 11 tribunatus plebis m. *Volkstribunat*
12 praetura, -ae f. *»Prätur«, Amt des Prätors* – 13 percurrere *durchlaufen*
14 victus, -us m. *Lebensunterhalt* – 15 tribunus plebis m. *Volkstribun*
16 aliquem hostem iudicare *jemanden zum Staatsfeind erklären*
17 dissuadere *abraten*

Römische Kulthandlungen

Römische Opferhandlung. Relief d. 1. Jh. n. Chr.

Vestalin. Büste aus dem Atrium Vestae nahe dem Forum Romanum.

Agrippa, Schwiegersohn des Augustus, als Pontifex Maximus. Relief an der Südwand der Ara Pacis.

Statue eines mit der Toga bekleideten Mannes beim Opfer.

Verba Latina ubique sunt

Latein in der Werbung

QUALITÄT DURCH TRADITION
Vademecum®
med
liquid
FLÜSSIGZAHNCREME

Fahrrad-Extras

Dallmayr
prodomo

Audi

... superstark, Mark für Mark

1. Versucht die Wörter der Werbesprache, die aus dem Lateinischen abgeleitet sind, herauszufinden und zu erklären.
2. Welche Wirkung geht von den aus dem Lateinischen abgeleiteten Wörtern aus? Findet die Wirkungsabsicht der Werbemanager heraus.

Wie muss ein Möbel aussehen, um sich leicht und ohne Allüre der individuellen Wohnwelt – Größe und Stil der Wohnung – anzupassen? Neuestes Beispiel des Designers Claude Brisson: das Schlafsofa Vice Versa, das mit Komfort und viel Geschmack auch in einem kleinen Appartment seinen Zweck erfüllt. Mobil und ausziehbar, mit großen Kissen, die nach Lust und Laune bewegt werden können. Ein weiteres Plus: Die Farbausführungen von Korpus, Sitzfläche, Rückenkissen und Armlehnen können gemixt werden! Mehr über Vice Versa finden Sie auf den Seiten 120–121!

3. Sammelt und untersucht in ähnlicher Weise einmal Werbeprospekte, Anzeigen in Zeitungen, Werbespots usw.
   Möglicherweise müsst ihr ein Wörterbuch zu Rate ziehen.
   Entwerft eine Wandzeitung, um eure Ergebnisse darzustellen.
4. Startet ein kleines Projekt, an dem ihr die Fächer Deutsch, Englisch, Politik (Gesellschaftslehre) und Kunst beteiligen könnt:
   - Analyse von Werbung: Sammelt und entwickelt gemeinsam mit den anderen Fächern Aspekte der Analyse und dokumentiert eure Ergebnisse.
   - Erfindet selbst Produktnamen und kleine Werbetexte, in denen ihr möglichst viele Begriffe aus eurem erarbeiteten Vorrat verwendet oder erfindet selbst Begriffe aus dem Lateinischen, die ihr in dem Werbetext verwenden könnt.
   - Vielleicht könnt ihr mit solchen Werbetexten eine Satire gestalten?
   - Schreibt einen kleinen Werbedialog (Hörfunk) oder einen Werbespot für das Fernsehen, in dem ihr eure Ergebnisse verwertet.

EIN »GRIECHE« AUF DEM KAISERTHRON

Lectio XLI

Hadrianus Graecos miratur

Hadrian war der erste begeisterte Bewunderer griechischer Kultur auf dem römischen Kaiserthron. Er hielt sich mehrmals länger in Griechenland auf. Hadrian lernte viele Teile des römischen Reiches kennen, interessierte sich für Wissenschaft und Magie.
Am kaiserlichen Hof lebte auch ein junger Grieche namens Antinous. Hadrian hatte den Vierzehnjährigen 124 n. Chr. kennengelernt. Wir stellen uns vor, dass es in Anwesenheit des Kaisers zu einer Diskussion kam:

A Forte Antinous magistratum quendam audivit Hadrianum laudibus tollentem; magistratus ille nomine *Caesernius Statianus:* »Nemo«, inquit, »cognitionis[1] cupidior est quam princeps.« Profecto Hadrianus doctior erat plerisque Romanis. Antinous autem aegre tulit magistratum illum non commemorare Graecos, quorum litteris atque scientiae et Hadrianus ipse et multi viri docti Romani studuerant.
Auctoritatem Caesernii veritus Antinous diu tacebat. Postremo »Nihil pulchrius est«, inquit, »quam rerum cognoscere causas. Quis eloquentiam cum excellentiore[2] scientia iunxit quam princeps noster? Quis nescit studia principis nostri praestantiora esse quam studia aliorum principum?

Tamen Graeci laude dignissimi sunt. Num Pythagorae illius sapientissimi oblitus es, qui mensuras trianguli collegit[3]? Num nescis Hippocratem Graecum celeberrimum medicorum fuisse?« Plerique amicorum verba Antinoi non probaverunt, at princeps ipse postremo: »Profecto«, inquit, »medicos Graecos peritissimos adhibemus. Quis cognitionis[1] cupidior fuit Hippocrate ac medicis Graecis, qui morborum causas acerbissima diligentia exploraverunt? Et re vera medici Graeci adhuc aegrotos difficillimis sectionibus[4] curant.«

B Quibus verbis princeps, qui ipse artes Graecas mirabatur, omnes placidiores[5] reddidit. Deinde unus ex amicis narravit Thalem solis defectionem[6] praedixisse[7], quam illis temporibus ne doctissimus quidem Romanorum praedicere[7] potuerat. Etiam Caesernius assensus est profecto neminem Romanorum tum prudentiorem fuisse Pythagora. Hadrianus tamen, quod putabat se ipsum peritissimum omnium artium esse, postremo viros doctos irridere coepit; tum Graecus quidam Antinoo insusurravit[8]: »Se doctiorem omnibus putat, quod habet triginta legiones.«

1 cognitio, -onis f. *Erkenntnis, Erforschung* – 2 excellens, *Gen.:* excellentis *hervorragend*
3 mensuras trianguli colligere *die Länge der Seiten des (rechtwinkligen) Dreiecks berechnen*
4 sectio, -onis f. *Operation* – 5 placidus, -a, -um *ruhig* – 6 defectio solis f. *Sonnenfinsternis*
7 praedicere, praedico, praedixi, praedictum *vorhersagen* – 8 insusurrare *zuflüstern*

Porträtstatue Hadrians

Porträtstatue des Antinous

1. Du erkennst sicher schnell, ob es sich um eine Steigerungsstufe handelt, und findest zu Komparativ- und Superlativformen die entsprechende Grundform:
   pulchrius – difficilius – sapientissimam – dictatoribus – istius – ius – longiora – faciliora – altius – miseriorum – misericordia – celeriori – ceteri -– apertiore – aperire.
2. a) Zu welcher Wortart gehört *quam* in den folgenden Sätzen jeweils?
   Nemo laudis cupidior fuit quam Cicero. Coniurationem Catilinae, quam consul oppresserat, postea etiam compluribus libris (liber,libri m. Buch) tractavit. Quam periculosum postremo Ciceroni fuit iterum ad rem publicam accedere et Antonio triumviro resistere!
   b) Übersetze den Text.
3. Eukrates, ein junger Athlet aus Griechenland, lernt Latein. Bei Vergleichen hat er oft noch Mühe, den Zusammenhang richtig zu erfassen; was gehört zusammen?

Antinous dicit neminem tum prudentiorem fuisse	quam Tiberis.
Princeps doctior est	quam haec turris.
Nilus longior est	Pythagora.
Turris illa in Pharo insula sita altior est	.

4. a) Nenne die Leistungen der antiken Griechen, die in Text A und B angesprochen werden.
   b) Welche Länder zeichnen sich heute durch wissenschaftlich-technische Leistungen aus?

Antike griechische Medizin

Hippokrates, geboren ca. 460 v. Chr., war der berühmteste antike Arzt. Er legte viel Wert auf die genaue Beobachtung von Krankheiten und sah Umwelteinflüsse als mögliche Ursachen. Spezielle Ärzteschulen gab es auf Kos und in Knidos (an der heutigen türkischen Westküste). Im 1. Jh. v. Chr. wurde griechische Medizin auch in Rom bekannt; römische Ärzteschulen entwickelten vereinfachte Heilmethoden. Medizinische Forschung haben römische Ärzte kaum betrieben, es entstanden aber lateinische Arzneimittelbücher.

Lectio XLII

Quem artificia Graeca non delectant?

Bei Tibur (heute Tivoli), etwa 24 km östlich von Rom, ließ Hadrian eine riesige Villa mit Wohngebäuden, Theatern und Thermen errichten. Er entwarf selbst Pläne, die Villa wurde unter anderem mit Hilfe griechischer Künstler mehr als 10 Jahre lang weiter ausgebaut. Besonders schön gelegen ist der Vorraum der Nymphengrotte mit dem Blick auf das von Säulen und Statuen umgebene Wasserbecken.

Wir stellen uns vor, dass Hadrian an einem Sommerabend zum Bankett eingeladen hat. Im Licht der Fackeln spiegeln sich die Statuen auf der Wasseroberfläche.

A Antinous videt legatum Parthorum, virum regio genere natum, ad Hadrianum adeuntem: »Decima hora«, inquit, »cum omnes te duce villam intravissemus, ego statim magnitudinem aedificiorum miratus sum.«

Tum ille: »Profecto optimorum artificum fabrorumque[1] laboribus hic villam exstruam domo aurea[2] maiorem. Hunc lacum[3] ducenti servi palis effoderunt[4]. Imprimis gaudeo hoc lacu[3]; nam hic et amoenitate[5] loci et artificiis pulcherrimis fruor. Fabris[1] op-

Villa Hadriana: Blick auf das große Wasserbecken und die Karyatiden (vgl. S. 135)

timis enim non careo. Spectate Caryatides, quas in altera lacus[3] ripa collocavi. Nonne hae forma aequant statuas illas, quae Athenis in arce tectum templi sustinent?« Paulo post legatus Parthorum maxima voce: »Quem«, inquit, »artificia Graeca non delectant? Certe Athenis statuas praeclara forma invenies. Vos Romani autem optima quaeque exempla aliena imitamini.« Tum *Hadrianus* ridens: »Certe sapientis est optimo cuique non invidere, sed optima quaeque artificia aut instituta imitari. Iam Atticus ille, Ciceronis amicissimus, statuas Graecas collegit. Hodie suam quisque bibliothecam[6], suum quisque hortum statuis ornat Graecis.«
In hoc sermone diu versati essent, nisi unus ex servis dona apportavisset. Legatus Parthorum accepit lauream[7] ex auro argentoque factam. »Haec laurea[7]«, *Hadrianus* inquit, »pacem significat. Nihil enim pace est melius.« Subito servus quidam Antinoo litteras dedit. Antinous cognovit eas ab Agelea amica scriptas esse:
»Agelea Antinoo suo salutem
Hieme cum parentibus fratreque minore natu Athenas ibo. Maximo gaudio me afficies, si etiam tu aderis. Vale!«

Apollodorus architectus[8] Hadriano resistit

Apollodorus war unter Trajan, Hadrians Vorgänger, sehr erfolgreich gewesen.

B Saepe Apollodorus architectus[8] consiliis Hadriani restitit his fere verbis: »Hoc opus, quod exstruere in animo habes, etsi neque pessimum erit neque exemplis Graecis minus, tamen ea forma non aequabit. Profecto optima quaeque artificia sunt rara.«
Proximi et amici Apollodori putabant talia verba extremum malorum esse et Apollodorum frustra monebant: »Certe Traiano vivo plus valuisti; nunc autem principi resistere periculosum est. Nam architecti[8] Traiani non iam plurimum possunt!«
Cum Apollodorus postea ad mortem condemnatus esset, multi amici dixerunt Hadrianum eum necavisse, quod dubitaverat de optimo quoque principis consilio ac aedificio.

1 artifex, artificis m. *Künstler* faber, fabri m. *Handwerker* – 2 domus aurea *das »Goldene Haus«: Palast des Nero* – 3 lacus, -us m. *Bassin* – 4 palis lacum effodere *mit Schaufeln ein Bassin ausheben* – 5 amoenitas, -atis f. *Schönheit* – 6 bibliotheca, -ae f. *»Bibliothek«*
7 laurea, -ae f. *Lorbeerzweig* – 8 architectus, -i m. *»Architekt«*

1. Wie haben die Römer auf die künstlerische Überlegenheit der Griechen reagiert?
2. a) Gib zu den Komparativ- und Superlativformen jeweils die entsprechende Grundform des Adjektivs an: optimarum – plures – maximus – minus – minimae – maius – optimi – melius – melioribus – minori – peiores – plurium – pessimis.
   b) Ein Wettbewerb: Wer weiß mehr? Gib zu den in 2a) genannten Steigerungsstufen möglichst viele davon abgeleitete deutsche Fremdwörter an und nenne ihre Bedeutung.
   c) Jetzt findet der Wettbewerb mit englischen Fremdwörtern statt.
3. Erkläre die syntaktische und semantische Funktion folgender Ablative im B-Text: Apollodorus ... restitit his fere verbis. – Certe Traiano vivo plus valuisti. – Hoc opus ... exempla Graeca forma non aequabit.

Lectio XLIII

De re publica Atheniensium ac libertate civium

128 n. Chr. reist Hadrian wieder nach Athen. Antinous begleitet ihn. Gebildete Römer wussten, dass Athen jahrhundertelang Zentrum der griechischen Kultur gewesen war. Der junge Antinous allerdings sah die Stadt vielleicht unter einem ganz anderen Blickwinkel.

A Hadrianus et amici celerrime in arcem ascenderunt[1]. Inde primo ortum solis, deinde urbem diutius intuebantur. Antinoum profecto templum illud Minervae et aspectus maris atque urbis plus delectabant quam villa Tiburtina. Praeterea gaudebat, quod unus e Graecis pristinam[2] rem publicam Atheniensium ac libertatem civium apertius laudavit: »Tum unicuique Atheniensi libero licuit et iudicare[3] et in contione sententiam dicere.«
Princeps his verbis assensus tamen vehementissime vituperabat[4] controversias civitatum Graecarum. Praeterea e Sallustii libris recitavit: »Atheniensium res gestae satis amplae magnificaeque fuerunt, aliquanto minores tamen, quam fama feruntur. Sed quia provenerunt[5] ibi scriptorum magna ingenia, Atheniensium facta pro maximis celebrantur. At populo Romano numquam ea copia scriptorum fuit, quia prudentissimus quisque maxime negotiosus[6] erat, optimus quisque facere quam dicere malebat[7].« Illud Sallustii laudans princeps negavit rem publicam Atheniensium optime administratam fuisse.

Antinous autem amore Ageleae amicae magis commotus quam verbis principis Piraeum petere in animo habebat. Dixerat enim aliquis Antinoo Ageleam nonnullos iam dies Piraei adesse. Etsi difficilius fuerat omnia verba illius viri memoria comprehendere, aliqua verba tamen memoria Antinoi haerebant: Antinous enim memoriae mandaverat Ageleam cum parentibus prope domum Epimenidis senis habitare. Antinous secum cogitavit: »Si quem amas, semper rectam viam invenies.« Ergo abiit. Si ab aliquo ex amicis interrogatus esset, dixisset se domum redire. Alicuius Graeci consiliis parens domum Epimenidis opinione celerius invenit.

B Antinous, qui amicos reliquerat vel potius effugerat, multo minus eo die gaudebat se cum Hadriano vivere quam antea. Nam amor Ageleae tum plurimum apud Antinoum valebat. Diutius prope domum Epimenidis amicam exspectabat. Prima nocte magnus numerus hominum viam proximam inibat. Antinous vidit inter mulieres et puellas etiam Ageleam esse. Tandem Agelea ipsa Antinoum cognovit et occasione aliqua data ad complexum[8] eius cucurrit. »Mei«, inquit, »oblitus non es.« »Minime« respondit oscula[9] ei ferens.

1 ascendere, ascendo, ascendi, ascensum *hinaufsteigen* – 2 pristinus, -a, -um *früher*
3 *hier: (am Staatsgerichtshof) Richter sein* – 4 vituperare *tadeln*
5 provenire, provenio, proveni, proventum *hervortreten*
6 negotiosus, -a, -um *(in der Politik; als Geschäftsmann) tätig*
7 malebat *er wollte lieber* – 8 complexus, -us m. *Umarmung* – 9 osculum, -i n. *Kuss*

Ein Teil des Erechtheions, eines Tempels auf der Akropolis in Athen.

Die Einleitung zu Text A endet mit dem Hinweis: »Der junge Antinous allerdings sah die Stadt vielleicht unter einem ganz anderen Blickwinkel.« Welcher Blickwinkel könnte das sein? Erschließt den Text in folgenden Schritten:

a) Sammelt alle Stellen, die eine Aussage machen zu Antinous und seinen Empfindungen.
b) Welche Grobgliederung ergibt sich aus a)?
   Beachtet auch gliedernde Konnektoren.
c) In welcher Stimmung befindet sich Antinous?
   Beschreibt den Blickwinkel, unter dem er Athen sieht.
d) Übersetzt den Text.

1. a) Auch nach der Besichtigung der Akropolis hört der Athener nicht auf, die Zeit der griechischen Unabhängigkeit in den höchsten Tönen zu loben: »Profecto unicuique licuit apertissime dicere. Apparet tum rem publicam optime administratam esse; itaque nostra facta usque adhuc pro maximis laudantur.«
   Übersetze den Text.
   b) Nenne zu den Superlativformen die entsprechenden des Komparativs und der Grundstufe.
2. a) Gib an, zu welcher Wortart *quem* in den folgenden Sätzen gehört:
   Quem non iuvat libertate frui? Nuper Ursus servus, quem dominus saepe verberabat (verberare schlagen), servitutem effugit. Ursus, si quem fugiens obviam venientem vidisset, dixisset se quam celerrime medicinam apportare.
   b) Übersetze anschließend.
3. Inwieweit kann jeder erwachsene Staatsbürger in deinem Land heute bei der Rechtssprechung mitwirken? Gibt es eine unmittelbare Beteiligung der Staatsbürger an politischen Entscheidungen?

SAGENHAFTE(S) EUROPA

Lectio XLIV

Europa a puella nomen trahit

Im Restaurant »Europa« des Düsseldorfer Flughafens ist ein Bild von Europa zu sehen. Es ist doppeldeutig, denn nicht nur der Kontinent ist dargestellt, sondern auch eine Frauengestalt auf einem Stier. Was ist damit gemeint?

»Europa und der Stier – Vision 3000 – ein Kontinent ohne nationale Grenzen.« Gemälde von Curt Stenvert.

A Veteres arbitrabantur et Europam et Africam et Asiam ab Oceano infinito[1] circumdatas esse. Plerique Romani neque fines Africae neque quicquam de terris extremae Asiae cognoverant. Neque quisquam illis temporibus sciebat alias partes in orbe terrarum esse.

Num cuiquam vestrum, discipuli[2], notum est Europam a puella quadam nomen traxisse? Europa enim filia regis Phoenicum fuit. Aliquando Iuppiter hanc puellam pulcherrimam vidit et amore ardens constituit in terram descendere, ut Europae propior esset. Europa autem amicaeque ad litus ierant, ut ludis se delectarent. Erat ibi multitudo taurorum[3], inter quos puellae conspexerunt taurum[3] candidum[4]. Numquam taurum[3] tam pulchrum antea viderant! - Iuppiter enim forma tauri[3] aderat, ne quam puellam terreret neve imprimis Europa timeret. Nec ulla puella dolum[5] suspicata est.

Miratur etiam Europa colorem formamque tauri[3]. Vultus placidus[6] animalis puellam hortatur, ut propius accedat, ut spectet, ut pauca verba faciat, ne timeat. Tauro[3] appropinquans Europa secum cogitat: »Apparet taurum[3] oculis placidis[6] me orare, ut adeam, ne verear neve terrear. Nunc flores, quibus ornata sum, spectat! Fortasse petit, ut flores afferam? Nunc mihi caput praebet! Rogatne, ut floribus caput ornem vel ut manibus palpem[7]? Quam pulcher est! Num quisquam taurum[3] tanta forma vidit?«

B Denique puella taurum[3] manibus palpat[7] et ille impetrat, ut Europa omni metu sublato tergo[8] considat. Ut amicae novum amicum videant, puella taurum[3] hortatur, ut in litore ambulent. Sed ille litus relinquit et puellam celeriter in mare fert. Quae metu commota clamat: »Oro te, taure[3], ut litus rursus adeas neve me amicis parentibusque auferas.« At ille celerrima fuga id agit, ne quis puellae adesse possit. Nec profecto quisquam ei subvenit. Sic puella a tauro[3] ablata manu altera cornu[9] tenet, alteram manum tergo[8] imponit. Taurus[3] praedam in insulam Cretam transfert. Ibi forma tauri[3] posita Europae dicit se Iovem esse. Diu cum Europa hac in insula manet; liberos habent, inter eos Minoem. Is postea rex Cretae fuit.
Hac fabula poetae antiqui nomen Europae, partis orbis terrarum, explicant.

1 infinitus, -a, -um *unbegrenzt* – 2 discipula, -ae f. *Schülerin*; discipulus, -i m. *Schüler*
3 taurus, -i m. *Stier* – 4 candidus, -a, -um *weiß* – 5 dolus, -i m. *List*
6 placidus, -a, -um *ruhig, sanft, freundlich* – 7 palpare *streicheln* – 8 tergum, -i n. *Rücken*
9 cornu, -us n. *Horn*

1. Mit Hilfe der substantivischen Fragepronomina kannst du das Deklinationsschema von *quisquam* und *quicquam* aufstellen.
2. In jeder Reihe ist ein Konjunktiv zu finden:
   a) videas – statuas – rogas – deas; b) prohibeam – providebam – provinciam – postquam;
   c) omnem – carmen – laborem – legem; d) adis – adsis – arcis – animalis.
3. Durch Kombinieren kommt man zu Wortkenntnissen. Welche Bedeutung haben wohl folgende Komposita von ponere: praeponere – deponere – proponere – imponere – apponere – exponere – componere?
   Du kannst nun auch die Bedeutung folgender Fremdwörter klären:
   Präposition, Depot, Deponentien, imponieren, Apposition, Exposition, Komposition.
4. Die Europa-Geschichte ist oft in der Antike auf Vasen dargestellt worden. Versucht euch als Maler. Ihr könnt wählen zwischen rot- und schwarzfigurigen Bildern (vgl. z. B. Abb. S. 142).

Lectio XLV

Quis in labyrintho[1] habitavit?

In einigen antiken römischen Wohnhäusern war der Fußboden mit einem Mosaik verziert ähnlich dem auf unserer Abbildung. In der Mitte des Mosaiks ist ein merkwürdiges Lebewesen zu sehen. Was hat es damit auf sich?

A Potestisne explicare, quam figuram illud animal habeat? Videte, ubi habitet! Scitisne, quo nomine illa domus mira nominetur et quod nomen illi animali sit? Legite, discipuli[2], fabulam de Minotauro et de labyrintho[1].

Uxor Minois, illius filii Europae, Venerem deam neglexerat. Dea irata: »Nescio«, inquit, »cur ista regina tam superba fuerit, cur me numquam coluerit. Ei demonstrabo, quanta sit potestas deae neglectae!« Ergo poenam asperam constituit: Filius reginae natus est, cui erat et tauri[3] et hominis figura. Qua re regina maximo dolore est affecta. Minos autem, postquam illud monstrum[4] vidit, perterritus est. Daedalum hospitem vocavit, illum hominem propter scientiam praeclarum, qui iam multa artificia confecerat. »Interrogas«, inquit, »cur te vocaverim? Quo dolore affectus sim? Vide Minotaurum, filium meum!«

Deinde Daedalo narravit, quae res adversae sibi accidissent. Tum eum oravit, ut sibi adesset, ut arte cognita efficeret, ne umquam illud monstrum[4] sibi in conspectu esset. Timebat enim, ne populus a se deficeret, si Minotaurus liber esset. Monuit ergo hospitem, ne dubitaret aedificium quam celerrime Minotauro perficere. »Opere perfecto«, inquit, »tibi multa magnaque beneficia tribuam.« Tum Daedalus perfecta arte illum labyrinthum[1] exstruxit, in quo Minotaurus usque ad mortem fuit.

Icare, Icare!

B Daedalus, postquam cum Icaro filio iam multos annos in insula Creta vixit, amore patriae commotus regem Minoem orat, ut se Athenas, in patriam suam, dimittat. Qui autem timens, ne hospes arte sua alii regi prosit, navem negat. Daedalus tamen scit, quomodo fugere possit. Nam pennis[5] cera[6] coniunctis sibi filioque alas[7] parat. Icarum instruit, cur id fecerit. »Nave, mi fili, per mare abire nobis non licet. Certe tibi notum est, cur haec via nobis clausa sit. Sed nos iter per caelum faciemus. Moneo te, ne nimis soli neve mari appropinques.« Curis excitatus filium monet, ut semper se sequatur. Primo puer patre duce iter facit, tum ducem deserit et altius contendit. Ecce, soli propior est: Vi solis cera[6], quae pennas[5] coniunxit, tabescit[8]. Pater autem filium non iam videt, timore commotus et filium cecidisse suspicans clamat: »Icare, Icare, ubi es?«
Tum pennas[5] in aqua videns pater intellexit, quid filio accidisset.

1 labyrinthus, -i m. *»Labyrinth«* – 2 discipula, -ae f. *Schülerin* discipulus, -i m. *Schüler*
3 taurus, -i m. *Stier* – 4 monstrum, -i n. *»Monster«, Ungeheuer* – 5 penna, -ae f. *Feder*
6 cera, -ae f. *Wachs* – 7 ala, -ae f. *Flügel* – 8 tabescere *schmelzen*

a) Betrachtet das Bild auf S. 138 und beschreibt es.
b) Lest nun Text B und vergleicht die Überschrift und den Satz Z. 10–11 »Icare, Icare, ubi es?« Wisst ihr schon, um welche Geschichte es sich handelt?
c) Wer sind die handelnden Personen?
d) An vielen Stellen im Text werden Empfindungen ausgedrückt. Sammelt diese Stellen, ordnet sie den Personen zu und beachtet besonders die ut-, ne- und indirekten Fragesätze, die sich häufig anschließen an die Darstellung von Empfindungen.
e) Fasst den Ablauf der Ereignisse zusammen.

1. Die Sklaven des Caecilius hören offensichtlich schlecht, denn er muss seine Frage jedes Mal wiederholen, z.B. Ubi fuisti? *Quaero, ubi fueris.* Formuliert die nächsten Fragen und übersetzt sie.
   Quid fecisti? *Quaero, ...* – Cur tacetis, servi? – Quo nomine tu nominaris? – Ubi tu natus es? – Quas litteras scripsisti? – Ubi sunt equi? – Cur non respondetis?
   Denkt euch weitere Fragen aus und spielt die Szene.
2. Konjunktive aller Zeiten sind hier bunt gemischt. Ordne sie und präge dir die Kennzeichen für die einzelnen Zeiten ein:
   habitet – fuerimus – habuisset – timuerit – moniti simus – neglexerim – constitueretur – ablata esses – sciam – deficerent – dubitetis – tribuantur – transferremini – loquar.
3. Stellt euch vor, ein römischer Villenbesitzer beauftragte euch, ein Labyrinth als Fußbodenmosaik anzulegen. Zeichnet Vorschläge.

Filum[1] Ariadnae

A Non sine causa accidit, ut ille Minotaurus, de quo supra legimus, occideretur. Erat enim tanta crudelitate, ut cibum non acciperet nisi puellas puerosque! Apud veterem scriptorem haec legimus:

»Minos, Iovis et Europae filius, cum Atheniensibus belligeravit[2], cuius filius in pugna est occisus. Postquam Athenienses vicit, vectigales[3] Minois esse coeperunt. Instituit autem, ut anno unoquoque septenos[4] liberos suos Minotauro ad epulandum[5] mitterent. Theseus, postquam audivit, quanta calamitate civitas afficeretur, voluntarie[6] se ad Minotaurum pollicitus est ire ... Theseus, postquam Cretam venit, ab Ariadna, Minois filia, est adamatus[7] adeo, ut fratrem proderet et hospitem servaret.«

(Hyginus, Fabulae 41 f.)

Certe vultis comperire, qua ratione Ariadna hospitem servaverit: Ariadnae, cum Theseum vidisset, statim iuventus, virtus, forma eius maxime placuerunt. Noluit igitur eum crudeliter mori, adesse ei voluit: »Minotaurus frater meus est, Theseum autem amo; nolo eum a fratre meo necari. Daedalum consulere volo, fortasse me volet adiuvare.«

Tum Daedalum adiit, qui rogavit, quid vellet. Verbis Ariadnae auditis: »Cum nolis«, inquit, »Theseum mori, tibi adero. Nec ego umquam volebam nec volam illud monstrum[8] tot liberos necare. Visne scire, quomodo Theseus Minotaurum superare possit? Da Theseo gladium et filum[1].«

B Tum Ariadna Theseo: »Cum noluissem te a Minotauro necari, Daedalum consului. Nunc audi! Accipe hunc gladium, quo monstrum[8] occides! Neque quisquam sine auxilio vivus ex illo labyrintho[9] redire potest. Tene hoc filum[1], quod labyrinthum[9] intrans devolves[10]! Minotauro necato filum[1] sequens tutus ad me redibis.« Theseus, cum nollet errare, libenter filum[1] gladiumque accepit. »Gratias tibi ago«, inquit, »et, cum volueris me vivere, tecum postea vivam.« Ac profecto Theseo contigit, ut Minotaurum necaret, ut non erraret, ut vivus e labyrintho[9] rediret. Tum laetus cum Ariadna in insulam Naxum navigavit. Ibi autem Ariadnam deseruit. Desertae Dionysus adfuit et, ut semper clara esset, coronam[11] eius de capite sumpsit et caelo immisit[12]. Ibi inter sidera[13] spectari potest.

1 filum, -i n. *Faden* – 2 belligerare *Krieg führen* – 3 vectigalis, -e *steuer-, tributpflichtig*
4 septeni, -ae ,-a *je sieben (nämlich Mädchen und Jungen)* – 5 ad epulandum *hier: zum Fraß*
6 voluntarius, -a, -um *freiwillig* – 7 adamare *liebgewinnen* – 8 monstrum, -i n. *»Monster«*
9 labyrinthus, -i m. *»Labyrinth«* – 10 devolvere *abwickeln* – 11 corona, -ae f. *»Krone«, Kranz*
12 immittere caelo *an den Himmel versetzen* – 13 sidus, sideris n. *Gestirn (Gemeint ist hier die »Krone« am nördlichen Sternhimmel, in der Astronomie Corona Borealis genannt; sie ist in unseren Breiten im Sommer am Abendhimmel zu sehen.)*

Theseus und der getötete Minotaurus. Pompejanische Wandmalerei

1. Bilde folgende Verbkette:
   volo – Plural – 2. Person Futur – Imperfekt – 3. Person – Konjunktiv – Plusquamperfekt – Singular – Indikativ – 2.Person – Präsens – Konjunktiv – 1. Person – Indikativ.
2. Unter den folgenden Formen von *velle* und *nolle* sind ein paar »schwarze Schafe«. Um sie herauszufinden, musst du alle Formen bestimmen: nolo – noto – vis – vim – vultis – vulneris – nolunt – vellem – velim – volet – nolimus – nolumus – vel – volebas.
3. Übersetze die folgenden Sätze und beschreibe, welche Sinnrichtung die Nebensätze haben:
   Iuppiter forma tauri in terram venit, ne puellas terreret. Ita se gessit, ut Europa sibi appropinquaret.
   Minos optavit, ne Minotaurus liber esset. Id egit, ut e conspectu hominum moveretur.
   Minotaurus enim erat tanta crudelitate, ut liberis non parceret. Ariadna autem Theseum adeo amavit, ut non fratrem, sed hospitem servaret. Optavit enim, ut cum Theseo patriam relinquere posset.
4. Dionysos et Ariadna in insula, quae Naxus nominatur, sermonem habent. – Schreibt einen kleinen lateinischen Dialog zwischen Dionysos und Ariadne. Nehmt die Texte der Lektionen 45 und 46 zu Hilfe.

Europa und der Stier. Antikes griechisches Vasenbild.

Minotaurus und tote Stute vor einer Höhle, gegenüber junges Mädchen mit Schleier. Gemälde von Pablo Picasso (1936).

Szenenfoto aus der Oper »Ariadne auf Naxos« von Richard Strauss.

Labyrinth in der Kathedrale von Chartres. Federzeichnung (18. Jh.)

Der Sturz des Ikarus. Pompejanisches Wandgemälde.

FRAUEN GEHEN IHREN WEG

Lectio XLVII

Cornelia - mulier vere Romana

Frauen waren in der Antike und im Mittelalter von wichtigen Bereichen des öffentlichen Lebens ausgeschlossen. Deshalb ist über die Welt der Mädchen und Frauen auch vergleichsweise wenig überliefert. Wer und was bestimmte ihr Leben?
In den folgenden Texten wirst du an drei Beispielen junge Frauen in unterschiedlichen Zeiten und Lebensbereichen kennenlernen: Cornelia, die im Zeitalter der römischen Republik lebte, Perpetua, eine junge Christin aus dem 3. Jh. n. Chr., und Elisabeth von Thüringen, eine Königstochter des 13. Jahrhunderts.

A Videamus primo, quae fuerint iura officiaque mulierum Romanarum. Itaque ea legamus, quae Ulpianus, vir iuris peritus, hac de re scripsit: »Feminae ab omnibus officiis civilibus vel publicis remotae[1] sunt et ideo[2] nec iudices esse possunt nec magistratus gerere.« (Digesten 50) Hoc fere modo parentes filiam instruebant: »Parentes diligas, postea maritum[3] liberosque ames, domum serves. Utinam semper integra sis honesteque vivas! Absit omnis superbia! Utinam ne deos neglegas! Ne quid immoderate[4] facias neve liberius loquaris!«

Nolite arbitrari omnes mulieres fortunam suam aegre tulisse! Memoria enim teneatis tempora mutari. Accipite ergo ea, quae de Cornelia, illa muliere clarissima, nobis tradita sunt:
Cornelia erat filia illius Publii Cornelii Scipionis, qui Hannibalem vicit. Cum marito[3] suo, homine summa nobilitate, duodecim liberos habuit.
Aliquando Cornelia cum muliere divite sermonem habuit. Cum illa Corneliae ornamenta sua monstravisset, quae erant pulcherrima, Cornelia paene dixit: ›Ne credideris mihi nulla ornamenta esse, noli tam superba esse!‹ Utinam ne tam vana[5] esses!‹

Szene aus dem Leben einer Mutter mit Kind. Römisches Relief.

Sed tacuit. Paulo post liberi e ludo redierunt. Tum »Haec«, inquit, »ornamenta sunt mea.« Utinam comprehendatis, quid dicere voluerit.

(nach Valerius Maximus 4, 4)

B Ne arbitrati sitis liberos, illa »ornamenta«, Corneliae matri semper gaudio fuisse. Nam novem liberi fato praemature[6] ei sunt erepti. Illi filii clarissimi, Tiberius et Gaius Gracchus, matrem maximo dolore affecerunt. Videamus, quid eis acciderit: Tiberius, filius maior natu, tribunatum[7] petivit, ut nova lege agraria[8] pauperibus civibus adesset. In tribunatu[7] autem a senatoribus inimicis necatus est. Decem annis post Gaius consilia fratris perficere in animo habuit. Quem Cornelia mater timens, ne similiter interiret, oravit: »Utinam fortunae fratris memor sis! Utinam ne in animo haberes rem publicam perturbare! Omittas ista consilia! Rationem matris habeas, tu ultimus filiorum es.« Sed inimici id egerunt, ut Gaium perderent.
Filio ultimo mortuo Cornelia magna cum dignitate fortunam asperrimam tulit. Familiaribus dixit: »Nolite queri! Ne accusaveritis fortunam, quae mihi non solum hanc calamitatem, sed etiam filios Gracchos dedit!«
Quibus verbis Cornelia se mulierem vere Romanam praebuit.

1 remotus, -a, -um *ausgeschlossen* – 2 ideo (Adv.) *deshalb* – 3 maritus, -i m. *Ehemann*
4 immoderatus, -a, -um *ungezügelt* – 5 vanus, -a, -um *eitel, oberflächlich*
6 praemature (Adv.) *allzu früh* – 7 tribunatus, -us m. *Volkstribunat*
8 lex agraria f. *Ackergesetz*

1. Man kann andere so oder so auffordern: audite oder *audiatis!*
   Videte oder … ! adeste oder … ! prodes oder … ! abi oder … ! fac oder … !
   loquere oder … ! sequimini oder … ! hortamini oder … !
2. Sucht aus den folgenden Verbformen die Hortative heraus und übersetzt sie:
   videmus – accipiamus – visitamus – vivamus – audimus – adsimus – sequemur – vereamur – adeamus – reddimus.
3. Auf der Basis der Ehrenstatue für Cornelia steht nur: CORNELIA AFRICANI F. GRACCHORUM.
   Erkläre die Inschrift. – Inwiefern hat sich Cornelia als »mulier vere Romana« gezeigt?

Situation der Frauen in der römischen Republik

In der römischen Republik standen die Frauen zeitlebens unter der Vormundschaft eines Mannes, entweder des Vaters, des Ehemannes oder eines Vormundes. Von politischer Tätigkeit waren sie ausgeschlossen, ihre Aufgabe war es, das Haus zu verwalten und die Kinder zu erziehen. Einer beruflichen Tätigkeit gingen nur Frauen aus unteren Schichten nach. Als mater familias wurde die Römerin geachtet, sie begleitete ihren Mann ins Theater und zu Gastmählern; sie konnte als Zeugin vor Gericht auftreten. Politischen Einfluss gewann sie nur durch die Ehe, die die Väter arrangierten.

Lectio XLVIII

Perpetua – mulier vere libera

Zu Beginn des 3. Jhs. n. Chr. verbot Kaiser Septimius Severus den Bewohnern des römischen Reiches den Übertritt zum Christentum, wahrscheinlich, weil das Christentum immer mehr Anhänger fand.
Im Amphitheater von Karthago erlitten in dieser Zeit mehrere junge Frauen und Männer den Märtyrertod, weil sie Christen bleiben wollten. Zu ihnen zählte die damals 22jährige Perpetua. Über den Tod Perpetuas und ihrer Mitgefangenen haben Augenzeugen berichtet.

A Fortasse quaeritis, cur Christiani accusati et capitis damnati sint. Christiani negabant alios deos praeter unum Deum esse. Nolebant ergo neque deos Romanorum neque imagines imperatorum ture[1] ac vino venerari[2] dicentes: »Christus solus colendus est, dei Romanorum nec appellandi[3] nec colendi sunt. Cum imperator Romanus deus non sit, venerandus[2] non est. Neminem nisi Christum veneremur[2]!«
Initio tertii saeculi, cum iam magna multitudo hominum Christum solum venerabatur[2], imperator Septimius Severus censuit deos Romanorum placandos[4] esse. Itaque constituit numerum Christianorum non iam augendum, immo minuendum esse. Imperavit quoque, ut omnes deis Romanorum palam sacra facerent. Magistratibus omnes conquirendi erant, qui huic decreto non paruerunt.
Erant Carthagine nonnulli viri feminaeque, qui hac de causa in custodiam deducti sunt. In his fuit Perpetua, nobili genere nata, mater filii infantis[5]. In custodia haec fere scripsit: ›Quanti labores mihi subeundi erant! Consolanda mihi mater, consolandi mihi pater fraterque erant. Magnas quoque curas infantis[5] mei passa sum.‹

Röm. Tongefäß mit Darstellung einer Szene aus der Christenverfolgung (Hinrichtung im Circus); 4. Jh. n. Chr.

B Perpetua, quamquam ei multa incommoda perferenda erant, tamen bono animo erat arbitrata consilia Dei accipienda esse. Pater Perpetuae in custodiam venit orans, ne se suosque maximo dolore afficeret. »Miserere«[6], inquit, »filia, miserere[6] patri, si dignus sum a te pater vocari, si his manibus te ad hunc florem aetatis provexi[7], si te praeposui omnibus fratribus tuis, aspice fratres tuos, aspice matrem tuam, aspice filium tuum, qui post te vivere non poterit. Depone animos[8]! Ne universos nos extermines[9]!« Precibus patris filia non cessit et ille discessit maestissimus.

Tum Perpetua e custodia in forum plenum hominum deducta est, ut audiretur. Magistratus quidam eam interrogavit: »Nonne Christiana es?« Respondit: »Christiana sum.« Cum ille iussisset eam sacrum pro salute imperatoris facere, Perpetua respondit: »Hoc sacrum mihi faciendum non est. Nam nobis Christianis sacra pro hominibus facienda non sunt.« Quaestione habita Perpetua ad bestias damnata est.

Die muneris Perpetua et alii damnati processerunt e custodia in amphitheatrum quasi – ut testis quidam scripsit – in caelum, laeti, gaudentes.

(nach: Ausgewählte Märtyrerakten: Akten der heiligen Felicitas und Perpetua)

1 tus, turis n. *Weihrauch* – 2 venerari *verehren* – 3 appellare *hier: anrufen*
4 placare *versöhnen, besänftigen* – 5 infans, infantis f. u. m. *Säugling*
6 misereri (hier beim Dat.) *sich erbarmen*
7 provehere, proveho, provexi, provectum *aufziehen, großziehen*
8 animos *hier: Trotz* – 9 exterminare *zugrunderichten*

a) In welcher Lage befindet sich Perpetua? Fasst Text A (Z. 6–14) kurz zusammen.
b) Informiert euch über die neuen Vokabeln und lest Text B ganz.
c) Welche Personen trifft Perpetua? Gliedert den Text entsprechend. Achtet auch auf die Ortsangaben für die einzelnen Begegnungen.
d) Ordnet handelnden Personen (Subjekten) Prädikate und Ergänzungen (z.B. Partizipien) zu.
e) Im ersten Abschnitt wiederholt sich eine grammatikalische Form (Verbform!) auffällig. Um welche Form handelt es sich? Welche Bedeutung hat sie für diesen Abschnitt?
f) Übersetzt den ersten Satz von Text B. Er weist auf Perpetuas Überzeugung und Verhalten hin.
g) Fasst nun zusammen, welche Erfahrungen Perpetua in den letzten Lebenstagen gemacht hat. Beachtet, wie Perpetuas Überzeugung prägend ist für ihr Verhalten.

1. Zwei Sätze sind völlig durcheinander geraten! Bringe sie in Ordnung und übersetze:
   a) Septimius placandos imperator esse deos Severus constituit Romanos.
   b) Sacra Imperatorum neque Christianis pro facienda salute neque deis erant Romanis.
2. Partizip Präsens, Partizip Perfekt, Gerundiv – Unterscheide diese verschieden gebildeten Verbalformen beim Übersetzen genau:
   Magistratus creati sunt; magistratus creandi sunt; nuntius allatus est; neutra sententia probanda est; neutrum probatum est; hostes appropinquantes Romanos terruerunt; officia conficienda sunt; studium servorum labores conficientium laudandum est.
3. Stell dir vor, du wärst Augenzeuge in Karthago gewesen. Was hättest du an die Häuserwände gekritzelt? Ihr könnt eine Wandzeitung mit lateinischen Schlagzeilen verfertigen!
4. Inwiefern ist Perpetua eine mulier vere libera?

Lectio IL

Elisabeth - mater pauperum

Elisabeth von Thüringen (1207–1231) galt schon in ihrer Zeit als außergewöhnliche junge Frau. Sie war die Tochter des Königs von Ungarn und kam als vierjähriges Kind auf die Wartburg bei Eisenach, weil ihre Eltern sie dem Sohn des Landgrafen von Thüringen zur Frau versprochen hatten.

A Filiae regis, Elisabeth, puellae parentes relinquendi erant; nam ex patria ad familiam futuri mariti[1] delata est. Ibi iam puella singulari misericordia in pauperes erat. Cum lantgravio[2] decem annis post nupsisset, statum mutavit, non mentem. Secum cogitavit: »Abstinendum est omni avaritia, omni superbia. Providendum est miseris et aegrotis. Subveniendum est mihi omnibus, qui inopia vel doloribus laborant«. Sibi persuasit infirmos[3] opprimi sibi ferendum non esse.

Quodcumque igitur beneficium miseris tribuere poterat, eis tribuebat. Quamquam muneribus et matris et uxoris et dominae diligenter fungebatur, tamen propinqui mariti[1] eam contemnebant. Nam tecta miserrimi cuiusque intrabat, vulnera aegrotorum manu propria curabat, lavabat[4] manu propria corpora infirmorum[3]. Quicumque auxilio egebat, ei subveniendum esse putabat. Dabat cuicumque pauperi, dabat quocumque modo, dabat propria vestimenta, ornamenta, pecuniam, cibum. Cum omnibus quacumque ratione subveniret, meruit, ut »mater pauperum« nominaretur.

1 maritus, -i m. *Ehemann* – 2 lantgravius, -i m. »*Landgraf*«
3 infirmus, -a, -um *schwach; krank* 4 lavare *waschen*

B Aliquando marito[1] absente magna fames in Thuringia orta est. Tum iussu dominae Elisabeth horrea[5] arcis[6] aperta sunt. »Videndum est«, inquit, »ut frumentum iuste distribuatur; quicumque fame laborant, cottidie necessarium frumentum accipiant.« Paulo post maritus[1] ad Terram Sanctam profectus in itinere mortuus est. Mox Elisabeth iniurias propinquorum mariti[1] experta est. Illi enim aegre ferebant eam ordinem suum neglegere et timebant, ne omnes divitias pro miseris consumeret. Itaque viduam[7] cum parvis liberis ex arce expulerunt. Pater eius, cum audivisset filiam suam in tantam inopiam venisse, censuit eam in patriam reducendam esse. Elisabeth autem negavit sibi in divitiis cum divitibus esse vivendum; cum pauperibus in paupertate vivere voluit. Cum denique dotem[8] suam recepisset, partem in pauperes distribuit, de reliqua parte magnum hospitale[9] aedificavit. Ibi totam se miseris dedidit.

5 horreum, -i n. *Vorratskammer, Speicher* – 6 arx *hier: die Wartburg* – 7 vidua, -ae f. »*Witwe*«
8 dos, dotis f. *Mitgift* – 9 hospitale, -is n. »*Spital*«

Die heilige Elisabeth von Thüringen. Glasfenster in der Marburger Elisabethkirche.

In Text B erfahrt ihr mehr vom Leben der Elisabeth von Thüringen.

a) Informiert euch über die neuen Vokabeln.

b) Ihr sollt durch kurze Aussagen den Lebenslauf Elisabeths zusammenfassen. Voraussetzung dafür sind folgende Schritte der Texterschließung:
   - Welche Möglichkeiten gibt es, im Lateinischen Zeitangaben zu erkennen (z.B. Temporalsätze)?
   - Lest Text B und notiert alle Zeitangaben in euren Heften untereinander.
   - Ordnet ihnen die wichtigsten Ereignisse zu.

c) Fasst nun die einzelnen Stationen im Leben Elisabeths zusammen.

1. Füge zu den folgenden Nomina die passenden Formen von *quicumque*. Aber Vorsicht! Manche sind mehrdeutig: pauperi – miseri – aetas – munera – annis – crimen – disciplina – finium – cum … hospite – poenae – officio.
2. Was wir Menschen nicht tun dürfen oder tun müssen:
   a) Semper discendum est. b) Amici deserendi non sunt. c) Nonnumquam tacendum est.
   d) Ratio habenda est valetudinis. e) Natura nobis servanda est. f) Omnibus moriendum est.
3. Findest du zu folgenden Wörtern solche, die fast die gleiche Bedeutung haben?
   relinquere – perferre – mens – providere – subvenire – ferre – munus – tectum – egere – censere – timere.
4. Was kennzeichnet Charakter und Verhalten der Elisabeth? Ordne ihr lateinische Substantive und Adjektive zu.

Zusätzliche und zusammenfassende Übungen

zu L 44

Caesar plant während des gallischen Kriegs, Britannien kennenzulernen. Achte beim Übersetzen auf den Gebrauch von *aliquis* bzw. *quisquam*.

Vix quicquam de Britannia insula scio! In animo habeo genus hominum, loca, aliquem maiorem portum, aliquos aditus (aditus, -us m. Zugang) cognoscere. Neque enim cuiquam Gallorum haec nota sunt. Neque quisquam ad Britannos adit praeter mercatores (mercator, -oris m. Kaufmann) neque eis quicquam notum est praeter oram.

zu L 45

Hier sind Haupt- und Nebensätze durcheinander geraten. Stellt die Ordnung wieder her und übersetzt die Sätze. Wer ist jeweils mit dem Reflexivpronomen *se* gemeint?

Venus dea uxori Minois demonstravit	ut se semper sequeretur.
Minos Daedalum oravit	ne populus aspectu Minotauri perterritus a se deficeret.
Minos enim timuit	ne nimis soli appropinquaret.
Daedalus Icarum filium monuit	quanta esset potestas deae neglectae.
Itaque Daedalus eum monuit	ut se adiuvaret.

Zusammenfassende Übungen

Entwirf in deinem Heft ein Tabelle nach folgendem Muster und trage die Beispielsätze an der richtigen Stelle ein:

Adjektivform	Adverbform

Iter difficilius fuit. Ille audacius dixerat. Antinous liberius erat locutus. Aequo plus accepistis. Apud Traianum plurimum valuit. Vehementissime vituperabat controversias civitatum Graecarum. Aderis etiam tu, amicissime! Oportet te multo diligentiorem esse.

Die Texte der antiken Autoren sind zum Teil nur in Großbuchstaben und ohne Worttrennungen überliefert. Folgende Sätze kann man bei Ovid finden:

a) (Europa) MOXADITETFLORESADCANDIDAPORRIGITORA
(porrigere entgegenstrecken; ora von os, oris, n. Mund, Maul)

b) (Daedalus) ATPATERINFELIXNECIAMPATER »ICARE« DIXIT
»ICARE« DIXIT »UBIESQUATEREGIONEREQUIRAM.« (requiram soll ich suchen)

Satzerschließung und Textvergleich

Satzerschließung

Daedalus, postquam cum filio iam multos annos apud Minoem vixit, amore patriae commotus regem Minoem oravit, ut se Athenas dimitteret.

1. Schreibe den Satz in dein Heft und markiere die Wörter, die einen Nebensatz einleiten (Subjunktionen, Relativpronomina usw.), durch eine gestrichelte Linie.
2. Ordne das Satzgefüge nach der Kolumnenmethode.
3. Unterstreiche alle Subjekte und Prädikate.
4. Kennzeichne satzwertige Konstruktionen durch Kästchen, ebenso Satzpositionen, die sich semantisch auf sie beziehen.
5. Markiere die Ausgänge von Attributen und ihren Bezugswörtern mit einem Kreis (s. angefangenes Beispiel unten).

HS	N 1	N 2
Daedalus,		
	postquam cum ...	

De sancta Elisabeth

Der mittelalterliche Schriftsteller Jacobus a Voragine (ca. 1229–1298) schreibt in seinem Werk »Legenda Aurea« über die heilige Elisabeth:

Ipsa hospitio[1] peregrinos[2] et pauperes suscipiebat, domum enim maximam sub altissimo castro[3] construxit[4], in qua infirmorum[5] magnam multitudinem refovebat[6]; iis omnia necessaria ministrabat[7] et verbis excitatoriis[8] ad patientiam[9] inducebat[10]. In eadem quoque domo pueros pauperum feminarum nutriri[11] cum summa diligentia faciebat, quibus se tam dulcem[12] praebebat, ut eam omnes matrem vocarent et intrantem domum cuncti tamquam[13] matrem filii sequerentur et ante eam cum summo studio collocarentur[14]. Ipsa vero et olliculas [15] et anulos[16] vitreos[17] et quaedam alia vitrea[17] emi[18] fecerat, ut pueri ludos pueriles[19] exercerent.

(Jacobus a Voragine, Legenda aurea, Kap. 168, 1)

1 hospitio suscipere *gastlich aufnehmen* – 2 peregrinus, -a, -um *fremd*
3 castrum, -i n. *Burg* – 4 construere, construo, construxi, constructum *erbauen*
5 infirmus, -a, -um *schwach; krank* – 6 refovere *stärken* – 7 ministrare *zur Verfügung stellen*
8 excitatorius, -a, -um *aufmunternd* – 9 patientia, -ae f. *Geduld, geduldige Einstellung*
10 inducere *veranlassen, bringen zu* – 11 nutrire *ernähren* – 12 dulcis, -e *süß, freundlich*
13 tamquam (Adv.) *wie; gleichsam* – 14 collocari *sich aufstellen*
15 ollicula, -ae f. *kleiner Krug* – 16 anulus, -i n. *Ring* – 17 vitreus, -a, -um *gläsern, aus Glas*
18 emere *kaufen* – 19 puerilis, -e *kindlich*

Lectio L

Suntne somnia neglegenda?

Träume und Traumdeutung haben die Menschen aller Kulturen beschäftigt. Schon in frühester Zeit hat man besondere Träume aufgezeichnet und versucht herauszufinden, was sie mit der Wirklichkeit zu tun haben.

Nos omnes in somniis saepius res miras videmus. Alia somnia nos terrent, delectant nos alia. Interdum obliviscimur, quodcumque in somnio vidimus, interdum somnia re comprobari[1] videntur.
Iam antiquissimis temporibus homines somnia interpretabantur[2]; scire enim volebant, utrum somniis quibusdam res futuras cognoscere possent. Scriptores Romani nobis nonnulla somnia graviora vel clariora tradiderunt. Apud Ciceronem haec fere legimus:

Aliquando duo amici iter fecerunt. Cum Megaram, in oppidum Graecum, venissent, alter ad cauponem[3], alter ad familiarem se contulit. Hic laboribus itineris fatigatus mox quieti[4] se dedit. Media nocte in somnio amicum, qui apud cauponem[3] erat, vidit. Miserrimo vultu eum oravit, ut sibi subveniret. »Te oro, ut me adiuves! Veni quam celerrime! Timeo, ne caupo[3] me interficiat.« Hoc somnio ita territus est, ut celeriter surgeret[5]. Sed mox intellexit causam timoris nihil nisi somnium malum fuisse. Arbitratus id sibi pro nihilo habendum[6] esse iterum quieti[4] se dedit. Sed ecce: Rursus amicum in somnio audit quaerentem, cur sibi non subvenisset: »Mihi vivo adesse noluisti; noli nunc mortem meam inultam[7] esse pati. Cura, ut caupo[3] poenas det[8]. Nam a caupone[3] interfectus sum et nunc in plaustro[9] sub stercore[10] iaceo.
Mane ad portam oppidi adsis, ne plaustrum[9] ex oppido exeat. Faciendum est tibi hoc amici officium.«
Hoc somnio commotus amicus mane ad portam festinavit. Ac profecto plaustrum[9] stercore[10] oneratum appropinquavit. E bubulco[11] quaesivit, quid in plaustro[9] esset. Ille fugit, amicus mortuus erutus[12] est, caupo[3] iustas poenas dedit.

Apud Suetonium de quodam somnio C. Iulii Caesaris, qui Idibus Martiis[13] necatus est, legimus: Ea nocte ante diem caedis Caesar in somnio vidit se mox in caelo volare[14], mox se cum Iove dextram[15] iungere. Quod cum uxori narravisset, illa dixit: »Ego quoque miras res vidi et timeo, ne nostra somnia re comprobentur[1]. Vidi enim tectum domus nostrae collabi[16], te autem in gremio[17] meo necari.«

(nach Cicero, De divinatione 1, 57 und Sueton, Divus Iulius 81, 3)

1 comprobare *bestätigen* – 2 interpretari *erklären, deuten* – 3 caupo, -onis f. *Gastwirt*
4 quies, quietis f. *Ruhe, Schlaf* – 5 surgere, surgo, surrexi *aufstehen*
6 aliquid pro nihilo habere *einer Sache keine Bedeutung beimessen* – 7 inultus, -a, -um *unbestraft*
8 poenas dare *bestraft werden* – 9 plaustrum, -i n. *Wagen* – 10 stercus, -oris n. *Mist*
11 bubulcus, -i m. *Ochsentreiber* – 12 eruere, ero, erui, erutum *ausgraben*
13 Idus Martiae f. *die Iden (= der 15.) März* – 14 volare *fliegen* – 15 dextra, -ae f. *rechte Hand*
16 collabi, collabor, collapsus sum *zusammenbrechen* – 17 gremium, -i n. *Schoß*

Der Traum der Heiligen Drei Könige (vgl. Matthäusevangelium 2, 12 f.). Säulenkapitell in der Kathedrale von Autun (Burgund). 12. Jh.

Matthäusevangelium 2, 12 f.

Et responso[1] accepto in somniis[2], ne redirent ad Herodem, per aliam viam reversi sunt[3] in regionem suam. Qui cum recessissent[4], ecce angelus[5] Domini apparuit in somniis[2] Ioseph dicens: »Surge[6] et accipe puerum et matrem eius et fuge in Aegyptum...«

1 responsum, -i n. *Antwort* – 2 somnium, -i n. *Traum, Traumbild*
3 reversi sunt *sie sind zurückgekehrt* – 4 recedere, recedo, recessi, recessum *sich zurückziehen*
5 angelus, -i m. *»Engel«* – 6 surgere *aufstehen*

Griechische, römische und moderne Bauformen

Griechischer Tempel im dorischen Stil, erbaut um 450 v. Chr. Paestum (Unteritalien)

Tempel am Forum Boarium in Rom, erbaut im 1. Jh. v. Chr.

Die Glyptothek in München, erbaut 1816–1834 von Leo von Klenze.

Triumphbogen des Titus in Rom (1. Jh. n. Chr.)

Das Brandenburger Tor in Berlin, erbaut von C. G. Langhans (1788–1791).

Die Trajanssäule in Rom (2. Jh. n. Chr.)

Die Siegessäule in Berlin, erbaut 1865–1873.

Verba Latina ubique sunt

Astronomie /Raumfahrt

Universum * Himmelsäquator * Fixstern * Okular * Venus * Jupiter * Mars * Saturn * interstellar * extraterrestrisch * lunar * orbital * Observatorium * rotieren * Refraktor * Reflektor * Merkur * Neptun * Konjunktion * Spektrum * Gravitation * Dimension * Konstante * Koordinate

Captain James T. Kirk und Mr. Spock beobachten ein unbekanntes Flugobjekt auf dem Bildschirm.

»No possibility of it being a natural phenomenon?«

Kunst/Kultur

Imitation * Antiquitäten * Artist * Auktion * Barbar * Brief * Perspektive * Arena * Urbanisierung * Initialen * Klassik * Portal * Honorar * Antiquariat * Zirkus * Exponat * Stil * Applaus * Statue * Retrospektive * Totale * Komposition * Variation * Original * Faksimile * Falsifikat

»A Roma è nata la civiltà occidentale, e da Roma si è irradiata nel mondo la luce del Cristianesimo: è la città per eccellenza, l' »Urbe«.

»Es malo para la salud.«

Medizin/Gesundheit

Tablette * Exitus * Approbation * Invalide * stationär * ambulant * vital * Hospital * Visite * visitieren * Kur * kurieren * Labor * Rezept * Station * Abstinenz * Spital * Tumor * Internist * Puls * Pulver * resistent * Nerv * injizieren * Infusion * sezieren * Sektion * Sedativum

RÖMISCHE BAUKUNST

Lectio LI

Pons in Rheno flumine factus est

Im Jahre 55 v. Chr. überquerte Cäsar erstmals mit seinem Heer den Rhein, um die Germanen von Überfällen auf gallisches Gebiet abzuschrecken. Die folgende Szene könnte sich damals am westlichen Rheinufer abgespielt haben.

A Pace facta saepe fiebat, ut Galli ad Caesarem pervenirent. Frequentes legationes ad eum profectae sunt, aliae, ut obsides darent, aliae ad vectigalia pendenda. Illo anno legatio Gallorum amicitiae populi Romani appetendae causa venit.

Post adventum Galli magnam copiam materiae ad ripam comportari[1] videntes interrogaverunt, quae opera fierent. Centurio quidam »Caesare duce«, inquit, »opus militare fit. Is enim, cum certior factus esset Germanos tam facile impelli, ut praedandi[2] frumentandique[3] causa huc venirent et agrum Gallicum occuparent, statuit sibi Rhenum esse transeundum. Itaque hunc locum ad transeundum maxime idoneum elegit. Ita fit, ut pons in Rheno exstruatur ad exercitum traducendum.

Nunc cognoscetis, quanta celeritate pons fieri soleat. Nam nostra opera militaria brevi tempore fiunt, cum Caesar viris electis ea facienda det. Praeterea milites spe victoriae atque praedae adducti et ad pugnandum parati summo studio laborant. Hic quoque pons brevi fiet.« Tum unus e Gallis: »Cur Caesar pontem exstruendum exer-

Modell der auf Befehl Caesars erbauten Rheinbrücke.

citui tradit, quamquam parte classis Romanae uti potest?» Centurio »Navibus«, inquit, »non utitur, quod hoc opus faciendum curat ad vim exercitus Romani demonstrandam.«

B Tum centurio legatione spectante tigna[4] in flumen immittenda[5] curavit. Gallis quaerentibus, quo modo tigna[4] in flumine defigi[6] possent, ille dixit id machinationibus[7] fieri. Omnibus rationem pontis laudantibus centurio »Et aedificia«, inquit, »quae ad bene vivendum pertinent, sive publice sive privatim facta, et opera huius generis, quae non solum ad bellum gerendum, sed etiam ad populos pacandos exstruuntur, admiranda sunt.«

His verbis auditis Galli ira commoti tacuerunt. Centurio autem statuit iterum facta Romanorum laudare: »Romani scientia harum rerum aliis gentibus praestant. Qua de causa fit, ut neque magnitudine fluminum neque itineribus longis terreantur. Pleraque opera, quae nos Romani facienda curamus, diu manent. Sed hunc pontem Caesar bello confecto exercitui rescindendum[8] relinquet.«

Gallus quidam ridens »Caesar vester«, inquit, »meo iudicio nunc fiet pontifex vere maximus.«

1 comportare *zusammentragen* – 2 praedari *Beute machen, plündern*
3 frumentari *Proviant holen* – 4 tignum, -i n. *Bauholz, Balken*
5 immittere, immitto, immisi, immissum *einsetzen, einfügen*
6 defigere, defigo, defixi, defixum *fest einschlagen, hineintreiben*
7 machinatio, -onis f. *mechanisches Getriebe*
8 rescindere, rescindo, rescidi, rescissum *abreißen*

1. Bist du fit mit FIT?
   a) Stelle die passenden Aktiv-Passiv-Paare zusammen:
      facis – facere – faciemus – facerent – facitis – facio – faciat – facerem – facietis.
      fio – fiat – fitis – fieri – fierem – fis – fietis – fierent – fiemus.
   b) Bestimme und nenne die lexikalische Grundform:
      his – fis – vis – quis – sis – is. fias – vias – dies –fies – it – fit – sit – id – scit.
2. »Schillerndes fieri«. Finde jeweils eine angemessene Bedeutung für fieri:
   a) Pons in flumine fit.
   b) Saepe fit, ut milites pontem faciant.
   c) Hic pons fieri non potest.
   d) Bello confecto pons, ut fieri solet, deletur.
   e) Quid de ponte fiet?
   f) Caesar de consiliis hostium certior fit/factus est.
3. Welche Sinnrichtung ist allen Sätzen gemeinsam?
   a) Caesar imperavit, ut milites castra moverent.
   b) Imperator pontem faciendum curavit.
   c) Is copias ad bellum gerendum/belli gerendi causa conscripsit.
4. In dieser Lektion hast du erfahren, dass der hier geschilderte Brückenbau eigentlich gar nicht notwendig war. Warum lässt Caesar dennoch die Brücke errichten? Kennst du ähnliche Fälle, wo man »überzweckmäßig« gebaut hat oder baut?

Lection LII

Aqua necessaria est ad vivendum

Nicht nur beim Errichten großer Gebäude erwiesen sich die Römer als geniale Baumeister. Auch bei der Wasserversorgung ihrer Städte setzten sie Maßstäbe.

A Antiquis temporibus Romani soliti erant aquas e fluminibus vel e fontibus haurire[1]. Postea autem, cum incolae[2] urbium crescentium plus aquae exigerent rationem meliorem vitae agendae desiderantes, aquaeductus et cuniculos[3] fecerunt, per quos aquas e montibus in urbes deduxerunt. Saepe locorum natura fabris[4] Romanis magnam difficultatem faciendi aquaeductum afferebat.
Itaque in illis exstruendis maximam diligentiam adhibuerunt. Scientiae atque fortunae confisi in aquis deducendis aquaeductus ingenti magnitudine aedificare ausi sunt, qui saepe secundum vias publicas longe pertinebant.

Antiquitus[5] Romani soliti erant cupiditate discendi adducti artem aedificandi a Graecis et Etruscis accipere. Diligenter metiendo et exstruendo aquaeductus fecerunt, quibus aqua non solum in thermas et naumachias[6] et salientes[7], sed etiam in domos privatas distribuebatur. Usus aquarum publicarum omnibus gratuitus[8] erat. Divitibus autem, qui gavisi sunt aquam etiam in domos suas ducere, vectigalia pendenda erant. Ad aquas latrinarum[9] publicarum sordesque[10] urbis deducendas cloacae[11] factae sunt.

Der Pont du Gard, dreigeschossiger römischer Aquädukt in Südfrankreich.

Aquae per cuniculum[3] deductae sunt

Über die Schwierigkeiten beim Tunnelbau einer Wasserleitung in der Provinz Africa erfahren wir aus einer Inschrift des 2. Jahrhunderts n. Chr.

B Non solum in Italia, sed etiam toto orbe terrarum Romani civitatibus aquaeductus faciendos concedere soliti sunt. Saepe exercitus illa opera IN HONOREM DOMUS DIVINAE[12] fecerunt.

Iam diu loca prope Saldas coloniam sita imperio Romano adiuncta erant. Itaque homines, qui ea loca obtinebant, operam dederant, ut aquaeductum exstruendo vitam urbanam Romanorum aequarent. Scimus Nonium Datum, virum artis metiendi peritum, ad cuniculum[3] per montem effodiendum[13] summa procuratoris[14] voluntate in coloniam vocatum esse. Postquam cursum cuniculi[3] mensus est, milites ab utraque parte effodere[13] coeperunt, alii ab superiore parte, qua cuniculus[3] aquam recipere, alii ab inferiore parte, qua aquam emittere solebat.Opere incepto omnes cernunt utramque partem cuniculi[3] cursu decedere. Nonius Datus autem contumeliam errandi non timens reverti audet et iterum mensus aequo animo utramque partem ad libram[15] facit, ut conveniant. Tum milites studio certandi commoti et spei bene eveniendi confisi compertusionem[16] medio in monte perficiunt.

(Nach Inschrift CIL VIII 1, 2728)

1 haurire *schöpfen* – 2 incola, -ae f. und m. *Einwohner(in)* – 3 cuniculus, -i m. *Stollen*
4 faber, fabri m. *Handwerker* – 5 antiquitus (Adv.) *seit alter Zeit*
6 naumachia, -ae f. *See für Seeschlachten* – 7 salientes, -ium (Pluralwort) m. *Springbrunnen*
8 gratuitus, -a, -um *kostenlos* – 9 latrina, -ae f. *Abort, »Latrine«* – 10 sordes, -ium f. *Abfall*
11 cloaca, -ae f. *»Kloake«* – 12 id est: in honorem imperatoris – 13 effodere *graben*
14 procurator, -oris m. *Verwalter der kaiserlichen Einkünfte* – 15 ad libram *in gleicher Höhe*
16 compertusio, -onis f. *Durchstich*

1. Übersetze:
   a) Romani aquaeductus ingenti magnitudine facere solent/soliti sunt.
   b) Divites aquis in domos privatas deductis gaudent/gavisi sunt.
   c) In aquaeductu faciendo Datus scientia aedificandi confidit/confisus est.
   d) Opere perfecto ille in patriam revertitur/revertit.
2. E–nd–e? E–nt–e? Unterscheide und bestimme:
   ad eundum, eundem, euntem, eandem, videndi, videnti, videntem, videndum, videndos, videntes.
3. Auch im Deutschen gibt es Wörter, deren -nd-Ursprung noch deutlich zu erkennen ist. Versuche mit Hilfe eines Lexikons zu erklären: Konfirmand, Minuend, Dividende, Referendum, Amanda, Legende, Memorandum.
4. Nenne aus Text A die Einrichtungen, die im antiken Rom den größten Wasserverbrauch hatten. Wie ist die Situation heute in unseren Städten?

Lectio LIII

Constantinus thermas aedificandas curat

Kaiser Konstantin residierte für kurze Zeit in der Colonia Augusta Treverorum, dem heutigen Trier. Die Stadt sollte nun noch schöner werden. Der folgende Brief zeigt, wie ein Bürger damals den Bau der Kaiserthermen erlebt haben könnte.

M. Iulius Adarus Quinto suo salutem

A Quaerenti tibi, cur cives Augustae Treverorum, quibus iam thermae sunt, novas exstruant, libenter respondebo. Omnes noverunt Constantino imperatore hanc urbem ad Mosellam sitam magnificentiorem fieri. Praeter aedes novas imperatoris thermae quoque aedificandae sunt, ad quas nos cives numquam admittemur. Nuper initium aedificandi factum est. Memini illius diei. Res erat multae operae, sed imperatoris interesat id opus celeriter facere. Magistratuum autem erat multum pecuniae exigere. Semper meminero, quanto studio omnes operam in thermas exstruendas contulerint.

His rebus inceptis difficultates huius modi exstiterunt: Viri aedificandi peritissimi eligendi erant. Militum erat lateres[1] facere, saxa atque copiam materiae navibus ap-

Die Kaiserthermen in Trier; Luftbild des heutigen Bauzustandes.

portare. Omnia genera machinarum tractoriarum[2] ad onera tollenda collocata sunt. In tantis negotiis nemo nostrum vulneratus aut necatus est. Non timore imperatoris adducti, sed eum magni aestimantes clementiae[3] suae causa has thermas perficiemus. Nemo civium eum odit. Nam Constantini non est dicere »Oderint, dum metuant!« Meministine illius Gai Caligulae dicti? Certe id novisti.

1 later, lateris m. *Ziegel* – 2 machina tractoria f. *Hebemaschine, Kran*
3 clementia, -ae f. *Milde*

B Longum est altius repetere singulas partes thermarum, quas bene novisse cultus atque humanitatis est. Haec opera ingentia facienda curare imperatorum est. Multi igitur nostrum imperatores oderunt, sed eorum aedificia imitantes in villis rusticis[4] thermas proprias exstruunt.
Si tu quoque idem facere in animo habes et locum tuis thermis idoneum quaeris, necesse est te meminisse verborum Vitruvii:
»Primum eligendus locus est quam calidissimus[5], id est aversus ab septentrione[6] et aquilone[7]. Ipsa autem caldaria[8] tepidariaque[9] lumen habeant ab occidente hiberno[10], si autem natura loci inpedierit[11], utique[12] a meridie, quod maxime tempus lavandi[13] a meridiano[14] ad vesperum est constitutum. Et item est animadvertendum, ut caldaria[8] muliebria[15] et virilia[16] coniuncta et in isdem regionibus sint conlocata; sic enim efficietur, ut vasaria[17] et hypocausis[18] communis sit eorum utrisque.«
Puto nihil magis observandum esse quam hoc consilium. Ceterum nihil novi est. Memineris mei! Vale!

4 rusticus, -a, -um *ländlich* – 5 calidus, -a, -um *warm* – 6 septentrio, -onis m. *Norden*
7 aquilo, -onis m. *Nordosten* – 8 caldarium, -i n. *Warmbad*
9 tepidarium, -i n. *Raum mit mäßig warmer Luft* – 10 occidens hibernus *Südwesten*
11 inpedierit = impediverit – 12 utique (Adv.) *jedenfalls, besonders* – 13 lavare *baden*
14 a meridiano *von der Mittagszeit* – 15 muliebris, -e *Frauen-* – 16 virilis, -e *Männer-*
17 vasarium, -i n. *Heizkessel* – 18 hypocausis, -is f. *Heizungsanlage*

1. Bestimme: novi (4), novo (4), novero, odio (2), odi, odii, otii, odisse, memineram, memoriam.
2. a) Suche aus Text A alle Genitive und ihre Bezugswörter heraus.
   b) Überlege, in welchen Fällen wir den Genitiv bei der Wiedergabe im Deutschen nicht beibehalten können.
   c) Nenne die Funktionen der Genitive.
   d) Ordne die folgenden Ausdrücke den oben genannten Funktionen zu:
   vir magnae diligentiae – iter paucorum dierum – amor parentum – timor mortis – templum deae – mos maiorum – spes pacis – peritus litterarum.
3. Hier ist einiges durcheinander geraten. Verbinde Zusammengehörendes und übersetze:

A) Illius diei	a) magnae humanitatis est.
B) Consulum erat	b) patris sunt.
C) Hostibus parcere	c) orationem habuisse scio.
D) Haec omnia	d) numquam obliviscar.
E) Maiorem fratrum	e) rem publicam administrare.

4. Gib die Angaben Vitruvs zum Thermenbau in Stichworten wieder. Fertige eine Skizze an.

LIEBESGESCHICHTEN

Lectio LIV

Quo magis tegitur amor, eo magis aestuat[1] ignis

A Pyramus, pulcherrimus iuvenis, et Thisbe, clara puella, cum Babyloniae in finitimis domibus habitarent, amicitiam fecerunt. Paulatim amore capti sunt. Itaque, cum in dies crevisset amor, matrimonium inire cogitaverunt; at patres id vetuerunt. Tamen Pyramus et Thisbe novas vias amandi invenerunt, cum patres se eorum amorem exstinxisse putarent:
Cum omnis conscius[2] aberat, magno desiderio commoti nutu[3] aliisque signis clam inter se locuti sunt. Sed quo magis amor tegitur, eo magis aestuat[1] ignis. Quid non sentit amor? Primi amantes rimam[4] viderunt, quae in communi pariete[5] utriusque domus erat. Multa nocte, cum huc conveniebant, per rimam[4] voces mittebant:

»Si patribus persuaserimus, ut nos in amore habeamus, palam nostrum amorem ostendemus. Nunc autem sola rima[4] uti nobis licet, ut blanditias[6] magnis cum lacrimis loquamur. Nisi paries[5] esset, oscula[7] nobis dare possemus!«
Cum »vale« dicebant, uterque suae parti parietis[5] oscula[7] non pervenientia dabat. Itaque amantes, cum omni conscio[2] absente per rimam[4] locuti essent, tamen parieti[5] invidebant. Mane ad eundem locum conveniebant et multa querebantur; postremo constituerunt proxima nocte domum et parentes relinquere.
Pyramus: »Si custodes fallere contigerit«, inquit, »urbem relinquemus. Notum est monumentum Nini regis, cui proxima est magna arbor et fons. Cum tecta urbis a nobis relicta erunt, sub moro[8] conveniamus. Quam cum inveneris, tandem liberi amore nostro frui poterimus.«

B Cum celerius sub lucem Thisbe ad destinatum[9] locum venisset, conspectu leaenae[10] territa abiecto amictu[11] in silvam fugit. At fera, cum a recenti praeda ad fontem finitimum sitiens[12] de tumulo curreret, relictam vestem cruento[13] ore laceravit[14] et discessit. Pyramus autem, cum ad eundem venisset locum et amictum[11] sanguine adspersum[15] invenisset, Thisbem a fera consumptam putavit; ita gladio se sub arbore interfecit. Deinde Thisbe, cum ad eundem locum revertisset et comperisset se causam mortis adulescentis exstitisse, eodem gladio se interfecit.

(Narrationes fabularum Ovidianarum 4, 4)

1 aestuare *glühen, brennen* – 2 conscius, -i m. *Mitwisser, Zeuge*
3 nutus, -us m. *Nicken, Wink* – 4 rima, -ae f. *Riss* – 5 paries, parietis m. *Wand*
6 blanditias loqui *liebevolle Gespräche führen* – 7 osculum, -i n. *Kuss*
8 morus, -i f. *Maulbeerbaum* – 9 destinare *festsetzen, bestimmen* – 10 leaena, -ae f. *Löwin*
11 amictus, -us m. *Mantel* – 12 sitire, sitio *durstig sein* – 13 cruentus, -a, -um *blutig*
14 lacerare *zerfetzen* – 15 adspergere, adspergo, adspersi, adspersum *bespritzen*

Pyramos und Thisbe. Griechisches Mosaik aus Paphos (Zypern).

1. Pyramus spricht zu Thisbe: »Si patribus persuaserimus, palam oscula nobis dare poterimus. Si custodes fallere contigerit, urbem relinquemus. Si e tectis egressi erimus, sub moro (morus, -i f. Maulbeerbaum) conveniemus. Cum arborem inveneris, nostro amore frui poterimus.«
   a) Übersetze die Worte des Pyramus.
   b) In welchem zeitlichen Verhältnis steht der Adverbialsatz jeweils zum Hauptsatz?
   c) Wie wird dieses Verhältnis im Lateinischen, wie im Deutschen ausgedrückt?
   d) Warum werden in den zwei letzten Sätzen unterschiedliche Subjunktionen verwendet?
2. a) Suche aus Text A, Z. 1–16 alle cum-Sätze heraus. Welches semantische Verhältnis zum übergeordneten Satz liegt jeweils vor?
   b) In welchen Sätzen kannst du *cum* durch die Subjunktionen *quod* oder *quamquam* ersetzen? Welche weitere Änderung im Satz müsste dann aber vorgenommen werden?
3. Nicht alles ist Futur II! Unterscheide die einzelnen Tempora und Genera Verbi: regeres, regeris, rexeris, rexeras, transtulimus, ierimus, erimus, miratus eris, eramus, fuero, fuerim.
4. a) Würden Eltern heute in einer ähnlichen Situation, wie sie der lat. Text beschreibt, auch so entscheiden?
   b) Welche anderen Entscheidungen könntet ihr euch vorstellen?

Lectio LV

Orphei cantus et amor vincunt inferos

Orpheus inmitten von Tieren. Griechisches Mosaik aus Paphos (Zypern).

A Orpheus filius Calliopae musae[1] erat. Cum mater eum artem canendi docuisset, saepe tam dulcia carmina ad lyram[2] canebat, ut omnes homines et animalia ad eum venirent et libenter cantum eius audirent. Dum vates[3] canit, etiam saxa fleverunt[4] atque ferae mites[5] factae sunt. Eurydicen, pulcherrimam puellam, Orpheus carminibus suis ita delectavit, ut illa amore capta vati[3] nuberet. Eurydice, postquam matrimonium iniit, a serpente[6] morsa[7] est. Priusquam Orpheus ei auxilio venire potuit, mortua est. Orpheus tali dolore affectus est, ut diem noctemque carminibus maestis carissimam uxorem defleret[8].

Denique uxorem suam recuperaturus[9] in Tartarum descendit; speravit enim se Plutonem et Proserpinam, regem reginamque inferorum, cantu moturum esse. Nervis ad carmina pulsis sic fere cecinit:
»O dei mundi sub terra positi! Non regnum umbrarum visurus ad inferos descendi: Uxoris causa veni, quam serpens[6] abstulit. Volui me fatum pati posse: Sed vicit Amor. Si vos quoque iunxit amor, deprecor vos, ut mei misereamini[10]! Nos paulum in terra versati serius aut citius[11] ad vestram sedem tendimus. Eurydice quoque sub iure vestro erit, cum iustos annos peregerit[12]. Etsi sperare non audeo vos uxorem meam pro munere reddituros esse, tamen misericordiam implorans[13] deprecor vos, ut mihi cum ea vivere liceat. Sin negatis veniam, nolo vos me remittere.«

B Talibus precibus commoti etiam rex reginaque Tartari negare deprecanti non sustinent et Eurydicen vocant. Sed *Proserpina* eum monuit:
»Priusquam hinc profectus ad portam regni nostri veneris, tibi non licebit oculos ad uxorem flectere. Sin id feceris, tibi persuasum sit Eurydicen statim redituram esse.« Dum ad superos progrediuntur, subito lucem spectaverunt. Tum Orpheus uxorem visurus oculos flexit: Statim illa ad inferos deducta est. Neque precibus neque manibus vates[3] eam tenere potuit. Orpheus dolore confectus, cum cognovisset se Eurydicen iterum amisisse, se in solitudinem recepit.

1 musa, -ae f. *»Muse«* – 2 lyra, -ae f. *Laute* – 3 vates, -is m. *hier: Sänger*
4 flere, fleo, flevi, fletum *weinen* – 5 mitis, -e *zahm, sanft* – 6 serpens, serpentis f./m. *Schlange*
7 mordere, mordeo, momordi, morsum *beißen* – 8 deflere, defleo, deflevi, defletum *beweinen*
9 recuperare *wiedergewinnen* – 10 misereri *sich erbarmen* – 11 serius aut citius *früher oder später*
12 peragere, perago, peregi, peractum *(durch)leben*
13 implorare (beim Akk.) *sich auf etw. berufen*

1. a) Sucht aus Text A, Z. 9–18 alle PFA-Formen heraus und schreibt sie in euer Heft.
   b) Ordnet sie dabei nach den unterschiedlichen Konstruktionen, in denen sie gebraucht werden.
   c) Welches Zeitverhältnis besteht zwischen diesen PFA-Formen und dem übergeordneten Verbum jeweils?
2. Setze in den folgenden Sätzen sinnvoll folgende Subjunktionen ein: *dum; postquam; priusquam; cum.*
   xx Pyramus et Thisbe Babyloniae in finitimis domibus habitant, amor eorum in dies crevit. xx patres id vetuerunt, nullo modo amore frui poterant. xx rima usi sunt, verba loqui non iam licebat. xx noctu »vale« dicebant, uterque parieti oscula dabat.
3. Mit Orpheus und Eurydike sowie Pyramus und Thisbe habt ihr zwei bekannte Liebespaare der Antike kennengelernt. Was ist das Gemeinsame am Schicksal der beiden Paare, wodurch unterscheiden sie sich?
4. Lege eine Tabelle an nach folgendem Muster und trage dann die Verbformen ein:

Gleichzeitigkeit		Vorzeitigkeit		Nachzeitigkeit	
Part.	Inf.	Part.	Inf.	Part.	Inf.

exactus, convenisse, confisum esse, obtenturus, concessum esse, certior factus, impulsus, advenire, pependisse, appeti, appetito, impellenti, statuti, consumpturum esse, reducturis, deditum esse, aperientes, persuasurum esse, hortaturum esse.

Lectio LVI

Etiam crudelis Cyclops amore captus est

Dass auch unattraktive Einzelgänger sich der Liebe nicht entziehen können, zeigt eine weitere Geschichte, die in den Metamorphosen erzählt wird:

A Polyphemus crudelissimus foedissimusque omnium Cyclopum fuisse dicitur. Hos in insula Sicilia non procul ab Aetna monte habitavisse veteres putabant. Cyclopes ingenti magnitudine omnes homines superavisse feruntur. Quod eis unus oculus media in fronte erat, foedissimi esse videbantur. Cottidie Polyphemus sine ullo socio magnos greges pecudum in insula pascebat, noctu pecudes in antrum[1] ingens ducebat. Cum omnibus hominibus invisus[2] esset, nemo eum adire volebat.

Polyphemus aegre non tulit, quod sine ullo socio vitam agebat. Nisi quod Ulixes olim eum lumine oculi spoliaverat, nihil erat, quod Cyclops querebatur: Quoniam omnes viribus superabat, neminem timebat. At priusquam Ulixes eum adiit, Polyphemus magno amore dulcissimae puellae captus paene pecudum oblitus est, quia optabat, ut Galatea, filia Nerei, secum in antro[1] viveret. Nereis autem gravissime tulit, quod Cyclops eam magno desiderio secutus est. Ea enim Acidi, filio Fauni, iuncta erat. Tamen Polyphemus Galateam sine fine petebat: Iam rigidos capillos rastro pectebat[3], iam hirsutam barbam falce recidebat[4]. Videbantur amor caedis et sanguinis sitis cessisse. Hoc modo puellae placere studuit.

B Fertur Polyphemus formam Galateae tanta voce laudavisse, ut ea, cum ad Acidem fugisset, procul verba audiret. Polyphemus etiam traditur se maximum fortissimumque praedicavisse, cum vultum suum in aqua videret. Putavit se Galateae placere eo, quod omnes divitias suas enumeravit[5]. Quin etiam lumen unius oculi formam solis habere ei videbatur. At Nereis istum fugiebat. Saepe Cyclops, cum se ignem Aetnae in suo pectore ferre sentiret, minabatur[6] se Acidem necaturum esse. Bene accidit, quod Polyphemus amantes diu non invenit. Ita Galatea et Acis Polyphemo irascente[7] occulte amore frui poterant. Cyclops autem, cum amantes invenisset, saxum misit in iuvenem et eum cecidit. Galateae autem amorem Polyphemus assecutus non est.

1 antrum, -i n. *Höhle* – 2 invisus, -a, -um *verhasst*
3 rigidos capillos rastro pectere *die rauen Haare mit der Harke kämmen*
4 hirsutam barbam falce recidere *den struppigen Bart mit der Sichel stutzen*
5 enumerare *aufzählen* – 6 minari, minor, minatus sum *drohen*
7 irasci, irascor *zornig sein*

Galatea und der Zyklop.
Mosaik (3. Jh. n. Chr.)

1. Benutze unterschiedliche Ausdrucksweisen, um den NcI im Deutschen zu übersetzen:
   Fertur Polyphemus nonnullos socios Ulixis in antro (antrum, -i n. Höhle) suo necavisse et devoravisse (devorare verschlingen). – Pecudes (pecus, -udis f. Schaf) Ulixem et reliquos socios ex antro Cyclopis tulisse traduntur. – Cyclops mente captus (wie von Sinnen) esse videbatur. – Qui Graecos quaesivisse et secutus esse dicitur.
2. In welcher syntaktischen Form sind die adverbialen Bestimmungen des Grundes im Text A ausgedrückt?
3. Trotz des grausamen Endes scheint diese Liebesgeschichte komisch. Worin besteht die Komik?
4. Unterscheide die folgenden Infinitive; trage sie in eine Tabelle folgender Art ein:

Infinitiv der Gleichzeitigkeit	Infinitiv der Vorzeitigkeit	Infititiv der Nachzeitigkeit

   progredi, flexisse, exstincturus esse, repetivisse, metui, impediturum esse, meminisse, evenire, exigi, adiunctus esse, decessurum esse, pependisse, factum esse, dedidisse, reduci, aperire, queri, perditum esse, eripuisse, abesse, efficere.
5. Unterscheide die verschiedenen Arten von *quod:*
   Bene accidit, quod Ulixes dolo (dolus, -i m. List) socios servavit. Quod pecudes Ulixem sociosque occultaverunt (occultare verstecken), Graeci tuti antrum reliquerunt. Quod factum omnes poetae laudaverunt. Nam antrum, quod Polyphemo erat, nemo effugere posse putabatur.

THEATER, THEATER

Lectio LVII

De spectaculis

A Romani magnam diligentiam in ludis committendis adhibere solebant; nam ludi eis digni videbantur, qui deis consecrarentur. Sunt, qui dicant Romanos ludos circenses[1] ludis scaenicis[2] praetulisse. Sed nos scimus Romanos, qui in omnibus fere civitatibus Italiae provinciarumque theatra aedificarent, etiam ludis scaenicis[2] delectatos esse. Multi Romani, qui in Graeciam veniebant, comoedias tragoediasque clarissimorum poetarum Graecorum summo studio spectabant; saepe filios Athenas mittebant, qui litteris Graecis studerent.

Varia fuit ludorum spectandorum ratio: Primum Romani stantes spectaculo interfuerunt, deinde subsellium[3] sibi quisque attulit, tum theatra lignea[4] aedificata sunt, postremo aedificia magnifica ex lapidibus exstructa sunt. Septingentesimo a. u. c. anno duo theatra Pompeiis erant: theatrum tectum et verbo Graeco Odeum dictum, quod mille et quingentos homines cepit, et theatrum magnum, quod cepit quinque milia hominum. Post theatrum porticus[5] columnis[6] septuaginta quattuor constituta erat, ut populus locum haberet, quo se reciperet imbribus repentinis ludum inter-

pellantibus[7]. Theatrum maximum omnium, quae umquam aedificata sunt, Romae situm erat: Octoginta milia hominum cepisse dicitur. Quod sescentesimo nonagesimo quinto a. u. c. anno M. Scaurus aedilis vix quadraginta annos natus sua pecunia fecerat.

De poetis Graecis et Romanis

Der achtzehnjährige Marcus ist aus Griechenland zurückgekehrt. Kurz danach kommt er mit seinem alten Lehrer Polybius ins Gespräch:

B *Marcus:* »A patre Athenas missus sum, qui litteris Graecis studerem. Saepius in theatro Dionysi spectaculis interfui, quod theatris multarum urbium Graecarum magnitudine atque forma praestare dicitur. Id aedificium magnificum, quod sedecim milia hominum capit, sub arce situm est. Hinc multae regiones illius urbis conspici possunt.« *Polybius:* »Primum vix quindecim annos natus ibi spectavi unam e tragoediis Sophoclis, poetae clarissimi Graecorum. Memini intra tres dies novem tragoedias et tres comoedias commissas esse.«

Marcus: »In theatro Dionysi tria spectacula, unam Sophoclis et duas Euripidis tragoedias, spectavi. Sed comoedias nostrorum poetarum Plauti et Terentii praefero, qui consuetudines moresque hominum illudere[8] audeant. Nam ridere mihi magis placet quam lugere[9].«

Polybius: »Admiror poetas Graecos, qui pulcherrimas comoedias composuerint. Etiam poetis Romanis dignae videbantur, quae in sermonem Latinum verterentur.«

1 circensis, -e *»Zirkus-«* – 2 scaenicus, -a, -um *»szenisch«* – 3 subsellium, -i n. *Bank*
4 ligneus, -a, -um *hölzern* – 5 porticus, -us f. *Säulenhalle* – 6 columna, -ae f. *Säule*
7 interpellare *unterbrechen* – 8 illudere *verspotten* – 9 lugere *trauern, traurig sein*

1. Suche aus Text A, Z. 1–7 alle Relativsätze heraus und bestimme die Sinnrichtungen der konjunktivischen Relativsätze.
2. Übersetze und beachte die Sinnrichtungen der konjunktivischen Relativsätze:
   a) Cicero in Graeciam missus est, qui litteris et philosophiae studeret.
   b) Tribus annis post domum reversus est, qui quaesturam acciperet.
   c) Diu Cicero, qui rei publicae regendae peritus erat, bene de re publica merebatur.
3. Quot sunt duo et tres? Quot sunt quattuor et quinque? Viginti et quinque et tres faciunt?
4. Im Gespräch zwischen Marcus und Polybius werden griechische und römische Dichter erwähnt. Nenne sie. Informiere dich über ihr Leben und Werk.

Mostellaria, comoedia T. Maccii Plauti

Die ersten römischen Schriftsteller übersetzten griechische Orginale ins Lateinische und bearbeiteten sie dabei mehr oder weniger frei. Diese Dichtung der Frühzeit ist uns allerdings meist nur in Fragmenten erhalten.
Eine Ausnahme bilden die 21 Komödien des Titus Maccius Plautus. Seine »Mostellaria« ist eine Gespensterkomödie. Die Bezeichnung »Mostellaria« leitet sich ab von »monstrum« und bedeutet hier: »das Hausgespenst«. Mit Hilfe der folgenden Szene könnt ihr sicherlich das Geheimnis dieses Gespenstes entschlüsseln.

A Theopropide patre absente filius Athenis vitam bonam vivit: Diem noctemque cum amicis vinum bibit[1], cibis bonis fruitur, servas emit. Intra tres annos omnia bona, et aedem et agrum, consumit. Tamen amici eum felicem dicunt. Quodam die autem pater domum redit. Filius salutem desperans: »O, me miserum! Perii!« Cuncti filium adiuvare volunt. Repente autem Tranio, servus acerrimo ingenio, omnes in aedem mittit, qui se occultent. Filius: »Quid agis, Tranio?« Tranio: »Id te celabo! Noli te timidum praebere[2]!« Ianua[3] clausa Tranio adventum patris exspectat. Theopropides apparet et ianuam[3] pultat[4].

Die »Mostellaria« des Plautus: Szenenfoto der Aufführung einer Theater-Arbeitsgemeinschaft

B *Theo.:* »Sed quid hoc? Ianua[3] clausa est. Pultabo[4]. (Circumspectat[5] et servum suum videt). Heus[6] Tranio!« *Tranio:* »Domine, salve! Salvum te advenisse gaudeo.« *Theo.:* »Cur foris[7] ambulas? Cur nemo in aede nostra servat[8], neque qui recludat[9] neque qui respondeat?« *Tranio:* »Num tetigisti hanc aedem?« *Theo.:* »Cur non tangerem?« *Tranio:* »Tetigistine?« *Theo.:* »Tetigi, inquam, et pultavi[4].« *Tranio:* »O male factum!« *Theo.:* »Quid est?« *Tranio:* »Dici non potest quam indignum facinus fecisti et malum.« *Theo.:* »Quid?« *Tranio:* »Fuge, obsecro te, atque abscede[10] ab aede! Fuge huc, fuge ad me propius. Tetigistine ianuam[3]?« *Theo.:* »Quomodo pultare[4] potui, nisi tangerem? – Quid est?« *Tranio:* »Ego rem loquar. Iam diu hanc aedem nemo intravit.« *Theo.:* »Loquere, quid ita?« *Tranio:* »Sed circumspecta[5]: Num quis est, qui sermonem nostrum audiat?« Theo.: »Tutum est.« *Tranio:* »Circumspecta[5] tamen!« *Theo.:* »Nemo est. Loquere nunc iam!« *Tranio:* »Capitale[11] scelus factum est, iam pridem: Hospes necavit hospitem. Iste, a quo hanc aedem emisti.« *Theo.:* »Necavitne?« *Tranio:* »Aurumque ei hospiti ademit eumque hic defodit[12], hac in aede. Filius tuus foris[7] cenaverat[13] et postquam rediit a cena[14] domum, lucernam[15] forte oblitus erat exstinguere. Omnes dormivimus. Subito maxima voce ille clamavit.« *Theo.:* »Qui homo? Filius meus?« *Tranio:* »St! Tace! Ait illum mortuum ad se noctu venisse in somniis et dixisse: ›Ego transmarinus[16] hospes sum Diapontius. Hic habito! Hospes me hic cecidit et insepultum[17] clam defodit[12] in hac aede. Scelestus, auri causa. Nunc tu hinc emigra[18]! Scelesta est haec aedes! Quae monstra[19] hic fiant, non possum dicere.‹«

1 bibere, bibo, bibi *trinken* – 2 timidum se praebere *ängstlich sein* – 3 ianua, -ae f. *Tür*
4 pultare *klopfen* – 5 circumspectare *sich umschauen* – 6 heus! *heda!*
7 foris! (Adv.) *draußen* – 8 servare *hier: aufpassen* – 9 recludere *aufschließen*
10 abscedere *weggehen* – 11 capitalis, -e *Kapital-, Schwer-*
12 defodere, defodio, defodi, defossum *verscharren* – 13 cenare *speisen*
14 cena, -ae f. *Essen* – 15 lucerna, -ae f. *Öllampe* – 16 transmarinus, -a, -um *aus Übersee*
17 insepultus, -a, -um *ohne Begräbnis* – 18 emigrare *weggehen*
19 monstrum, -i n. *Ungeheuer*

1. Akkusative, Akkusative!
   Marlene hat aus einem Text alle Formen herausgeschrieben, von denen sie meinte, dass es Akkusativformen seien. Wo hat sie sich geirrt?
   a) aedificium – aditum – absum – tum – illum – nobiscum – paulum – domum – appellandum.
   b) villam – etiam – obviam – clam – eam – dicam – Romam – utinam – quidam – peream.
   c) rem – civilem – dulcem – idem – mentem – quidem – item – diem – dubitem – firmem.
2. Suche aus Text A alle Akkusativformen heraus und bestimme ihre semantischen Funktionen.

Lectio LIX

Quid interest inter tragoediam et comoediam?

Seit seinem letzten Gespräch mit Polybius ist Marcus zwar deutlich geworden, wie unterschiedlich ihre Auffassungen zum Thema »Theater« sind. Trotzdem möchte er noch einmal mit Polybius darüber reden.

A *Marcus:* »Quid tibi videtur interesse inter comoediam et tragoediam? Equidem censeo in comoedia primam partem esse turbulentam[1], tranquillam[2] ultimam. In tragoedia contrario ordine res aguntur.«

Polybius: »Ita est: In comoedia hominibus pauci ictus[3] fortunae excipiendi sunt, res semper feliciter eveniunt. In tragoedia omnia contraria sunt: graves personae, magni timores, exitus funesti[4]; homines exemplo aliis esse debent.«

Marcus: »In tragoedia – ut mihi videtur – deis licet aliis hominibus consulere, alios neglegere, aliis favere, aliis parcere, in alios crudeliter et graviter consulere.«

Polybius: »Saepe autem deus deave hominem servant, cui nulla spes salutis sit; tum deus deave ex machina subito in scaenam descendunt, qui hominem summo e periculo excipiant.« *Marcus:* »Ego comoediam, quae est de vita moribusque hominum, praefero tragoediae, quae est de ira superbiaque deorum.«

Polybius: »Ego tragoediam comoediae praefero, quod in tragoedia fugienda vitia, in comoedia capessenda[5] esse docemur; deinde, quod omnis comoedia ficta argumenta, tragoedia autem saepe res veras tractat.«

In der Tragödie »Hippolytus« hat der griechische Dichter Euripides das Leben des jungen Hippolytus dargestellt. Die Athener Zuschauer kannten den Ausgang dieser Geschichte natürlich. Aber voller Spannung verfolgten sie, wie Euripides die Einzelheiten gestaltete, was er besonders hervorhob und wie er die Beziehung zwischen Hippolytus und den Göttern darstellte.

B Nihil nisi venatio[6] Hippolyto, filio pulcherrimo Thesei, regis Atheniensium, curae est. Veneri deae autem Hippolytus male facere videtur, quod cottidie venandi[7] causa Dianae deae, sorori eius, immolat, statuam Veneris autem neglegit. Ira incensa in eum crudeliter et acriter consulere cupit: Dea ex machina in scaenam missa perficit, ut Phaedra, uxor regis Atheniensium, Hippolytum privignum[8] suum singulari amore amet. Tum Venus gaudens scaenam relinquit.

Cum Phaedra Hippolytum ad suam voluntatem perducere non possit, ad maritum[9] hanc epistulam scribit scelus Hippolyti fingens:

Phaedra marito[9] suo salutem.

Ego, uxor tua, ab Hippolyto, filio tuo, compressa[10] sum. Itaque me ipsa suspendio[11] necabo, nisi dei mihi aderunt. Vale!

Theseus igitur filium moenibus excedere iubet exitumque eius a Neptuno patre optat. Paulo post regi nuntiatur: Cum Hippolytus equis coniunctis veheretur[12], ad litus

Rekonstruktionszeichnung zum Auftritt Dianas als dea ex machina bei der Aufführung des »Hippolytus«.

maxima unda apparuit. Paene equi territi eum distraxerunt[13]. Statim Hippolytus moriens Athenas portatur. Repente Diana dea ex machina in scaenam descendit, quae patri vera dicat.

1 turbulentus, -a, -um *stürmisch* – 2 tranquillus, -a, -um *ruhig* – 3 ictus, -us m. *Schlag*
4 funestus, -a, -um *unheilvoll* – 5 capessere *übernehmen, sich zu Eigen machen*
6 venatio, -onis f. *Jagd* – 7 venari *auf die Jagd gehen* – 8 privignus, -i m. *Stiefsohn*
9 maritus, -i m. *Ehemann*
10 comprimere, comprimo, compressi, compressum *hier: vergewaltigen*
11 suspendium, -i n. *Erhängen* – 12 vehi *fahren*
13 distrahere, distraho, distraxi, distractum *zerreißen*

1. Suche aus Text A alle Dativformen heraus. Bestimme ihre Sinnrichtungen.
2. Ein römischer Gutsbesitzer erzählt …
   »Villa agerque … erant. Multi servi … aderant, semper … consului, nam … magno usui sunt. Quodam die servus epistulam paucis verbis … dedit. ›… ne placet statim epistulam legere?‹ Epistulam spectavi. Quod gaudium! Amica … scripserat.«
   a) Vervollständige die Sätze mit folgenden Formen: mihi – mihi – mihi – mihi – mihi – tibi.
   b) Bestimme die Sinnrichtungen der Dative.
3. Ordne die Dativformen nach Deklinationen in eine Tabelle ein und nenne jeweils den Nom. Sg.

a-/o-Dekl.	3. Dekl.	u-Dekl.	e-Dekl.

   adventui – campo – carminibus – tempori – luci – periculis – simili – tangenti – vehementi – diligentiae – tenenti – gaudio – miserae – mentibus – spei.
4. Fasse die Argumente für und gegen die Komödie oder Tragödie aus Text A zusammen. Welches Argument ist deiner Meinung nach das beste? Warum?

Das antike griechische Theater in Epidauros (Peloponnes).

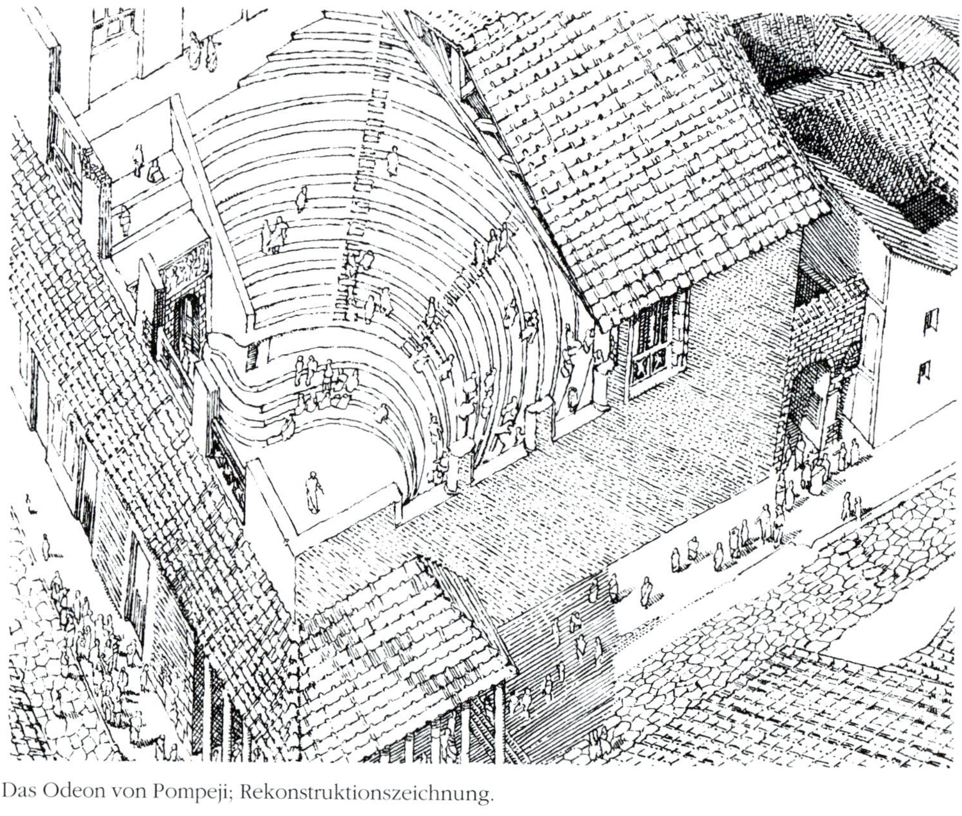

Das Odeon von Pompeji; Rekonstruktionszeichnung.

Schauspieler mit einer Maske für das Tragödienspiel.

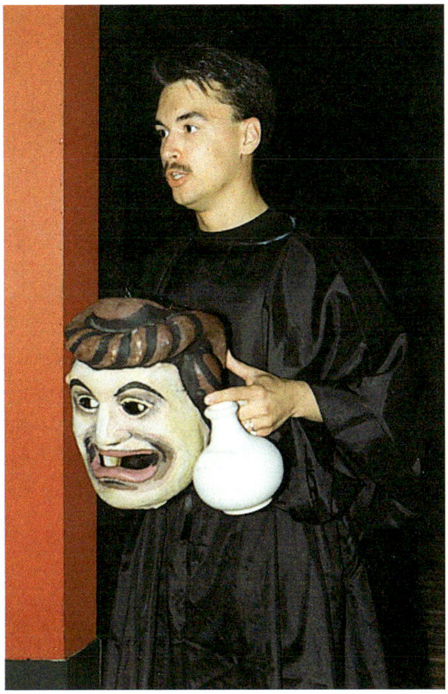

Schüler einer Theater-Arbeitsgemeinschaft mit Maske.

Komödienszene. Römisches Mosaik

Zusätzliche Übungen

zu L 52

1. Welche dieser Satzverbindungen sind sinnvoll?

Romani	aquaeductibus faciendis	
	aquaeductibus factis	
	aquaeductus facientes	
	dum aquaeductus faciunt	
	cum aquaeductus fecissent	
	qui aquaeductus fecerant	aquas in urbes deduxerunt.

2. Übersetze:
spes vincendi – consilium redeundi – cupiditas rei publicae administrandae – nihil agendo – tempus librum legendi – difficultas belli gerendi – in scribendo.

zu L 58

1. Setze die Relativpronomina *qui – cuius – cui – quem – cum quo* ein und übersetze:

	exspectamus,	
	librum lego,	
Amico,	legere magno gaudio est,	nomen est Antonius.
	saepe in bibliothecam venit,	
	bibliothecam intravisti,	

2. Stell dir vor, du sollst die lateinische Szene von Tranio und Theopropides mit Schauspielern einüben. Im Text des Plautus findest du keinerlei Hilfen oder Regieanweisungen; also musst du dir genau überlegen, wie – mit welcher Mimik und Gestik – der Text gespielt werden soll. Entwirf dazu eine Tabelle nach folgendem Muster:

Zeile	*Person*	*Anweisung*
1	Theopropides	macht ein verwundertes, überraschtes Gesicht
2	Tranio	grüßt übertrieben freundlich

Zu L 59

Je eine Form pro Kästchen passt nicht zu den anderen. Welche?

facerent	veniat	geret
faciatis	veniet	geris
facient	venissent	gerens
faceretis	veniret	geremus
faciant	venerim	gerunt

Texterschließung und Textvergleich

Zu L 56, A-Text

Die Einleitung beschreibt die Hauptperson als »unattraktiven Einzelgänger«.

a) Informiert euch über die neuen Vokabeln und lest Text A, Z. 1–7.
b) Wer steht im Mittelpunkt der Geschichte?
c) Sammelt aus Text A (Z. 1–7) alle Stellen, die die Beschreibung des »unattraktiven Einzelgängers« aufnehmen oder verdeutlichen.
d) Wie könnt ihr bisher die Hauptperson charakterisieren?
e) Informiert euch nun über die neuen Vokabeln und lest Text A, Z. 8 – Text B (Ende).
f) Die Überschrift enthält folgende Information: »Cyclops amore captus est«.
   - In wen verliebt sich der Zyklop?
   - Sammelt alle Textstellen (A, Z. 8 – B, Z. 10), die Hinweise geben auf seine Liebe.
   - Wie reagiert das Mädchen, in das sich der Zyklop verliebt hat?
g) Fasst eure Ergebnisse zusammen, indem ihr die Liebesgeschichte Polyphems erzählt.

Welche Eigenschaften ein Komödiendichter besitzen soll, erläutert der Schriftsteller Plinius (61–ca. 113 n. Chr.) in einem Brief an seinen Freund Caninius:

… Sum ex iis, qui mirer antiquos, non tamen ... temporum nostrorum ingenia despicio[1]. Atque adeo nuper[2] audii[3] Vergilium Romanum paucis legentem comoediam ad exemplar[4] veteris comoediae scriptam tam bene, ut esse quandoque[5] possit exemplar[4].

Nescio, an noris[6] hominem, quamquam nosse[7] debes; est enim probitate[8] morum, ingenii elegantia[9], operum varietate[10] monstrabilis[11]. Scripsit … comoedias Menandrum aliosque aetatis eiusdem aemulatus[12]; licet has inter Plautinas Terentianasque[13] numeres[14]. Nunc primum se in vetere comoedia, sed non tamquam[15] inciperet, ostendit. Non illi vis, non granditas[16], non subtilitas[17], non amaritudo[18], non dulcedo[19], non lepos[20] defuit; ornavit[21] virtutes, insectatus[22] est vitia, fictis[23] nominibus decenter[24], veris usus est apte[25]. … extorquebo[26] ei librum legendumque, immo[27] ediscendum[28] mittam tibi; neque enim dubito futurum, ut non deponas[29], si semel[30] sumpseris …

1 despicere, despicio, despexi, despectum *verachten* – 2 nuper (Adv.) *kürzlich*
3 audii = audivi – 4 exemplar, -aris n. *Vorbild* – 5 quandoque (Adv.) *über kurz oder lang*
6 noris = noveris *ob du eventuell kennst* – 7 nosse = novisse – 8 probitas, -atis f. *Redlichkeit*
9 elegantia, -ae f. *Geschmack* – 10 varietas, -atis f. *Vielseitigkeit*
11 monstrabilis, -e *bemerkenswert*
12 aemulari, aemulor, aemulatus sum (beim Akk.) *mit jmdm. wetteifern*
13 Plautinas Terentianasque *(Komödien) von Plautus und Terenz* – 14 numerare *zählen*
15 tamquam (Adv.) *wie wenn* – 16 granditas, -atis f. *Größe* – 17 subtilitas, -atis f. *Einfachheit*
18 amaritudo, -inis f. *Bitterkeit* – 19 dulcedo,- inis f. *Charme* – 20 lepos, -oris m. *Humor*
21 ornare *hier :verherrlichen* – 22 insectari, insector, insectatus sum *anprangern*
23 fingere, fingo, finxi, fictum *erfinden* – 24 decens, -entis *»dezent«*
25 aptus, -a, -um *angemessen* – 26 extorquere *entwinden* – 27 immo (Adv.) *ja vielmehr*
28 ediscere *genau studieren* – 29 deponere *beiseite legen* – 30 semel (Adv.) *einmal*

Lectio LX

Et Romani et Franci in Britanniam perveniunt

Britannien ist auf unterschiedlichen Ebenen der Wirklichkeit das Ziel von »Einwanderern« gewesen:
In der Welt der antiken Götter haben Neptun und die Meeresgöttin Amphitrite auf die Empfehlung einer britischen Meerjungfrau hin die Insel ihrem Sohn Albion geschenkt. Auf der Ebene des Mythos eroberten nach der Darstellung der mittelalterlichen Schriftsteller Nennius und Geoffrey of Monmouth (9. bzw. 12Jh.) der Trojanerabkömmling Brutus und seine Begleiter Britannien und besiedelten es.
Historisch nachweisbar und gesichert ist die Eroberung Britanniens durch die Normannen unter Wilhelm dem Eroberer im Jahr 1066.
In den folgenden Texten wird einerseits die mythische Fahrt des Brutus von Italien nach Britannien erzählt, andererseits von der sehr realen Landung im Jahr 1066 berichtet.

Von Latium nach Britannien: der Brutus-Mythos

Aeneas post bellum Troianum cum Ascanio filio fugiens navibus in Italiam pervenit[1]. Post mortem Latini regis, a quo honorifice[2] receptus erat cuiusque filiam, Laviniam, in matrimonium duxerat[3], Aeneas regnum Latii obtinuit[4]. Postea Ascanio regia[5] potestas mandata est. Hic genuit[6] filium, cuius nomen erat Silvius. Qui aliquando furtive[7] Veneri indulgens[8] neptem[9] Laviniae amabat eamque fecit pregnantem[10]. Ascanio de hac re interrogante magus[11] quidam nuntiavit puellam gravidam[12] esse puero, qui patrem et matrem interficeret. Addidit magus[11] puerum pluribus terris peragratis[13] ad summos honores esse venturum. Et profecto mater edidit[14] puerum et in nativitate[15] eius mortua est. Traditur puer obstetrici[16] et vocatur Brutus. Quindecim annis post puer, cum ipse luderet[17], inopino ictu[18] sagittae[19] occidit patrem, non de industria[20], sed casu[21]. Qua de causa expulsus est ex Italia.
Brutus, postquam in Graeciam advenit, ibi invenit multos Troianos vitam in servitute agentes. Ab iis rogatus, ut ipsos liberaret[22], Pandrasum, regem Graecorum, vicit.

Tamen Graeciam reliquit, quia noluit ibi diuturnis[23] inimicitiis[24] cum Graecis uti. Ergo Brutus, cum Innogen, Pandrasi filiam, in matrimonium duxisset[3], secundis ventis[25] ex Graecia cum sociis suis abiit. Paucis diebus intermissis[26] Brutus pervenit[1] in insulam[27] Loegetiam nominatam, quae a nemine incolebatur[28]. Venerunt Troiani ad oppidum desertum, in quo templum Dianae deae invenerunt. Socii Brutum rogaverunt, ut templum adiret et ex dea quaereret, quae terra eis sedem praeberet. Tum Brutus deam interrogavit: »Dic mihi, dea: Quas terras incolemus[28]?«
Tum dea respondit sacrificiis[29] Bruti delectata:

»Brute, sub occasu[30] solis trans Gallica regna
insula[27] in Oceano est undique clausa mari.
Hanc pete: Namque tibi sedes erit illa perennis[31];
hic fiet natis altera Troia tuis.
Hic de prole[32] tua reges nascentur, et ipsis
totius terrae subditus[33] orbis erit.«

(...) Tum Troiani naves conscenderunt[34] et ventis secundis[25] in insulam[27] a Diana promissam advenerunt. Erat tum nomen insulae[27] Albion, quae a nemine nisi paucis hominibus gigantibus[35] incolebatur[28]. Haec insula[27] amoeno[36] tamen situ[37] locorum et copia piscosorum[38] fluminum nemoribusque[39] praeelecta[40] desiderium habitandi Bruto sociisque inferebat[41]. Statim incipiunt agros colere, domos aedificare, ita ut brevi tempore terra ab aevo[42] inhabitata[43] esse videretur. Denique Brutus de nomine suo insulam[27] Britoniam appellat sociosque Britones. Volebat enim ex derivatione[44] nominis memoriam habere perpetuam[45]. Gigante[35] Goimagoge a Corineo, Bruti socio, superato Brutus civitatem aedificare studuit. Perveniens[1] ergo ad Tamesim flumen locum ad propositum[46] suum idoneum invenit. Condidit[47] itaque civitatem ibidem[48] eamque Troiam Novam nominavit, quae postea per corruptionem vocabuli[49] Trinovantum, multis saeculis post Londinium vocata est.

1 pervenire *(an einen Ort) kommen* – 2 honorificus, -a, -um *ehrenvoll; in Ehren*
3 in matrimonium ducere *heiraten* – 4 obtinere, obtineo, obtinui, obtentum *erhalten, bekommen*
5 regius, -a, -um *königlich* – 6 gignere, gigno, genui, genitum *zeugen*
7 furtivus, -a, -um *heimlich* – 8 indulgere (beim Dat.) *jmdm. nachgeben* – 9 neptis, -is f. *Enkelin*
10 pregnans, -antis *schwanger* – 11 magus, -i m. *Wahrsager* – 12 gravidus, -a, -um *schwanger*
13 peragrare *durchwandern* – 14 edere, edo, edidi, editum *zur Welt bringen*
15 nativitas, -atis f. *Geburt* – 16 obstetrix, -icis f. *Hebamme* – 17 ludere *spielen*
18 inopinus ictus *ein versehentlicher Schuss* – 19 sagitta, -ae f. *Pfeil* – 20 de industria *absichtlich*
21 casus, -us m. *Zufall* – 22 liberare *befreien* – 23 diuturnus, -a, -um *lang dauernd*
24 inimicitiae, -arum f. (Pluralwort) *Feindschaft* – 25 secundis ventis *mit günstigem Wind*
26 paucis diebus intermissis *nach wenigen Tagen* – 27 insula, -ae f. *»Insel«* – 28 incolere *bewohnen*
29 sacrificium, -i n. *Opfer* – 30 occasus, -us m. *Untergang* – 31 perennis, -e *beständig, dauerhaft*
32 proles, -is f. *Nachkommenschaft* – 33 subditus, -a, -um *unterstellt* – 34 conscendere, conscendo, conscendi *besteigen* – 35 gigas, gigantis m. *»Gigant«* – 36 amoenus, -a, -um *schön*
37 situs, -us m. *Lage* – 38 piscosus, -a, -um *fischreich* – 39 nemus, -oris n. *Wald*
40 praeelectus, -a, um *ausgezeichnet* – 41 inferre, infero, intuli, illatum *entstehen lassen*
42 aevum, -i n. *Ewigkeit* – 43 inhabitatus, -a, -um *bewohnt* – 44 derivatio, -onis f. *Ableitung*
45 perpetuus, -a, -um *ewig, dauerhaft* – 46 propositum, -i n. *Vorhaben, Plan*
47 condere, condo, condidi, conditum *gründen* – 48 ibidem (Adv.) *an der gleichen Stelle*
49 corruptio vocabuli *falsche Wiedergabe eines Wortes*

Die Landung der Normannen: der Teppich von Bayeux

Der Teppich von Bayeux ist als Kunstwerk fast genauso bedeutend wie das auf ihm dargestellte Geschehen. Er ist allerdings gar kein Teppich, sondern ein mit Wollfäden bestickter Leinenstreifen, der heute in einem speziell für ihn eingerichteten Museum der Stadt Bayeux in der Normandie hängt, früher aber in der dortigen Kathedrale ausgestellt war.
Die Stickerei ist ca. 50 cm hoch und fast unglaubliche 70,34 m lang; sie entstand im letzten Drittel des 11. Jahrhunderts. Die Darstellungen illustrieren die Eroberung des angelsächsischen England durch die Normannen im Jahre 1066.
Nach neuesten Forschungen ist der Bayeux Tapestry keine angelsächsische, sondern eine normannische Produktion gewesen. Dafür sprechen die bis ins kleinste Detail reichenden Kenntnisse des Künstlers oder der Künstlerin über speziell normannische Eigenheiten von Waffentechnik und Kriegsführung sowie die konsequente Parteinahme für die Normannen: Der englische König Harold wird als unrechtmäßiger Herrscher, Wilhelm, Herzog der Normandie, dagegen als rechtmäßiger Anwärter auf die englische Krone angesehen. Diese Auffassung entspricht auch vollkommen normannischen, aber nicht angelsächsischen Geschichtsquellen.
Die folgenden Ausschnitte sollen dir einen Eindruck von diesem gewaltigen Kunstwerk vermitteln.
Kannst du dir vorstellen, warum die Szenen dieser »Serie« zu 1066 ausgerechnet auf Latein geschrieben sind?

»Hic Willelm dedit Haroldo arma«. Diese Szene des Teppichs von Bayeux stellt eine symbolische Handlung dar, die Harold zum Vasallen Wilhelms macht.

Eine der Szenen, die die Landung der Normannen darstellen.

Hic[1] Willelm venit Bagias.
Ubi Harold sacramentum[2] fecit Willelmo duci.
Hic Harold dux reversus est ad Anglicam terram
et venit ad Edwardum regem.
Hic portatur corpus Edwardi regis ad ecclesiam[3] sancti Petri Apostoli.
Hic Edwardus rex in lecto[4] alloquitur[5] fideles[6]
et hic defunctus[7] est.
Hic dederunt Haroldo coronam[8] regis.
Hic residet[9] Harold rex Anglorum.
Hic Willelm dux iussit naves edificare[10].
Hic Willelm dux in magno navigio[11] mare transivit[12] et venit ad Pevensae.
Hic exeunt[13] caballi[14] de navibus
et hic milites festinaverunt Hestinga ut cibum raperent[15].
Hic nuntiatum est Willelmo de Haroldo.
Hic milites exierunt[13] de Hestinga et venerunt ad prelium[16] contra
Haroldum regem.
Hic ceciderunt simul Angli et Franci in prelio[16].
Hic Franci pugnant et ceciderunt qui erant cum Haroldo.
Hic Harold rex interfectus est
et fuga verterunt[17] Angli.

1 Diese kleinen Texte sind Bildunterschriften und verweisen auf einzelne Szenen des Teppichs.
2 sacramentum, -i n. *Treueeid, Lebenseid* – 3 ecclesia, -ae f. *Kirche* – 4 lectus, -i m. *Bett*
5 alloqui *anreden* – 6 fidelis, -is m. *hier: Vasall* – 7 defunctus, -a, -um *tot*
8 corona, -ae f. *»Krone«* – 9 residere *»residieren«* – 10 = aedificare
11 navigium, -i n. *Schiff* – 12 = transiit – 13 exire, exeo, exii *aussteigen, an Land gehen*
14 caballus, -i m. *Pferd* – 15 rapere *rauben* – 16 = proelium
17 vertere, verto, verti *umkehren*

Römische Technik

Rekonstruktion eines römischen Krans in Xanten.

Darstellung einer gallisch-römischen Mähmaschine.

Das Pantheon in Rom; das Rundgewölbe hat einen äußeren Durchmesser von ca. 56 m. Eingeweiht 27 v. Chr., wiederhergestellt unter Hadrian.

Querschnitt durch das Pantheon

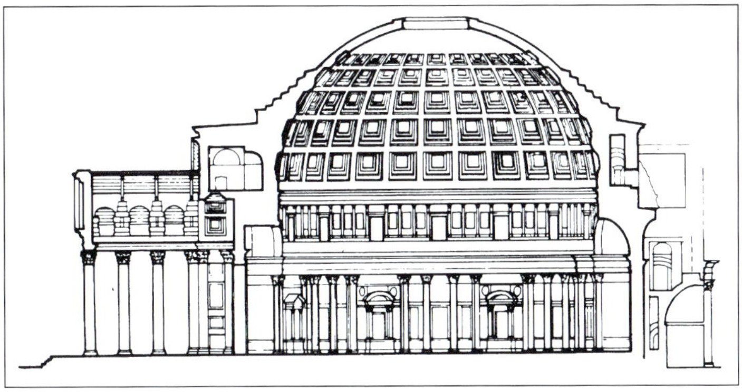

Verba Latina ubique sunt

Lateinisches in der Presse

Non video
Der Video-Boom in der Bundesrepublik ist vorbei. Die führenden Anbieter von Videofilmen klagen über zehn Prozent Umsatzrückgang.

Klinsmann ante portas

»Video, ergo sum«

Das letzte vatikanische Konzil zum Beispiel hat ein Dekret mit dem Titel Perfectae caritatis erlassen, in dem schon ein paar markante Sätze stehen.

Ganz Unschuldige sind selten, und auch die Bank muss sich trotz allem in dubio pro reo fragen, ob nicht einem einzigen Mann allzuviel Vertrauen geschenkt worden ist.

Tu Felix Austria – vierfacher Triumph der Österreicherinnen im Weltcup-Slalom von Vemdalen.

So teuer wechselte noch nie ein Bundesligaspieler (ins Ausland – wohin denn sonst?), der Abverkauf aus deutschen Kadern floriert, in Gang gehalten durch den auri sacra fames (verfluchter Hunger nach Gold/Vergil).

Gleichberechtigung sei in der Bundesrepublik de jure erreicht, lässt de facto aber einiges zu wünschen übrig.

»Quo vadis 2. Liga?«

An dieser »Lex Kitz« wird deutlich, wie sehr sich der Rennsport wieder nach handfesten Resultaten sehnt.

Lateinisches in verschiedenen Schulfächern

Stundenplan	
Geschichte/ Politik	Republik, Nation, Föderation, Union, Legislative, Mandat, Partei
Englisch	What a lot of examples you know!
Biologie	Population, Mutation, Präparat
Erdkunde	Reservat, Kolonisierung, maritimes Klima, Meridian, Äquator
Deutsch	formulieren, Lektüre, Literatur, Passiv, Definition, Information, Nomen, Modus
Musik	forte, Terz, Oktave, Komposition, Intervall
Französisch	Le monde est divisé en deux parties: le monde des riches et le monde des pauvres.
Italienisch	Viterbo, di origine etrusca, è posta tra i monti.
Spanisch	»La casa está por vender. Nos lo ha escrito.«

Zeittafel

Überblick über die römische Geschichte		Zuordnung der Lektionen
Königszeit		
753 v. Chr.	Sagenhafte Gründung Roms durch Romulus und Remus	
Römische Republik		
um 500 v. Chr.	Vertreibung des Königs, Gründung der Republik.	
von etwa 500 bis 287 v. Chr.	Ständekämpfe: Auseinandersetzung zwischen Patriziern und Plebejern	L 31, 33 L 28 (B-Text)
von etwa 400 bis 133 v. Chr.	Rom erringt die Vorherrschaft im gesamten Mittelmeerraum (s. Karte auf Vorsatz)	L 47
von 133 bis 31 v. Chr.	Innenpolitische Auseinandersetzungen und Bürgerkriege	
58–51 v. Chr.	Eroberung Galliens durch Caesar	L 51
49–45 v. Chr.	Bürgerkrieg zw. Anhängern von Caesar und Pompejus	L 34
46–44 v. Chr.	Herrschaft Caesars	L 35
44 v. Chr.	Ermordung Caesars an den Iden des März	
ab 44 v. Chr.	Bürgerkrieg zwischen Caesaranhängern unter Octavian und Caesargegnern	
31 v. Chr.	Entscheidungsschlacht bei Actium: Octavian sichert sich die Alleinherrschaft	L 35
Römische Kaiserzeit		
27 v.–14 n.Chr.	Prinzipat des Augustus (Octavian), Erweiterung des römischen Reiches (s. Karte auf Vorsatz)	L 37–39
9 n. Chr.	Germanischer Aufstand gegen die Römer: Niederlage des Varus gegen Arminius	L 17/18
1. Jh. n. Chr.	Grenzsicherung in Germanien durch den Limes;	L 28 (A-Text)
	Wirken und Tod von Jesus Christus, erste christliche Gemeinden im römischen Reich	L 1–6, 8, 9 (B-Text), 11–13
79 n. Chr.	Ausbruch des Vesuv	
2. Jh. n. Chr.		
98–117 n. Chr.	Trajan: größte Ausdehnung des römischen Reichs (s.Karte)	L 52 (B-Text)
117–138 n.Chr.	Hadrian: Sicherung des Reiches, Bau des Hadrianswalls	L 21–23, 41–43
3. Jh. n. Chr.	Gefährdung des römischen Reichs	L 48
233/34 n. Chr.	Aufgabe des rätischen Limes nach Einfall der Alamannen	L 19
um 250 n. Chr.	Erste allgemeine Christenverfolgung	
um 260 n. Chr.	Die Römer geben den obergermanischen Limes auf	
4. Jh.		
311 n. Chr.	Duldung der christl. Religion durch Kaiser Galerius	L 29, 36, 53
375 n. Chr.	Beginn der Völkerwanderung der germ. Stämme	
395 n. Chr.	Aufteilung des römischen Reichs in Ost- und Westrom	
476 n. Chr.	Ende des weströmischen Reichs	
1066 n. Chr.	Landung der Normannen in Britannien	L 60
1207–1231 n. Chr.	Elisabeth von Thüringen	L 49

Liebe Schülerinnen und Schüler,

auf den Seiten 190–233 findet ihr zu jeder Lektion die neuen lateinischen Wörter. Sie sind in der Reihenfolge aufgeführt, in der sie in den Lektionstexten vorkommen. Die Leerzeilen und Trennstriche zwischen den Vokabeln markieren die Grenze zwischen dem ersten und zweiten Abschnitt von Text A sowie zwischen Text A und B. Redewendungen sind am Schluß eines Vokabulars zusammengefasst. Ein alphabetisches Vokabelverzeichnis findet ihr auf den Seiten 247–271, eine alphabetische Übersicht über Sacherklärungen und Eigennamen steht auf den Seiten 235–246.

Manchmal könnt ihr die Bedeutung neuer Wörter leicht aus den bekannten Vokabeln ableiten. Der Pfeil → weist auf die schon bekannten Wörter hin:
z.B. in L 11
expūgnāre
(→ ex L 9, pūgnāre L 7)
Bei manchen lateinischen Wörtern habt ihr es besonders leicht, euch die deutsche Bedeutung zu merken, weil ihr ein verwandtes, ähnlich aussehendes deutsches oder englisches Wort schon kennt. Das ähnlich aussehende deutsche oder englische Wort ist *kursiv* hervorgehoben.

Woher kommt diese Ähnlichkeit der Wörter? Sie beruht einerseits auf der Verwandtschaft zwischen Latein und den germanischen Sprachen, andererseits auf der Übernahme bestimmter lateinischer Wörter in das Deutsche und Englische.
Urverwandte, aus der Ursprache Indoeuropäisch ererbte Wörter bezeichnet man als Erbwörter, aus anderen Sprachen übernommene Wörter als Lehn- oder Fremdwörter. Lateinische Wörter, die schon früh ins Germanische und Deutsche übernommen und den hier üblichen Lauten angeglichen wurden (z.B. »Wein« aus lat. vīnum), bezeichnen wir als *Lehnwörter*. Übernommene Wörter, die weniger an unsere Sprache angeglichen sind und für uns deshalb fremd aussehen (z.B. Studium), bezeichnen wir als *Fremdwörter*.

In den nächsten Jahren werdet ihr, wenn ihr neue englische oder französische, spanische bzw. italienische Wörter lernt, feststellen, dass euch manche besonders leicht fallen, weil ihr schon das lateinische Wort kennt, von dem sie abstammen.

Die im Vokabelverzeichnis verwendeten Abkürzungen bedeuten:
Abl. Ablativ; *Adv.* Adverb; *Akk.* Akkusativ; *Dat.* Dativ; *dt.* deutsch; *engl.* englisch; *f.* Femininum; *Gen.* Genitiv; *m.* Maskulinum; *n.* Neutrum.

Vokabelverzeichnis

1 LECTIO PRIMA

hīc *(Adv.)*	hier
stat	(er/sie/es) »steht« *(engl.: »(to) stand« stehen, sich (hin)stellen; »(to) stay« bleiben, übernachten; »station« Bahnhof)*
sedet	(er/sie/es) sitzt *(eng.: »(to) sit« sitzen, sich (hin)setzen*
labōrat	(er/sie/es) strengt sich an, arbeitet; leidet *(dt.: »Labor« naturwissenschaftliche Arbeitsstätte)*
5 **etiam**	auch; sogar
domina *f.*	Hausherrin
est	(er/sie/es) »ist« *(eng.: »is«)*
dominus *m.*	Hausherr
fīlius *m.*	Sohn
et	und; auch
10 **fīlia** *f.*	Tochter
nōn	nicht
sed	aber; sondern
serva *f.*	Sklavin
quis?	wer?
servus *m.*	Sklave
15 **Graecus**	Grieche
Graecus, -a, -um	griechisch
———	
docet	(er/sie) unterrichtet
libenter *(Adv.)*	gern
nam	denn
bonus, -a, -um	gut
20 **laetus, -a, -um**	fröhlich
tamen	dennoch, trotzdem
negōtium *n.*	Tätigkeit, Aufgabe
semper *(Adv.)*	immer
iūcundus, -a, -um	angenehm
25 **nōnnumquam** *(Adv.)*	manchmal
molestus, -a, -um	unangenehm, lästig, beschwerlich
———	
saepe *(Adv.)*	oft
rīdet	(er/sie/es) lacht
maestus, -a, -um	traurig
cūr?	warum?
fortasse *(Adv.)*	vielleicht
30 **ita** *(Adv.)*	so
patria *f.*	Heimat
procul *(Adv.)*	in der Ferne, fern
itaque *(Adv.)*	deshalb
pāret	(er/sie/es) gehorcht *(dt.: »parieren«)*
tum *(Adv.)*	da, dann, darauf, damals
35 **gaudet**	(er/sie/es) freut sich

2 LECTIO SECUNDA

spectat	(er/sie/es) schaut (an), sieht an
iam *(Adv.)*	schon
et ... et	sowohl ... als auch
amīcus *m.*	Freund
amīcus, -a, -um	befreundet; freundlich
5 **amīca** *f.*	Freundin
aliī, -ae, -a	andere
-que	und

nunc *(Adv.)*	jetzt *(engl.: »now«)*
familia *f.*	»Familie«, Hausgemeinschaft *(engl.: »family«)*
serva *f.*	Sklavin
vīnum *n.*	»Wein«
convīvium *n.*	Festessen
—	
novus, -a, -um	»neu« *(engl.: »new«)*
magister *m.*	Lehrer *(dt.: »Meister«)*
magistra *f.*	Lehrerin *(dt.: »Meisterin«)*
cārus, -a, -um	lieb
nōn iam	nicht mehr
līberta *f.*	Freigelassene
lībertus *m.*	Freigelassener
grātus, -a, -um	willkommen, nett; dankbar
vir *m.*	Mann
ēgregius, -a, -um	außergewöhnlich
puer *m.*	Junge
autem *(nachgestellt)*	aber
quid?	was?
līber, lībera, līberum	frei *(dt.: »liberal«)*
molestus, -a, -um	unangenehm, lästig, beschwerlich
respondet	(er/sie/es) antwortet
—	
tacet	(er/sie/es) schweigt
subitō *(Adv.)*	plötzlich
figūra *f.*	»Figur« *(engl.: »figure«)*
artificium *n.*	Kunstwerk
pulcher, pulchra, pulchrum	schön
dēlectat	(er/sie/es) bereitet Freude, macht Spaß
cūnctī, -ae, -a	alle
clāmat	(er/sie/es) ruft laut, schreit

3 LECTIO TERTIA

ambulat	(er/sie/es) geht spazieren
multus, -a, -um	viel *(dt.: »multiplizieren«)*
via *f.*	Weg, Straße
nōnnūllī, -ae, -a	einige
lātus, -a, -um	breit
puella *f.*	Mädchen
videt	(er/sie/es) sieht *(dt.: »Video...«; engl.: »video«)*
asinus *m.*	Esel
appropinquat (→ prope)	(er/sie/es) nähert sich, kommt näher
agitat	(er/sie/es) treibt
līberī *m.*	Kinder
forum *n.*	»Forum«, Marktplatz
intrat	(er/sie/es) betritt *(engl.: »(to) enter«)*
ibī *(Adv.)*	dort
fēmina *f.*	Frau *(dt.: »feminin«)*
salūtat	(er/sie/es) grüßt
disputat	(er/sie/es) diskutiert über
—	
intereā *(Adv.)*	inzwischen
ad *(beim Akk.)*	zu, nach; bei
festīnat	(er/sie/es) eilt, geht schnell, beeilt sich
cibus *m.*	Speise, Nahrung
per *(beim Akk.)*	durch
māgnus, -a, -um	groß
aedificium *n.*	Gebäude
templum *n.*	»Tempel«, Heiligtum

propter *(beim Akk.)*	wegen
inter *(beim Akk.)*	zwischen *(dt.: »international«)*
prope *(beim Akk.)*	nahe bei
apud *(beim Akk.)*	bei
habet	(er/sie/es) hat; hält *(engl.: »(to) have«)*
pecūnia *f.*	Geld
dat	(er/sie/es) gibt *(dt.: »Dativ«)*

———

taberna *f.*	Schenke, Laden
porta *f.*	»Pforte«, Tor
apertus, -a, -um	offen
parvus, -a, -um	klein
vocat	(er/sie/es) ruft; nennt *(dt.: »Vokativ«)*
apportat	(er/sie/es) bringt, schafft herbei
extrā *(beim Akk.)*	außerhalb
maestus, -a, -um	traurig

4 LECTIO QUARTA

thermae *f. (Pluralwort)*	»Thermen«
Rōmānus, -a, -um	römisch
Rōmānus *m.*	»Römer«
oppidum *n.*	Kleinstadt
ambulāre	spazieren gehen
frequentāre	etw. besuchen
egō	ich *(dt.: »Egoist«)*
animus *m.*	Geist; Gemüt; Charakter
iuvat	es freut, es macht Spaß
tū	»du«
ecce!	siehe da!

———

līberta *f.*	Freigelassene
salūtāre	grüßen
exspectāre	erwarten *(engl.: »(to) expect«)*
nōndum *(Adv.)*	noch nicht
certē *(Adv.)*	sicherlich
vōs	ihr; euch
deinde *(Adv.)*	dann, darauf
certāre	Wettkämpfe austragen, kämpfen, streiten
nōs	wir; uns
quam *(Adv.)*	wie
barbarus *m.*	»Barbar«
barbarus, -a, -um	fremd, ausländisch; wild, grausam
aedificāre	(er)bauen

———

in *(beim Akk.)*	»in«, nach; gegen *(gibt eine Richtung an)*
aqua *f.*	Wasser
frīgidus, -a, -um	kalt
terrēre	erschrecken *(dt.: »Terror«, engl.: »terrible« schrecklich)*
timēre	fürchten, Angst haben vor
sānus, -a, -um	gesund
īgnāvus, -a, -um	feige; träge, untätig, kraftlos
manēre	bleiben

5 LECTIO QUINTA

vīlla *f.*	Landgut, Landhaus *(dt.: »Villa«)*
mōnstrāre	zeigen
possidēre	besitzen
hortus *m.*	Garten
ager *m.*	»Acker«, Gebiet *(dt.: »Agrarland«)*
vīlicus *m.*	Verwalter

cūrāre	sorgen für; besorgen *(engl.: »careful« vorsichtig)*
hodiē *(Adv.)*	heute
ambulāre	spazieren gehen
nōn sōlum … sed etiam	nicht nur … sondern auch
māgnificus, -a, -um	großartig, prächtig

---

salvē!/salvēte!	hallo! guten Tag! herzlich willkommen!
plēnus, -a, -um	voll
contentus, -a, -um	zufrieden
grātia *f.*	Dank; Beliebtheit; Gefälligkeit *(dt.: »gratis«)*
quod	weil
dēsīderāre	sich sehnen nach, begehren, wünschen
valē!/valēte!	auf Wiedersehen!
valēre	stark/kräftig/gesund sein; gelten; Einfluss haben

nūntiāre	verkünden, melden, sagen lassen *(engl.: »(to) pronounce« aussprechen)*
parāre	vorbereiten, besorgen *(engl.: »(to) prepare« vorbereiten, zubereiten)*
attentus, -a, -um	aufmerksam
dum	während
vīta *f.*	Leben *(dt.: »vital«)*
laudāre	loben

---

frūmentum *n.*	Getreide
dūrus, -a, -um	hart
placēre	gefallen
memoria *f.*	Gedächtnis; Erinnerung *(engl.: »memory«)*
mandāre	anvertrauen
imperāre	befehlen

Redewendungen

grātiās habēre	dankbar sein
memoriae mandāre	sich merken

6 LECTIO SEXTA

Rōmam	nach Rom
Rōmae	in Rom
īre	gehen; reisen
ante *(beim Akk.)*	vor *(engl.: »am« = ante meridiem … Uhr vormittags)*
vīlicus, -ī *m.*	Verwalter
stultus, -a, -um	dumm
aliēnus, -a, -um	fremd; unpassend, widersprechend *(engl.: »alien«)*
equus, -ī *m.*	Pferd
ubī? *(Adv.)*	wo?
noster, nostra, nostrum	unser
cibus, -ī *m.*	Speise, Nahrung
molestus,-a, um	unangenehm, lästig, beschwerlich
adiuvāre *(beim Akk.)*	jmdn. unterstützen, jmdn. helfen
meus, -a, -um	mein *(engl.: »my«)*
officium, -ī *n.*	Pflicht, Aufgabe, Dienst *(engl.: »office« Büro)*
vester, vestra, vestrum	euer
īrātus, -a, -um	zornig
miser, misera, miserum	unglücklich, elend
tuus, -a, -um	dein

15	**adesse** *(beim Dat.)*	da sein; helfen
	tandem *(Adv.)*	endlich
	—	
	diū *(Adv.)*	lange Zeit
	mūrus, -ī *m.*	»Mauer«
	tumulus, -ī *m.*	Grabmal, -hügel
	varius, -a, -um	verschieden
	aliī ... aliī	die einen ... die anderen
20	**cōpia, -ae** *f.*	Menge, Masse
	cōpiae, -ārum *f.*	Truppen
	portāre	tragen, bringen
	quō? *(Adv.)*	wohin?
	dēfessus, -a, -um	müde, erschöpft
	—	
	vesper, vesperī *m.*	Abend
	sub vesperum	gegen Abend
	caelum, -ī *n.*	Himmel; Wetter; Klima
	umbra, -ae *f.*	Schatten
25	**tēctum, -ī** *n.*	Dach; Zimmerdecke; Haus
	taberna, -ae *f.*	Schenke, Laden
	disputāre	diskutieren über

7 LECTIO SEPTIMA

	iterum *(Adv.)*	wiederum, zum zweiten Mal
	atque	und
	-ne	*(Fragepartikel; an ein Wort angehängt, wird nicht übersetzt)*
	redīre	zurückgehen, zurückkommen
5	**frūstrā** *(Adv.)*	grundlos; vergeblich, umsonst
	errāre	umherirren; sich irren
	hūmānus, -a, -um	menschlich *(dt.: »human«)*
	undique *(Adv.)*	von allen Seiten; überall

	interrogāre	fragen
10	**enim**	denn, nämlich
	quondam *(Adv.)*	einst
	amphitheātrum, -ī *n.*	»Amphitheater«
	amplus, -a, -um	weit, groß, geräumig
	hōra, -ae *f.*	Stunde *(engl.: »hour«)*
	maestus, -a, -um	traurig
15	**lūdus, -ī** *m.*	Spiel; Schauspiel; Schule
	perīculōsus, -a, -um	gefährlich
	oculus, -ī *m.*	Auge *(engl.: »eye«)*
	pūgnāre	kämpfen
	vērus, -a, -um	wahr, echt, wirklich
	interesse *(beim Dat.)*	dabei sein, teilnehmen *(engl.: »interesting« interessant)*
	—	
	bēstia, -ae *f.*	(wildes) Tier
20	**sē**	sich *(Akk.)*
	adversārius, -ī *m.*	Gegner, Feind
	turba, -ae *f.*	Menschenmenge, Masse
	salūtāre	grüßen
	gladius, -ī *m.*	Schwert
	arma, -ōrum *n.* *(Pluralwort)*	Waffen
	pūgna, -ae *f.*	Kampf
	temptāre	angreifen; versuchen; auf die Probe stellen
	incitāre	antreiben, anfeuern
25	**necāre**	töten
	perīre	zu Grunde gehen, umkommen

Redewendungen

iterum atque iterum	immer wieder
inter sē	untereinander; gegeneinander

8 LECTIO OCTAVA

vīsitāre	besuchen, besichtigen *(engl.: »(to) visit«)*
cōgitāre	(nach)denken; planen, beabsichtigen
dōnum, -ī *n.*	Geschenk
statua, -ae *f.*	»Statue«, Standbild
5 **solēre**	gewohnt sein (etwas zu tun)
aut	oder
aut … aut	entweder … oder
situs, -a, -um	gelegen
māne *(Adv.)*	morgens, früh
habitāre	(be)wohnen
lībertus, -ī *m.*	Freigelassener
dīligentia, -ae *f.*	Sorgfalt; Aufmerksamkeit
dēbēre	müssen; schulden; verdanken
onerāre	beladen
10 **cūra, -ae** *f.* (→ cūrāre L 5)	Sorge; Sorgfalt
vestīmentum, -i *n.*	Kleid
vestīmenta, -ōrum *n.*	Kleidung
———	
iacēre	liegen
mortuus, -a, -um	tot
interdum *(Adv.)*	manchmal, bisweilen
scelestus, -a, -um	verbrecherisch
īnsidiae, -ārum *f.* *(Pluralwort)*	Anschlag, Hinterhalt, Attentat
incendium, -ī *n.*	Brand, Feuer
15 **dēlēre**	zerstören, vernichten *(engl.: »(to) delete« löschen (in einem Programm etc.))*
spoliāre *(beim Abl.)*	berauben, plündern
perīculum, -ī *n.*	Gefahr
———	
cibus, ī *m.*	Speise, Nahrung
narrāre	erzählen
īnfestus, -a, -um	feindselig, feindlich
ubīque *(Adv.)*	überall
molestus, -a, -um	unangenehm, lästig, beschwerlich
hortus, -ī *m.*	Garten
līberāre	befreien
ōrnāre	schmücken
sub vesperum	gegen Abend
perīculōsus, -a, -um	gefährlich

Redewendungen

īnsidiās parāre	jmdn. in eine Falle locken

9 LECTIO NONA

mōnstrāre	zeigen
ē/ex *(beim Abl.)*	aus
studēre *(beim Dat.)*	sich bemühen um
molestus, -a, -um	unangenehm, lästig, beschwerlich
cum *(beim Abl.)*	mit
in *(beim Abl.)*	in, auf, bei *(gibt einen Ort an)* *(engl.: »in«)*
5 **pūblicus, -a, -um**	öffentlich, staatlich *(dt.: »Publikum«; engl.: »public« öffentlich)*

deus, -i *m.*	Gott
dea, -ae *f.*	Göttin
immolāre	opfern
verbum, -ī *n.*	Wort *(dt.: »Verb«; engl.: »verb«)*
causa, -ae *f.*	Rechtssache, Prozess; Grund *(engl.: »cause«; »because« weil)*
tractāre	behandeln; verhandeln über
sine *(beim Abl.)*	ohne
studium, -ī *n.*	Eifer, Bemühung *(dt.: »Studium«)*
dē *(beim Abl.)*	über, von
imperium, -ī *n.* (→ imperāre L 5)	Befehl; Herrschaft; Reich
bellum, -ī *n.*	Krieg
prōvincia, -ae *f.*	Amtsbereich, »Provinz«
continēre	zusammenhalten, umschließen
populus, -ī *m.*	Volk, Menge *(dt.: »populär«; engl.: »people«; »population« Bevölkerung)*
terra, -ae *f.*	Erde, Land
superāre	besiegen; übertreffen
captīvus, -ī *m.*	Gefangener
triumphus, -ī *m.*	»Triumph«(zug)

postrēmō *(Adv.)*	schließlich, endlich, zuletzt
ā/ab *(beim Abl.)*	von
ūsque ad *(beim Akk.)*	bis zu
pertinēre	sich erstrecken

---

basilica, -ae *f.*	»Basilika«, Gerichtshalle
pretium, -ī *n.*	»Preis« *(engl.: »price«)*
probāre	untersuchen, prüfen; billigen
sacer, sacra, sacrum	heilig
īrātus, -a, -um	zornig
medius, -a, -um	in der Mitte gelegen
vel	oder; oder vielmehr, oder auch
vel … vel	entweder … oder
cūria, -ae *f.*	»Kurie«, Senatsgebäude
sub *(beim Abl.)*	am Fuß von, unterhalb, unter

Redewendungen

medium in forum	mitten auf den Marktplatz
mediō in forō	mitten auf dem Marktplatz

---

vīlicus, -i *m.*	Verwalter
īrātus, -a, -um	zornig
procul *(Adv.)*	in der Ferne, fern

10 LECTIO DECIMA

convīvium, -ī *n.*	Festessen
ōrnāre	schmücken
cibus, -ī *m.*	Speise, Nahrung
disputāre	diskutieren über
sub vesperum	gegen Abend
vīlicus, -ī *m.*	Verwalter
hortus, -ī *m.*	Garten
molestus, -a, -um	unangenehm, lästig, beschwerlich

tumulus, -ī *m.*	Grabmal, Grabhügel
adversārius, -ī *m.*	Gegner, Feind
perīculōsus, -a, -um	gefährlich
turba, -ae *f.*	Menschenmenge, Masse
incitāre	antreiben, anfeuern
scelestus, -a, -um	verbrecherisch
basilica, -ae, *f.*	»Basilika«, Gerichtshalle

convīvium, -ī *n.* — Festessen
posse, possum, potuī — können *(engl.: »possible« möglich)*
fābula, -ae *f.* — Erzählung, Geschichte *(dt.: »Fabel«)*
fātum, -i *n.* — Göttersprucn, Schicksal *(dt.: »fatal«)*

---

annus, -ī *m.* — Jahr
oppūgnāre (→ pugnāre L 7) — bestürmen

expūgnāre (→ ex L 9, → pūgnāre L 7) — erobern

occultāre — verbergen, verstecken
cēterī, -ae, -a — die übrigen

ōra, -ae *f.* — Küste
īnsula, -ae *f.* — »Insel«; Häuserblock
nāvigāre — segeln
quīn etiam — ja sogar
collocāre — aufstellen, errichten
noctū *(Adv.)* — nachts
exīre, exeō, exiī — herausgehen, ausgehen, enden
ferē *(Adv.)* — fast
paucī, -ae, -a — wenige, nur wenige

servāre — retten, bewahren
bene *(Adv.)* (→ bonus L 1) — gut
quasi *(Adv.)* — gleichsam; wie wenn
quoque *(nachgestellt)* — auch, sogar
gaudium, -ī *n.* (→ gaudēre L 1) — Freude, Vergnügen
socius, -ī *m.* — Gehilfe, Begleiter; Verbündeter *(dt.: »sozial«)*

---

somnium, -ī *n.* — Traum, Traumbild
patrius, -a, -um — heimatlich, heimisch
contrā *(beim Akk.)* — gegen
prōdigium, -ī *n.* — Vorzeichen
monēre, moneō, monuī — (er)mahnen
īnferī, -ōrum *m.* — die Unterwelt

Stammformen

e-Konjugation

v–Perfekt

dēlēre, dēleō, dēlēvī — zerstören, vernichten

Komposita von esse

adesse, adsum, adfuī (affuī) — dasein; helfen

īre und Komposita

īre, eō, iī — gehen; reisen
perīre, pereō, periī — zu Grunde gehen, umkommen
redīre, redeō, rediī — zurückgehen, zurückkommen

īgnōrāre	nicht kennen, nicht wissen *(dt.: »ignorieren«)*
nōn īgnōrāre	genau wissen
pius, -a, -um	fromm, zuverlässig
patrius, -a, -um	heimatlich, heimisch
nāvigium, -ī *n.*	Schiff
putāre	meinen, glauben
prōdigium, -ī *n.*	Vorzeichen
maestus, -a, -um	traurig
adhibēre, adhibeō, adhibuī	hinzuziehen; anwenden
num?	etwa wirklich?
odium, -ī *n.*	Hass
auxilium, -ī *n.*	Hilfe; *Pl.:* Hilfstruppen
amīcitia, -ae *f.* (→ amīcus, amīca L 2)	Freundschaft
victōria, -ae *f.*	Sieg
ventus, ī *m.*	Wind
ōrā, -ae *f.*	Küste
convīvium, -ī *n.*	Festessen
ōrāre	bitten, beten
tam *(Adv.)*	so
occultāre	verbergen, verstecken
collocāre	aufstellen, errichten
flamma, -ae *f.*	»Flamme«, Feuer
rēgnum, -ī *n.*	Königreich, Königsherrschaft
mox *(Adv.)*	bald
dēsīderium, -ī *n.*	Sehnsucht, Verlangen
ārdēre	brennen

Stammformen

a-Konjugation

Dehnungsperfekt

iuvāre, iuvat, iūvit	es freut, es macht Spaß
adiuvāre, adiuvō, adiūvī	jmdn. unterstützen, jmdm. helfen

e-Konjugation

s-Perfekt

ārdēre, ārdeō, ārsī	brennen
manēre, maneō, mānsī	bleiben
rīdēre, rīdeō, rīsī	lachen

Dehnungsperfekt

sedēre, sedeō, sēdī	sitzen
possidēre, possideō, possēdī	besitzen
vidēre, videō, vīdī	sehen

13 LECTIO TERTIA DECIMA

pater, patris *m.*	»Vater« *(engl.: »father«)*
orīgō, orīginis *f.*	Ursprung
fāma, -ae *f.*	Gerücht, Gerede; Sage *(dt.: »famos« großartig, »sagenhaft«; engl.: »famous« berühmt)*
labor, -ōris *m.*	Arbeit, Mühe *(dt.: »Labor« naturwissenschaftliche Arbeitsstätte)*
ōra, -ae *f.*	Küste
amor, -ōris *m.*	Liebe
dolor, -ōris *m.*	Schmerz
tolerāre	aushalten, ertragen *(dt.: »tolerieren«)*
cōnstat (→ stare L 1)	es steht fest, ist bekann

māiōrēs, -um *m.*	Vorfahren

victor, -ōris *m.*	Sieger
———	
posteā *(Adv.)*	nachher, später
rēx, rēgis *m.*	König, Herrscher
is, ea, id	dieser, diese, dieses
frāter, frātris *m.*	»Bruder« *(engl.: »brother«)*
iussū	auf Befehl
sacerdōs, sacerdōtis *m. u. f.*	Priester, Priesterin
mors, mortis *f.*	Tod
ēducāre	aufziehen, erziehen
suus, -a, -um	sein, ihr
circumdare, circumdō, circumdedī	umgeben; herumführen
irrīdēre, irrīdeō, irrīsī (→ rīdēre L 1)	verspotten, auslachen
———	
mīrus, -a, -um	verwunderlich, wunderbar
fīnitimus, -a, -um	benachbart
fīnitimus, -ī *m.*	Nachbar
dēesse, dēsum, dēfuī (→ esse L 1)	fernbleiben, fehlen
arcēre, arceō, arcuī	fernhalten, abwehren
neque/nec	und nicht, auch nicht
neque ... neque/ nec ... nec	weder ... noch
movēre, moveō, mōvī	bewegen *(engl.: »(to) move«)*
pāx, pācis *f.*	Friede *(engl.: »peace«)*

14 LECTIO QUARTA DECIMA

colōnia, -ae *f.*	Siedlung, »Kolonie«
adīre (ad), adeō, adiī (→ ad L 3, īre L 6)	herangehen (an), hingehen (zu), besuchen
antīquus, -a, -um	alt; ehemalig *(dt.: »antik«)*
arbor, -oris *f.*	Baum
monumentum, -ī *n.*	Denkmal *(dt.: »Monument«)*
aetās, -ātis *f.*	Zeitalter; Lebensalter
imperātor, -ōris *m.*	Feldherr; Kaiser
collocāre	aufstellen, errichten, ansiedeln
nōtus, -a, -um	bekannt
regiō, -ōnis *f.*	Gebiet, Landschaft *(dt.: »Region«; engl.: »region«)*
castra, -ōrum *n.* *(Pluralwort)*	Lager *(engl.: castle)*
legiō, -ōnis *f.*	»Legion«
plērīque, plēraeque, plēraque	die meisten
veterānus, -ī *m.*	altgedienter Soldat, »Veteran«
uxor, uxōris *f.*	Ehefrau
imprīmīs *(Adv.)*	besonders
taberna, -ae *f.*	Schenke, Laden
situs, -a, -um	gelegen
prīmō *(Adv.)*	zuerst
mōnstrāre	zeigen
ac	und
velut	wie (zum Beispiel)
———	
iactāre	werfen, schleudern
tenēre, teneō, tenuī	(fest)halten
licet, licuit	es ist erlaubt; es ist möglich
nē ... quidem	nicht einmal
postrēmus, -a, -um	der/die/das letzte
explicāre	erklären, erörtern

quī, quae, quod	welcher, welche, welches; der, die, das
parentēs, -um *m.*	Eltern *(engl.: »parents«)*
parēns, -entis *m. u. f.*	Vater; Mutter
dīvitiae, -ārum *f.* *(Pluralwort)*	Reichtum
domī *(Adv.)*	zu Hause
scientia, -ae *f.*	Wissen, Kenntnis *(engl.: »science«)*
scrīptor, -ōris *m.*	Schriftsteller
acerbus, -a, -um	bitter; hart
molestus, -a, -um	unangenehm, lästig, beschwerlich
haud	nicht
rārō *(Adv.)*	selten
praemium, -ī *n.*	Belohnung *(dt.: »Prämie«)*
modus, -ī *m.*	Art, Weise; Maß
littera, -ae *f.*	Buchstabe; *Plural:* Brief; »Literatur« *(engl.: »letter« Buchstabe, Brief)*
recitāre	vorlesen, vortragen
tabula, -ae *f.*	»Tafel«; Gemälde; Bild *(engl.: »table«)*
mōnstrāre	zeigen
carmen, carminis *n.*	Gedicht, Lied
corpus, -oris *n.*	Körper
vulnerāre	verletzen
tempus, -oris *n.*	Zeit

---

hūmānitās, -ātis *f.*	Bildung, Menschlichkeit
improbus, -a, -um	böse
dēsīderāre	sich sehnen nach, begehren, wünschen
vexāre	quälen
fēriae, -ārum *f.*	Festtage, Feiertage *(dt.: »Ferien«)*
minimē *(Adv.)*	keineswegs, überhaupt nicht, am wenigsten
mulier, mulieris *f.*	Frau
numquam *(Adv.)*	niemals
famēs, -is *f.*	Hunger
caput, capitis *n.*	Kopf, Haupt; Hauptstadt *(engl.: »capital« Hauptstadt)*
mōs, mōris *m.*	Sitte, Brauch
post *(beim Akk.)*	hinter, nach *(engl.: »pm« = post meridiem ... Uhr nachmittags)*
asinus, -ī *m.*	Esel
stultus, -a, -um	dumm

16 LECTIO SEXTA DECIMA

situs, -a, -um	gelegen
moenia, -ium *n.* *(Pluralwort)*	(Stadt)mauern
turris, -is *f.*	»Turm«
circumdare, circumdō, circumdedī	umgeben, herumführen
vīs, *Akk.:* **vim,** *Abl.:* **vī** *f.*	Kraft, Gewalt, Stärke; Bedeutung
vīrēs, vīrium	Kräfte; Streitkräfte
hostis, -is *m. (Gen. Pl.* **hostium***)*	Feind, Landesfeind
prohibēre, prohibeō, prohibuī	abhalten, abwehren; (ver)hindern
(→ habere L 3)	
vigilia, -ae *f.*	(Nacht)wache, Wachtposten
cīvis, -is *m./f. (Gen. Pl.* **cīvium***)*	Bürger(in)
campus, -ī *m.*	Feld *(engl.: »camp« Lager)*
silva, -ae *f.*	Wald
flūmen, flūminis *n.*	Fluss
nāvis, -is *f. (Gen. Pl.* **nāvium***)*	Schiff
ōra, -ae *f.*	Küste

mare, maris *n.*	Meer
procul *(Adv.)*	in der Ferne, fern
rārō *(Adv.)*	selten
homō, hominis *m.*	Mensch; Mann
animal, animālis *n.*	Lebewesen, Tier *(engl.: »animal«)*
canis, -is *m.*	Hund
aestimāre	einschätzen
15 **cēnsēre, cēnseō, cēnsuī**	schätzen; meinen; beschließen
taberna, -ae *f.*	Schenke, Laden
stipendium, -ī *n.*	Sold
domum *(Adv.)*	nach Hause
mēnsis, -is *m.*	Monat *(engl.: »month«)*
iter, itineris *n.*	Weg, Reise
mōns, montis *m.* *(Gen. Pl.* **montium***)*	Berg, Gebirge *(engl.: »mountain«)*

---

toga, -ae *f.*	»Toga« (Oberbekleidung des römischen Bürgers)
20 **vestis, -is** *f.*	Kleid
dīgnitās, -ātis *f.*	Würde
color, -ōris *m.*	Farbe *(engl.: »colo(u)r«)*
virgō, -inis *f.*	Mädchen, junge Frau
super *(beim Akk. u. Abl.)*	über *(dt.: »super«; engl.: »super« fantastisch, toll)*
vēlāre	verhüllen, bedecken, bekleiden
25 **sīgnum, -ī** *n.*	Zeichen *(dt.: »Signal«, engl.: »sign«)*
lībertās, -ātis *f.* (→ līber L 2)	Freiheit *(engl.: »liberty«)*
ventus, -ī m.	Wind
frīgus, -oris n.	Kälte
molestus, -a, -um	unangenehm, lästig, beschwerlich

Redewendungen

stipendia merēre	Soldat sein, Dienstjahre ableisten
perīcula subīre	Gefahren bestehen

17 LECTIO SEPTIMA DECIMA

salūs, salūtis *f.*	Wohl, Rettung; Gruß
dīcere, dīcō, dīxī	sagen, sprechen
scrībere, scrībō, scrīpsī	schreiben
colloquium, -ī *n.*	Besprechung, Gespräch
aliquandō *(Adv.)*	einst, irgendeinmal
5 **dīvidere, dīvidō, dīvīsī**	trennen; unterscheiden; (zu)teilen *(dt.: »dividieren«)*
prīnceps, prīncipis *m.*	führender Mann, »Prinz«, Häuptling; Kaiser *(engl.: »prince«)*
rīpa, -ae *f.*	Ufer
alter, altera, alterum	der eine, der andere (von beiden)
appārēre, appāreō, appāruī	erscheinen, sich zeigen *(engl.: »(to) appear«)*
appāret	es ist offenkundig
10 **offendere, offendō, offendī**	anstoßen; verletzen, beleidigen
regere, regō, rēxī	lenken, leiten, »regieren«
mittere, mittō, mīsī	schicken, senden; werfen
subigere, subigō, subēgī	bezwingen; unterwerfen
arcessere, arcessō, arcessīvī	herbeirufen, holen
mēcum/tēcum/nōbīscum/vōbīscum	mit mir/dir/uns/euch
vīvere, vīvō, vīxī (→ vīta L 5)	leben

servitūs, -ūtis *f.* (→ servus L 1)	Sklaverei; Knechtschaft
honestus, -a, -um	angesehen; ehrenhaft
optimē *(Adv.)*	sehr gut; am besten
āmittere, āmittō, āmīsī (→ mittere)	aufgeben; verlieren
nūper *(Adv.)*	neulich
proelium, -ī *n.*	Kampf, Schlacht
committere, committō, commīsī (→ mittere)	zusammenführen; beginnen; begehen; anvertrauen
orbis, -is *m.*	Kreis; Scheibe
orbis terrārum	Erdkreis, insbesondere das römische Weltreich

---

haud rārō *(Adv.)*	nicht selten
lacessere, lacessō, lacessīvī	reizen, herausfordern
reddere, reddō, reddidī (→ dare L 3)	zurückgeben; etwas zu etwas machen

---

tyrannus, -ī *m.*	»Tyrann«, Gewaltherrscher
līberāre	befreien
legere, legō, lēgī	lesen *(dt.: »Lektüre«)*
tōtus, -a, -um	ganz

Redewendungen

salūtem dīcere	grüßen
proelium committere	eine Schlacht beginnen; kämpfen
litterās reddere	wieder schreiben, einen Antwortbrief schicken
sē committere	sich anvertrauen

Stammformen

a-Konjugation

Reduplikationsperfekt

dare, dō, dedī	geben
stāre, stō, stetī	stehen

---

e-Konjugation

Reduplikationsperfekt

respondēre, respondeō, respondī	antworten

18 LECTIO DUODEVICESIMA

hic, haec, hoc	dieser, diese, dieses
ille, illa, illud	jener, jene, jenes
postquam *(beim Perf.)*	nachdem
vincere, vincō, vīcī	(be)siegen
captīvus, -a, -um	gefangen
captīvus, -ī *m.*	Gefangener
singulī, -ae, -a	die Einzelnen *(dt.: »Singular«; engl.: »single ticket« einfache Fahrkarte)*
nātiō, -ōnis *f.*	Volksstamm; Abstammung, Geburt *(dt.: »Nation«; engl.: »nation«)*
distribuere, distribuō, distribuī	einteilen, zuteilen
attribuere, attribuō, attribuī	zuteilen *(dt.: »Attribut«)*
silva, -ae *f.*	Wald
vīcus, -ī *m.*	Dorf
prīmum *(Adv.)*	zum ersten Mal; erstens; zunächst
clāmor, -ōris *m.*	Geschrei, Lärm
quamquam	obwohl
quandō? *(Adv.)*	wann?
epistula, -ae *f.*	Brief
cum	jedesmal, wenn – dann, wenn
occāsiō, -ōnis *f.*	(günstige) Gelegenheit
trādere, trādō, trādidī (→ dare L 3)	übergeben, überliefern *(dt.: »Tradition«, engl.: »tradition«)*

explōrāre	erkunden, prüfen *(engl.: »explorer« Erforscher)*
firmus, -a, -um	stark, fest, sicher
———	
15 **discere, discō, didicī**	lernen, erfahren
arcessere, arcessō, arcessīvī	herbeirufen, holen
crās *(Adv.)*	morgen
contendere, contendō, contendī	behaupten; eilen; kämpfen; sich bemühen
adulēscēns, -entis	heranwachsend
adulēscēns, -entis *m.*	Jugendlicher
ubī *(beim Ind.)*	sobald
relinquere, relinquō, relīquī	verlassen; zurücklassen
resistere, resistō, restitī	sich widersetzen, Widerstand leisten

19 LECTIO UNDEVICESIMA

līmes, līmitis *m.*	Grenze, Grenzbefestigung
opus, -eris *n.*	Werk, Bauwerk
laus, laudis *f.*	Lob, Ruhm
armāre (→ arma L 7)	bewaffnen
pācāre	befrieden, unterwerfen
quiētus, -a, -um	ruhig
nūper *(Adv.)*	neulich
5 **invādere, invādō, invāsī, invāsum**	eindringen; überfallen *(engl.: »(to) invade« einfallen)*
eō *(Adv.)*	dorthin; so weit
intellegere, intellegō, intellēxī, intellēctum	verstehen, einsehen *(dt.: »intelligent«)*
quōmodo? *(Adv.)* (→ quī, modus L 15)	wie?
adhūc *(Adv.)*	bis jetzt; immer noch
10 **tegere, tegō, tēxī, tēctum**	»bedecken«, schützen
lēgātus, -ī *m.*	Gesandter; Feldherr; Statthalter
īnstruere, īnstruō, īnstrūxī, īnstrūctum	ausstatten; unterrichten
mīles, mīlitis *m.*	Soldat *(dt.: »Militär«)*
exstruere, exstruō, exstrūxī, exstrūctum	auftürmen, errichten
15 **pars, partis** *f.*	Teil, Seite, Richtung *(engl.: »part« Teil)*
partēs, -ium *f.*	»Partei«
vallum, -ī *n.*	»Wall«
fossa, -ae *f.*	Graben
coniungere, coniungō, coniūnxī, coniūnctum	verbinden, vereinigen *(dt.: »Konjunktion«)*
lapis, -idis *m.*	Stein
agere, agō, ēgī, āctum	treiben; tun; führen; (ver)handeln *(engl.: »(to) act« handeln)*
turris, -is *f.*	»Turm«
20 **altus, -a, -um**	hoch; tief
addere, addō, addidī, additum	beifügen, hinzufügen *(dt.: »addieren«, engl.: »(to) add«)*
secundum *(beim Akk.)*	unmittelbar nach; entlang; gemäß
sternere, sternō, strāvī, strātum	auf den Boden legen; bedecken; pflastern
castellum, -ī *n.*	Befestigung, »Kastell«
situs, -a, -um	gelegen
———	
parcere, parcō, pepercī *(beim Dat.)*	schonen, sparen
subigere, subigō subēgī, subāctum	bezwingen, unterwerfen
superbus, -a, -um	hochmütig, stolz

lacessere, lacessō, lacessīvī, lacessītum	reizen, herausfordern
vulnerāre	verletzen
pellere, pellō, pepulī, pulsum	stoßen, schlagen, vertreiben
quidem *(Adv.)*	wenigstens, freilich, zwar
praetereā *(Adv.)*	außerdem
lingua, -ae *f.*	Zunge, Sprache *(engl.: »language« Sprache)*
quasi *(Adv.)*	gleichsam; wie wenn
vinculum, -i *n.*	Band, Fessel
vincula, -ōrum *n.*	Gefängnis
pōns, pontis *m.* *(Gen. Pl.:* **pontium***)*	Brücke, Steg
cīvitās, -ātis *f.* (→ cīvis L 16)	Bürgergemeinschaft; Stadt; Staat; Bürgerrecht *(engl.: »city« Stadt, Großstadt)*
sēcum	mit sich selbst, bei sich selbst
comparāre	zusammenstellen, vergleichen *(engl.: »(to) compare« vergleichen; »comparison« Vergleich)*

Stammformen

a-Konjugation

Reduplikationsperfekt

dare, dō, dedī, datum	geben
circumdare, circumdō, circumdedī, circumdatum	umgeben; herumführen
stāre, stō, stetī, statum	»stehen«

Dehnungsperfekt

adiuvāre, adiuvō, adiūvī, adiūtum	jmdn. unterstützen, jmdm. helfen

e-Konjugation

v-Perfekt

dēlēre, dēleō, dēlēvī, dēlētum	zerstören, vernichten

u-Perfekt

docēre, doceō, docuī, doctum	unterrichten

s-Perfekt

rīdēre, rīdeō, rīsī, rīsum	lachen
irrīdēre, irrīdeō, irrīsī, irrīsum	verspotten, auslachen

Reduplikationsperfekt

respondēre, respondeō, respondī, responsum	antworten

Dehnungsperfekt

movēre, moveō, mōvī, mōtum	bewegen
sedēre, sedeō, sēdī, sessum	sitzen
possidēre, possideō, possēdī, possessum	besitzen
vidēre, videō, vīdī, vīsum	sehen

Konsonantische Konjugation

v-Perfekt

arcessere, arcessō, arcessīvī, arcessītum	herbeirufen, holen
lacessere, lacessō, lacessīvī, lacessītum	reizen, herausfordern

s-Perfekt

dīcere, dīcō, dīxi, dictum	sagen, sprechen
dīvidere, dīvidō, dīvīsī, dīvīsum	trennen; unterscheiden; (zu)teilen
mittere, mittō, mīsī, missum	schicken, senden; entlassen; werfen
āmittere, āmittō, āmīsī, āmissum	aufgeben; verlieren
committere, committō, commīsī, commissum	zusammenführen; beginnen; begehen; anvertrauen
regere, regō, rēxī, rēctum	lenken, leiten, »regieren«
scrībere, scrībō, scrīpsī, scrīptum	schreiben

Reduplikationsperfekt

reddere, reddō, reddidī, redditum	zurückgeben; etw. zu etwas machen

trādere, trādō, trādidī, trāditum	übergeben, überliefern
contendere, contendō, contendī, contentum	behaupten; eilen; kämpfen, sich bemühen

Dehnungsperfekt

legere, legō, lēgī, lēctum	lesen
relinquere, relinquō, relīquī, relictum	verlassen, zurücklassen
subigere, subigō, subēgī, subāctum	bezwingen; unterwerfen
vincere, vincō, vīcī, victum	(be)siegen

Perfekt ohne erkennbare Stammveränderung

offendere, offendō, offendī, offēnsum	anstoßen; verletzen, beleidigen
attribuere, attribuō, attribuī, attribūtum	zuteilen
distribuere, distribuō, distribuī, distribūtum	einteilen, zuteilen

20 LECTIO VICESIMA

figūra, -ae *f.*	»Figur«
mīrus, -a, -um	verwunderlich, wunderbar
noctū *(Adv.)*	nachts
vexāre	quälen
haud	nicht
lacessere, lacessō lacessīvī, lacessītum	reizen, herausfordern
epistula, -ae *f.*	Brief
quiētus, -a, -um	ruhig
somnium, -ī *n.*	Traum, Traumbild
vēlāre	verhüllen, bedecken, bekleiden
mōnstrāre	zeigen
hortus, -ī *m.*	Garten
iacēre, iaceō, iacuī	liegen

21 LECTIO VICESIMA PRIMA

mercātor, -ōris *m.*	Händler, Kaufmann
vīcus, -ī *m.*	Dorf
merx, mercis *f.*	Ware
vendere, vendō, vendidī, venditum	verkaufen
Germānī, -ōrum *m.*	Germanen *(engl.: »German« deutsch; Deutsche (r) »Germany« Deutschland)*
latrō, -ōnis *m.*	Räuber
fuga, -ae *f.*	Flucht; Verbannung
petere, petō, petīvī, petītum	zu erreichen suchen, erstreben; angreifen
dēfendere, dēfendō, dēfendī, dēfēnsum	verteidigen
sub vesperum	gegen Abend
onerāre	beladen
vix *(Adv.)*	kaum, mit Mühe
trahere, trahō, trāxī, tractum	ziehen, schleppen *(dt.: »Traktor«)*
situs, -a, -um	gelegen
dēsīderāre	sich sehnen nach, begehren, wünschen
collocāre	aufstellen, errichten, ansiedeln
cōnspicere, cōnspiciō, cōnspexī, cōnspectum	erblicken
fossa, -ae *f.*	Graben
facere, faciō, fēcī, factum	tun, machen *(engl.: »factory« Fabrik)*
fugere, fugiō, fūgī (→ fuga)	fliehen, flüchten
certus, -a, -um	sicher

capere, capiō, cēpī, captum	fassen, ergreifen, fangen *(engl.: »(to) catch« fangen)*
incipere, incipiō, coepī, inceptum	anfangen, beginnen
inceptum, -ī *n.*	Vorhaben, Unternehmen
prō *(beim Abl.)*	vor; für
rogāre	fragen, bitten
explicāre	erklären, erörtern
———	
inquit	sagt(e) (er/sie/es)
nōmen, nōminis *n.*	Name
stipendium, -ī	Sold
subīre, subeō, subiī	auf sich nehmen
cōnsecrāre	weihen
optimus, -a, -um	bester, beste, bestes *(dt.: »Optimist«)*
maximus, -a, -um (→ māgnus L 3)	größter, größte, größtes
locus, -ī *m.*	Ort, Stelle *(dt.: »lokal« örtlich)*
loca, -ōrum *n.*	Gegend

Redewendungen

fugā salūtem petere	sein Heil in der Flucht suchen
stipendia facere	Kriegsdienst leisten
perīcula subīre	Gefahren bestehen

22 LECTIO VICESIMA ALTERA

invītāre	einladen
incolere, incolō, incoluī, incultum	(be)wohnen
opprimere, opprimō, oppressī, oppressum	bedrücken, unterdrücken; plötzlich überfallen
oportet, oportuit	es ist nötig, es gehört sich, man muss
fīnis, -is *m.*	Grenze; Ende, Ziel *(engl. »finally« schließlich)*
fīnēs, -ium *m.*	Gebiet
revocāre	zurückrufen
dēmōnstrāre (→ monstrare L 5)	zeigen, beweisen *(dt.: »demonstrieren«)*
———	
patēre, pateō, patuī	offen stehen, sich erstrecken
salūtāre	grüßen
contemnere, contemnō, contempsī, contemptum	gering schätzen, verachten
recipere, recipiō, recēpī, receptum (→ capere L 21)	zurücknehmen, zurückhalten, zurückziehen; aufnehmen
at	aber, dagegen
fatīgāre	zermürben; ermüden
cibus, -ī *m.*	Speise, Nahrung
dīmittere, dīmittō, dīmīsī, dimissum (→ mittere L 17)	nach verschiedenen Richtungen schicken, entlassen
iubēre, iubeō, iussī, iussum (→ iussū L 13)	befehlen
———	
mīrus, -a, -um	verwunderlich; wunderbar
rīpa, -ae *f.*	Ufer
collocāre	aufstellen, errichten, ansiedeln
complēre, compleō, complēvī, complētum	anfüllen
frangere, frangō, frēgī, frāctum	(zer)brechen
dōnāre (→ dōnum L 8)	beschenken
corripere, corripiō, corripuī, correptum	packen, ergreifen
prōicere, prōiciō, prōiēcī, prōiectum	hinwerfen
aurum, -ī *n.*	Gold
dētrahere, dētrahō,	herabziehen;

dētrāxī, dētractum	schmälern; herabsetzen

Redewendungen

stipendia facere	Kriegsdienst leisten

23 LECTIO VICESIMA TERTIA

dīves, *Gen.:* **divitis** (→ dīvitiae L 15)	reich
pauper, *Gen.:* **pauperis**	arm
umbra, -ae *f.*	Schatten
vetus, *Gen.:* **veteris**	alt *(dt.: »Veteran« altgedienter Soldat)*
nēmō	niemand
paupertās, -ātis *f.*	Armut
rārō *(Adv.)*	selten
5 **cupere, cupiō, cupīvī, cupītum**	wünschen
multitūdō, -inis *f.* (→ multī L 3)	Menge
———	
urbs, urbis *f. (Gen. Pl.:* **urbium***)*	Stadt, Hauptstadt
ingēns, *Gen.:* **ingentis**	gewaltig, riesengroß
celeber, celebris, celebre	berühmt, viel besucht
omnis, -e	jeder, *Pl.:* alle *(dt. »Omnibus«, engl.: »bus«)*
cūria, -ae *f.*	»Kurie«, Senatsgebäude
10 **fortis, -e**	stark, mutig, tapfer
audāx, *Gen.:* -ācis	kühn, frech
cōnspicere, cōnspiciō, cōnspexī, cōnspectum	erblicken
facilis, -e (→ facere L 21)	leicht, bequem
difficilis, -e (→ facilis)	schwer, schwierig *(engl.: »difficult«)*
līberāre	befreien
summus, -a, -um	oberster, höchster
———	
pergere, pergō, perrēxī, perrēctum	fortsetzen, fortfahren
15 **gerere, gerō, gessī, gestum**	tragen, ausführen
complūrēs, -a *Gen.:* complūrium	einige, mehrere
nātūra, -ae *f.*	»Natur«, Wesen, Beschaffenheit *(engl.: »nature«)*
subigere, subigō, subēgī, subāctum	bezwingen, unterwerfen
explicāre	erklären, erörtern
nōbilis, -e	bekannt, berühmt, vornehm, adlig *(dt.: »nobel«)*
potestās, -ātis *f.* (→ posse L 11)	(Amts-)Gewalt; Befugnis; Möglichkeit
audēre, audeō	wagen
nauta, -ae *m.*	Seemann
20 **celer, celeris, celere**	schnell
genus, generis *n.*	Geschlecht, Gattung, Art *(dt.: »Genus«)*
profundere, profundō, profūdī, profūsum	vergießen, verschwenden
accūsāre	anklagen
prīvātus, -a, -um	persönlich, »privat« *(engl.: »private«)*
dolēre	Schmerzen empfinden
25 **morbus, -ī** *m.*	Krankheit
timor, -ōris *m.* (→ timēre L 4)	Furcht, Angst

Redewendungen

dīvitis est	es ist Pflicht/Aufgabe eines Reichen
bellum gerere	Krieg führen
terrā marīque	zu Wasser und zu Lande

	rēs, reī *f.*	Sache, Ding
	rēs gestae, rērum gestārum *f.*	Taten, Leistungen
	scrīptor rērum *m.*	Geschichtsschreiber
	commemorāre	erwähnen
	vīcus, -ī *m.*	Dorf
	situs, -a, -um	gelegen
	nātus, -a, -um	geboren
5	**post** *(Adv.)*	nachher, später
	spēs, speī *f.*	Hoffnung, Erwartung
	glōria, -ae *f.*	Ruhm
	diēs, diēī *m.*	»Tag« *(engl.: »day«)*
	vesper, -ī *m.*	Abend
	exercēre, exerceō, exercuī	üben
10	**mīlitāris, -e**	Kriegs-, »Militär«- *(engl.: »military«)*
	tribuere, tribuō, tribuī, tribūtum	zuteilen *(dt.: »Tribut« Abgabe)*
	rēs pūblica *f.* (→ rēs; pūblicus L 9)	Staat *(engl.: »republic«)*

---

	pius, -a, -um	fromm, zuverlässig
	fidēlis, -e	treu
	paulō post	kurz danach
	valētūdō, -inis *f.*	Gesundheit
	nōmināre	(be)nennen
	dūcere, dūcō, dūxī, ductum	ziehen, führen; glauben
15	**vīvus, -a, -um**	lebend; zu Lebzeiten

---

	obsidēre, obsideō, obsēdī, obsessum	belagern, blockieren

	cōnsul, consulis *m.*	»Konsul«
	senātor, senātōris *m.*	»Senator«
	opus est *(beim Abl.)*	etw. ist notwendig
20	**virtūs, virtūtis** *f.* (→ vir L 2)	Tatkraft; Wert; Tugend
	trāns *(beim Akk.)*	jenseits von; über
	colere, colō, coluī, cultum	bebauen, pflegen, ehren *(dt.: »Kult« Verehrung; »Kultur«; engl.: »culture«)*
	mandātum, -ī *n.*	Auftrag, Befehl
	vēlāre	verhüllen, bedecken, bekleiden
	dictātor, dictātōris *m.*	»Diktator«
	posterus, -a, -um	nachfolgend
25	**cōnscrībere, cōnscrībō, cōnscrīpsī, cōnscrīptum** (→ scrībere L 17)	eintragen; (Soldaten) ausheben
	nox, noctis *f.* *(Gen. Pl.:* **noctium***)*	»Nacht« *(engl.: »night«)*
	cōnsistere, cōnsistō, cōnstitī	Halt machen, stehen bleiben
	lūx, lūcis *f.*	Licht, Tageslicht
	triumphus, -ī *m.*	»Triumph«(zug)

Redewendungen

stipendia merēre	Soldat sein, Dienstjahre ableisten
dēspērāre dē salūte	die Hoffnung verlieren, verzweifeln

25 LECTIO VICESIMA QUINTA

prōvidēre, prōvideō, prōvīdī, prōvīsum	sorgen für	*(dt.: »Provision« Vermittlungsgebühr)*

cottīdiē *(Adv.)*	täglich
hortus, -i *m.*	Garten
ambulāre	spazierengehen
varietās, -ātis *f.*	Vielfalt
flōrēre, flōreō, flōruī	blühen
invidēre, invideō, invīdī, invīsum *(beim Dat.)*	jmdn. beneiden
———	
sub vesperum	gegen Abend
currere, currō, cucurrī, cursum	laufen
5 **vōx, vōcis** *f.* (→ vocāre L 4)	Stimme; Ausspruch, Formel *(dt. »Vokal« Selbstlaut; engl.: »voice«)*
obscūrus, -a, -um	dunkel
restituere, restituō, restituī, restitūtum	wiederherstellen
statim *(Adv.)*	sofort
sōl, sōlis *m.*	Sonne *(dt.: »Solar«)*
fatīgāre	zermürben, ermüden
umbra, -ae *f.*	Schatten
requiēscere, requiēscō, requiēvī	sich ausruhen, ruhen
calor, calōris *m.*	Wärme, Hitze
recreāre	wiederherstellen, sich erholen
———	
turris, -is *f.*	»Turm«
disputāre	diskutieren über
mercātor, -ōris *m.*	Händler, Kaufmann
sīgnificāre	bedeuten
appellare	anrufen; nennen *(dt.: »appellieren« zu etw. aufrufen)*
praedium, -ī *n.*	Grundstück, Landgut
10 **sīc** *(Adv.)*	so
augēre, augeō, auxī, auctum	vermehren; steigern, fördern
cōnsecrāre	weihen
ambulāre	spazieren gehen

Redewendungen

stipendia facere	Soldat sein, Kriegsdienst leisten
vītam agere	leben

26 LECTIO VICESIMA SEXTA

exercitus, -ūs *m.* (→ exercēre L 24)	Heer
magis *(Adv.)*	mehr; eher
clārus, -a, -um	»klar«, glänzend, berühmt *(engl.: »clear«)*
disciplīna, -ae *f.*	Strenge, Erziehung, »Disziplin«
5 **fidēs, -eī** *f.*	Verantwortung; Treue; Vertrauen
impetus, -ūs *m.*	Angriff
praeesse, praesum, praefuī	kommandieren, leiten
admonēre, admoneō, admonuī, admonitum	ermahnen, erinnern
sustinēre, sustineō, sustinuī, sustentum (→ tenēre L 14)	aushalten, (er)tragen
———	
10 **sī**	wenn
sīn	wenn aber
caedēs, caedis *f.*	Gemetzel
audāx, -ācis	kühn, frech
pīlum, -ī *n.*	»Pilum«, Wurfspieß
fortūna, -ae *f.*	Schicksal, Glück *(engl.: »fortunately« glücklicherweise)*
vulnerāre	verletzen
———	
praedium, -ī *n.*	Grundstück, Landgut
portus, -ūs *m.*	Hafen *(engl.: »port« Hafen, Hafenstadt)*
mercātor, -ōris *m.*	Händler, Kaufmann
revocāre	zurückrufen

afficere, afficiō, affēcī, affectum	einwirken, versehen mit
metus, -ūs *m.*	Furcht, Angst
commovēre, commoveō, commōvī, commōtum	bewegen, erregen
excēdere, excēdō, excessī, excessum	weggehen

Redewendungen

stipendia facere	Soldat sein, Kriegsdienst leisten
morbō afficī	krank werden, erkranken
metū commōtus	aus Angst

27 LECTIO VICESIMA SEPTIMA

callidus, -a, -um	gewandt; erfahren, schlau
līs, lītis *f.*	Streit
sedāre	zur Ruhe bringen
apis, -is *f.*	Biene
rēgīna, -ae *f.*	Königin
īra, -ae *f.*	Zorn, Erbitterung
culpa, -ae *f.*	Schuld
ostendere, ostendō, ostendī, ostentum	zeigen, vor Augen stellen, darlegen
disputāre	diskutieren über
iūdex, -icis *m./f.*	Richter(in)
nisī	wenn nicht
arcessere, arcessō, arcessīvī, arcessītum	herbeirufen, holen
aliter *(Adv.)*	anders
pār, pāris	gleich, entsprechend

---

explicāre	erklären, erörtern
cēra, -ae *f.*	Wachs, Wachstafel, Ahnenmaske
explēre, expleō, explēvī, explētum	ausfüllen, vollenden
cognōscere, cognōscō, cognōvī, cognitum	kennenlernen; untersuchen, erkennen *(engl.: »(to) recognize« erkennen)*
mel, mellis *n.*	Honig
fōrma, -ae *f.*	»Form«, Gestalt, Erscheinung; Schönheit
auctor, -ōris *m./f.*	Urheber(in), Erfinder(in) *(dt.: »Autor«; engl.: »author«)*
prūdēns, prūdentis (→ prōvidēre L 25)	erfahren, klug, vorausschauend

---

leō, leōnis *m.*	»Löwe« *(engl.: »lion«)*
silva, -ae *f.*	Wald
pēs, pedis *m.*	»Fuß«; Pfote *(engl.: »pedestrian« Fußgänger)*
vulnerāre	verletzen
tantus, -a, -um	so groß, so viel
vexāre	quälen
pāstor, -ōris *m.*	Hirte *(dt.: »Pastor«)*
medicīna, -ae *f.*	Heilkunst, Heilmittel *(dt.: »Medizin«; engl.: »medicine«)*
dēcernere, dēcernō, dēcrēvī, dēcrētum	entscheiden, beschließen
vulnus, vulneris *n.*	Wunde
patefacere, patefaciō, patefēcī, patefactum	öffnen, aufdecken
valdē *(Adv.)*	sehr
nōnne? (→ nōn L 1, ne L 7)	nicht? *(legt eine zustimmende Antwort nahe)*
simul *(Adv.)*	zugleich
līberāre	befreien

Redewendungen

nēmō nisī	niemand außer; nur
rēs sē habe(n)t aliter	die Sachlage ist anders

multum interest inter *(beim Akk.)*	es besteht ein großer Unterschied zwischen
rēs adversae, rērum adversārum *f.*	Unglück
ad bēstiās condemnāre	zum Kampf mit den wilden Tieren verurteilen

28 LECTIO DUODETRICESIMA

subvenīre, subveniō, subvēnī, subventum *(beim Dat.)* (→ venīre)	jemandem zu Hilfe kommen
audīre, audiō, audīvī, audītum	hören; anhören, erhören
fīnīre, fīniō, fīnīvī, fīnītum (→ fīnis L 22)	begrenzen, beenden *(engl.: »(to) finish« beenden)*
vērō *(Adv.)*	in der Tat; aber
stultus, -a, -um	dumm
palūs, -ūdis *f.*	Sumpf
contrōversia, -ae *f.*	Streit, Streitigkeit *(dt.: »Kontroverse«)*
cōnsentīre, cōnsentiō, cōnsēnsī, cōnsēnsum (→ sentīre)	übereinstimmen, sich einig sein
invenīre, inveniō, invēnī, inventum (→ venīre)	(er)finden, ermitteln *(engl.: »(to) invent« erfinden)*
———	
iacere, iaciō, iēcī, iactum	werfen
advenīre, adveniō, advēnī, adventum (→ venīre)	ankommen, herankommen
sonus, -ī *m.*	Ton, Klang, Geräusch
venīre, veniō, vēnī, ventum	kommen

complūrēs, -a (*Gen.:* complurium)	einige, mehrere
saeculum, -ī *n.*	Jahrhundert
exīre, exeō, exiī, exitum	herausgehen, ausgehen, enden
maestus, -a, -um	traurig
sors, sortis *f.*	Los, Schicksal, Anteil
sentīre, sentiō, sēnsī, sēnsum	fühlen, meinen
———	
plēbs, plēbis *f.*	»Plebs« (alle Nichtpatrizier), Volk, Menge
dissentīre, dissentiō, dissēnsī, dissēnsum *(mit ā beim Abl.)*	mit jemandem uneins sein, streiten
mīlitia, -ae *f.*	Kriegsdienst
iūs, iūris *n.*	Recht *(dt.: »Jurist«)*
dēsīderāre	sich sehnen nach, begehren, wünschen
īrātus, -a, -um	zornig
membrum, -ī *n.*	Teil, Glied *(engl.: »member« Mitglied)*
ut *(beim Indikativ)*	wie
concordia, -ae *f.*	Eintracht
cōnsilium, -ī *n.*	Absicht, Wille, Plan; Vorschlag
nocēre, noceō, nocuī	schaden
cōgere, cōgō, coēgī, coāctum	zusammentreiben, sammeln; zwingen
necessārius, -a, -um	notwendig *(engl.:»necessary«)*
ūtilis, -e	brauchbar, nützlich
ergō *(Adv.)*	also
līs, lītis *f.*	Streit
sēdāre	zur Ruhe bringen
paulātim *(Adv.)*	allmählich

quī, quae, quod?	was für ein? welcher, welche, welches?
sepulcrum, -ī *n.*	Grab
soror, sorōris *f.*	Schwester
flōs, flōris *m.*	Blume, Blüte
dēpōnere, dēpōnō, dēposuī, dēpositum	niederlegen, ablegen
īnscrībere, īnscrībō, īnscrīpsī, īnscrīptum	daraufschreiben, als Inschrift einmeißeln
iacēre, iaceō, iacuī	liegen
pius, -a, -um	fromm, zuverlässig
innocēns, -entis	ohne Schuld, rechtschaffen
sīgnificāre	bedeuten
crēdere, crēdō, crēdidī, creditum	glauben *(dt.: »Kredit«)*
aeternus, -a, -um	ewig
ultimus, -a, -um	entferntester, äußerster, letzter
initium, -ī *n.* (→ in L 4, īre L 6)	Anfang, Beginn
cōnspicere, cōnspiciō, cōnspexī, cōnspectum	erblicken
rēctus, -a, -um	»richtig«
lēx, lēgis *f.*	Gesetz; Bedingung
misericordia, -ae *f.* (→ miser L 6)	Mitleid, Barmherzigkeit
iūstitia, -ae *f.* (→ ius L 28)	Gerechtigkeit *(dt.: »Justiz«)*

dīligere, dīligō, dīlēxī, dīlēctum (→ legere L 17)	lieben, schätzen
proximus, -a, -um	nächstgelegen
proximus, -i *m.*	der Nächste
inimīcus, -a, -um	feindlich
inimīcus, -ī *m.*	Feind *(engl.: »enemy«)*
religiō, -ōnis *f.*	Glaube, »Religion« *(engl.:»religion«)*

———

cor, cordis *n.*	Herz
anima, -ae *f.*	Seele, Leben
mēns, mentis *f.*	Verstand; Absicht; persönliche Einstellung *(engl.: »mind« Geist, Verstand)*
sīcut	wie
latrō, -ōnis *m.*	Räuber
incidere, incidō, incidī	hineinfallen, in die Hände fallen
vulnerāre	verletzen
abīre, abeō, abiī (→ īre L 6)	weggehen
praeterīre, praetereō, praeteriī, praeteritum (→ īre L 6)	vorübergehen
īnfundere, īnfundō, īnfūdī, īnfūsum	hineingießen
asinus, -ī *m.*	Esel
impōnere, impōnō, imposuī, impositum	hinein, darauf setzen, stellen, legen
taberna, -ae *f.*	Schenke, Laden
postulāre	fordern, verlangen
similis, -e	ähnlich, gleich *(engl.:»similar«)*

30 LECTIO TRICESIMA

situs, -a, -um	gelegen
taberna, -ae *f.*	Schenke, Laden; hier: Hütte, Herberge
iacēre, iaceō, iacuī	liegen

———

ventus, -ī *m.*	Wind
flamma, -ae *f.*	»Flamme«, Feuer
mīrus, -a, -um	verwunderlich, wunderbar

———

silva, -ae *f.*	Wald

31 TRICESIMA PRIMA

medicus, -ī *m.* (→ medicīna L 27)	Arzt, »Mediziner«
trādūcere, trādūcō, trādūxī, trāductum (→ dūcere L24)	hinüberführen
līberāre	befreien
dēpōnere, dēpōnō, dēposuī, dēpositum	niederlegen, ablegen
dēscendere, dēscendō, dēscendī, dēscēnsum	hinabsteigen, sich herablassen
——	
paene *(Adv.)*	fast, beinahe
lūctus, -ūs *m.*	Trauer
circumstāre, circumstō, circumstetī	umlagern
5 **ipse, ipsa, ipsum**	selbst

audācia, -ae *f.*	Kühnheit
inīre, ineō, iniī	hineingehen; betreten
temeritās, -ātis *f.*	Planlosigkeit; Unbesonnenheit
spērāre (→ spēs L 24)	hoffen, erhoffen
sānāre	heilen; zur Vernunft bringen
10 **iste, ista, istud**	dieser (da)
dēligere, dēligō, dēlēgī, dēlēctum	wählen, auswählen
intereā *(Adv.)*	inzwischen
imminēre, immineō, imminuī	bevorstehen, drohen
poscere, poscō, poposcī	fordern
prōmittere, prōmittō, prōmīsī, prōmissum	versprechen *(engl.: »(to) promise«)*
——	
salūber, salūbris, salūbre	gesund; heilsam, kräftig
fidēlis, -e	treu, zuverlässig
corrumpere, corrumpō, corrūpī, corruptum	verderben; bestechen *(dt.: »Korruption« Bestechung)*
venēnum,-ī *n.*	Gift
epistula, -ae *f.*	der Brief
15 **dēnique** *(Adv.)*	endlich, schließlich; überhaupt
manus, -ūs *f.*	Hand; Schar
accipere, accipiō, accēpī, acceptum (→ capere L 21)	annehmen, empfangen; aufnehmen *(dt.: »akzeptieren«, engl.: »(to) accept« annehmen)*
crīmen, crīminis *n.*	Vorwurf; Verbrechen *(dt.: »Krimi«, »kriminell« verbrecherisch; engl.: »crime«)*
porrigere, porrigō, porrēxī, porrēctum	ausstrecken, vor sich hinstrecken

32 LECTIO TRICESIMA ALTERA

ferre, ferō, tulī, lātum	bringen, tragen; berichten, erzählen
quaerere, quaerō, quaesīvī, quaesītum	suchen; fragen *(engl.: »question« Frage)*
offerre, offerō, obtulī, oblātum (→ ferre)	entgegentragen; anbieten *(engl.: »(to) offer« anbieten)*
sē offerre	entgegengehen, entgegentreten

vultus, -ūs *m.*	Gesicht; Miene, Aussehen

habitus, -ūs *m.*	Haltung; Kleidung; Zustand
prae *(beim Abl.)*	vor
afferre, afferō, attulī, allātum	herbeitragen; mit sich bringen; bereiten
voluptās, -ātis *f.*	Vergnügen, Lust
molestus, -a, -um	unangenehm, lästig, beschwerlich

---

vitium, -ī *n.*	Fehler; Mangel
dubitāre (dē)	zweifeln (an); hin und her schwanken
cōnferre, cōnferō, contulī, collātum (→ ferre)	zusammentragen, vergleichen
se cōnferre	sich begeben
negāre	abschlagen, verneinen; behaupten, dass nicht *(dt.: »negativ«)*
longus, -a, -um	»lang«; weit *(engl.: »long«)*
beātus, -a, -um	glücklich, reich
suscipere, suscipiō, suscēpī, susceptum	auf sich nehmen, übernehmen
aeternus, -a, -um	ewig
brevis, -e	kurz
perniciēs, -ēī *f.*	Verderben

praeferre, praeferō, praetulī, praelātum (→ prae, ferre)	vorantragen, zur Schau stellen; vorziehen *(engl.: »(to) prefer« vorziehen)*

---

subīre, subeō, subiī	auf sich nehmen
bēstia, -ae *f.*	(wildes) Tier
līberāre	befreien
dēdūcere, dēdūcō, dēdūxī, dēductum (→ dē L9; dūcere L 24)	herabführen, wegführen

Redewendungen

aegrē ferre	unwillig sein, sich gekränkt fühlen
nōmen quaerere ex *(beim Abl.)*	jmdn. nach seinem Namen fragen

33 LECTIO TRICESIMA TERTIA

tyrannus, -ī *m.*	»Tyrann«, Gewaltherrscher
cum *(beim Konj.)*	weil; nachdem; als; obwohl
ops, opis *f.*	Kraft, Hilfe
opēs, opum	Hilfsmittel, Macht
māiestās, -ātis *f.*	Würde, Größe, Hoheit *(dt.: »Majestät«)*
māgnificentia, -ae *f.*	Großartigkeit, Pracht; Prahlerei
aedēs, -is *f.*	Tempel
aedēs, -ium *f.*	Wohnhaus, Palast
rēgius, -a, -um (→ rex L 13; regere L 17)	königlich
beātus, -a, -um	glücklich, reich
favēre, faveō, fāvī, fautum *(beim Dat.)*	geneigt sein, begünstigen *(dt: »Favorit« erwarteter Sieger; engl.: »favourite« Lieblings-)*
quoniam	da ja, weil ja
tunc *(Adv.)*	dann, damals
aureus, -a, -um	golden, aus Gold
collocāre	aufstellen, errichten, ansiedeln

---

complūrēs, -a *Gen.:* complūrium	einige, mehrere
argentum, -ī *n.*	Silber
ōrnāre	schmücken

incendere, incendō, incendī, incēnsum	anzünden
nihil, *Gen.:* **nullīus reī**	nichts
nihil nisī	nichts, wenn nicht = nur
impendēre, impendeō	drohend darüberhängen; drohend bevorstehen
aspicere, aspiciō, aspexī, aspectum	erblicken, anschauen, betrachten *(dt. »Aspekt« Betrachtungsweise; Gesichtspunkt)*
ūllus, -a, -um	irgendein
nūllus, -a, -um (*Gen.:* **nūllīus**)	kein *(dt.: »Null«)*
dētrimentum, -ī *n.*	Verlust, Schaden
umquam *(Adv.)* (→ numquam L 15)	jemals
imminēre, immineō	bevorstehen, drohen
—	
nimis *(Adv.)*	überaus, allzu
satis *(Adv.)*	genug *(engl.: »satisfactory« zufriedenstellend)*

Redewendungen

memoriā tēnēre	sich daran erinnern, dass; sich dessen bewusst sein, dass

34 LECTIO TRICESIMA QUARTA

praeclārus, -a, -um	deutlich; herrlich, berühmt
referre, referō, rettulī, relātum (→ ferre L31)	zurücktragen; melden, berichten
numerus, -ī *m.*	Zahl, Anzahl *(dt.: »Nummer«)* *(engl.: »number« Zahl)*
ōrātor, -ōris *m.*	Redner
gēns, gentis *f.*	Stamm, Sippe, Geschlecht
accēdere, accēdō, accessī, accessum	herantreten an; sich befassen mit, sich beteiligen an
ingenium, -ī *n.*	Charakter, Talent, Begabung
ēloquentia, -ae *f.*	Redekunst; Fähigkeit als Redner
honor, -ōris *m.*	Ehre; Auszeichnung;
honōs, -ōris *m.* (→ honestus L 17)	Ehrenamt
magistrātus, -ūs *m.*	Amt; Beamter
quaestor, -ōris *m.*	»Quästor«
aedīlis, -is *m.*	»Ädil«
praetor, -ōris *m.*	»Prätor«
creāre	erschaffen, hervorbringen; wählen *(dt.: »Kreatur« Lebewesen, Geschöpf)*
sē praestāre, praestō, praestitī, praestitum	sich erweisen
administrāre	leiten, verwalten *(engl.: »administration« Regierung, Verwaltung)*
iniūria, -ae *f.* (→ iūs L 28)	Unrecht, Ungerechtigkeit; Kränkung *(engl.: »injury« Beleidigung)*
īnferre, īnferō, intulī, illātum	hineintragen; zufügen
—	
coniūrātiō, -ōnis *f.*	Verschwörung
nūntius, -ī *m.*	Bote; Botschaft, Meldung, Nachricht
senātus, -ūs *m.*	»Senat«, Senatsversammlung *(engl.: »senate«)*

convocāre	zusammenrufen
iūdicāre (→ ius L 28)	urteilen, entscheiden; erklären zu *(engl.:»(to) judge« urteilen, entscheiden)*
exīre, exeō, exiī, exitum	herausgehen, ausgehen, enden
efferre, efferō, extulī, ēlātum	hinaus-, emportragen

---

revocāre	zurückrufen
auctōritās, -ātis *f.*	Ansehen; Einfluss; »Autorität« *(engl.: »authority«)*
minuere, minuō, minuī, minūtum	vermindern, verringern
philosophia, -ae *f.*	»Philosophie«
ōrātiō, -ōnis *f.*	Rede
cōnsīderāre	betrachten, bedenken, überlegen
fēlīx, *Gen.:* **fēlīcis**	glücklich, günstig *(dt. Name: »Felix«)*

Redewendungen

in iūs vocāre	vor Gericht laden

35 LECTIO TRICESIMA QUINTA

occupāre	einnehmen, besetzen
firmāre	befestigen; sichern, stärken
prōferre, prōferō, prōtulī, prōlātum	vorantragen; erweitern
uterque, utraque, utrumque	jeder von beiden, beide
sōlus, -a, -um, *Gen.:* **sōlīus**	allein, einsam, verlassen
neuter, neutra, neutrum, *Gen.:* **neutrīus**	keiner (von beiden) *(dt. »Neutrum«, »neutral«)*
uter, utra, utrum? *Gen.:* utrīus?	welcher (von beiden)?
prōdesse, prōsum, prōfuī	nützlich sein, nützen

---

aciēs, -ēī *f.*	Schärfe, Spitze; Schlachtreihe
incitāre	antreiben, anfeuern, reizen
perpetuus, -a, -um	ununterbrochen, fortdauernd
occīdere, occīdō, occīdī, occīsum	töten, umbringen
dēferre, dēferō, dētulī, dēlātum	herab-, weg-, hintragen, an einen Ort bringen; übertragen
claudere, claudō, clausī, clausum	schließen, einschließen *(engl.: »(to) close«)*

īnscrībere, īnscrībō, īnscrīpsī, īnscrīptum	aufschreiben
ēnumerāre	aufzählen
triumphus, -ī *m.*	»Triumph«, Triumphzug
comparāre	beschaffen, erwerben, ausrüsten; vergleichen *(engl:. »(to) compare« vergleichen »comparison« Vergleich)*
līberāre	befreien
theātrum, -ī *n.*	»Theater« *(engl.: »theatre«)*
reficere, reficiō, refēcī, refectum	wiederherstellen

prīncipātus, -ūs *m.* (→ prīnceps L 17)	erste Stelle; höchste Stellung (im Staat); Herrschaft
adversārius, -ī *m.*	Gegner, Feind
indīcere, indīcō, indīxī, indictum (→ dīcere L 17)	ansagen, ankündigen
sē continēre	sich aufhalten
dux, ducis *m./f.* (→ dūcere L 24)	Führer(in); Feldherr
admovēre, admoveō, admōvī, admōtum (→ ad L 3; movēre L 13)	heranbringen, heranführen
cōnsīdere, cōnsīdō, cōnsēdī, cōnsessum (→ sedēre L 1)	sich niederlassen, sich lagern
ōrāculum, -ī *n.*	Weissagung, »Orakel«; Orakelstätte
absēns, *Gen.:* **absentis**	abwesend, entfernt *(engl.: »absent«)*
idōneus, -a, -um	geeignet
———	
immινēre, immineō	bevorstehen, drohen
īdem, eadem, idem	derselbe, dieselbe, dasselbe
somnium, -ī *n.*	Traumbild, Traum
īgnōtus, -a, -um (→ nōtus L 14)	unbekannt
scūtum, -ī *n.*	Schild
utrimque *(Adv.)*	auf beiden Seiten
anteā *(Adv.)*	früher, vorher
frētus, -a, -um *(beim Abl.)*	im Vertrauen auf
———	
commemorāre	erwähnen
turba, -ae *f.*	Menschenmenge, Masse
vexāre	quälen
permittere, permittō, permīsī, permissum (→ mittere L 17)	überlassen, erlauben *(engl.: »(to) permit« erlauben; engl.: »permission« Erlaubnis)*
interficere, interficiō, interfēcī, interfectum	töten, ermorden
immō *(Adv.)*	gewiss, allerdings; nein, im Gegenteil
sepulcrum, -ī *n.*	Grab

37 LECTIO TRICESIMA SEPTIMA

sub vesperum	gegen Abend
gravis, -e	schwer *(dt.: »gravierend« schwerwiegend)*
recreāre	wiederherstellen, sich erholen
invītus, -a, -um	unwillig, gegen den eigenen Willen
aestās, -ātis *f.*	Sommer
lūmen, lūminis *n.*	Licht; Tageslicht, Augenlicht
ambulāre	spazierengehen
aspectus, -ūs *m.* (→ aspicere L 33)	Anblick *(dt.: »Aspekt« Gesichtspunkt, Betrachtungsweise; engl.: »aspect«)*
mīrābilis, -e	erstaunlich, bewundernswert
obviam *(Adv.)* (→ via L 3)	entgegen
equidem (→ quidem L 19)	allerdings, freilich
haud rārō *(Adv.)*	nicht selten

explicāre	erklären, erörtern
palūs, -ūdis *f.*	Sumpf

---

diēs fēstus *m.*	Festtag, Feiertag
pontifex, pontificis *m.*	Priester
celebrāre	besuchen, feiern, preisen
ob *(beim Akk.)*	zu … hin; vor; wegen
convertere, convertō, convertī, conversum	umdrehen, wenden, sich umdrehen
scīre, sciō, scīvī, scītum	wissen; kennen, verstehen
soror, sorōris *f.*	Schwester
nūbere, nūbō, nūpsī, nuptum *(beim Dat.)*	(einen Mann) heiraten
recūsāre	verweigern, sich weigern

38 LECTIO DUODEQUADRAGESIMA

sacerdōs, sacerdōtis *m./f.*	Priester, Priesterin
cultus, -ūs *m.*	Bebauung, Pflege; Verehrung; Lebensweise *(engl.: »culture«)*
dīligēns, *Gen.:* **dīligentis**	sorgfältig
cōnficere, cōnficiō, cōnfēcī, cōnfectum	zu Ende bringen, ausführen; erschöpfen *(dt.: »Konfekt« »zubereitete« Süßigkeit)*
nūbere, nūbō, nūpsī, nuptum	(einen Mann) heiraten
ignis, -is *m.*	Feuer

exstinguere, exstinguō, exstīnxī, exstīnctum	auslöschen

---

cūnctārī, cūnctor, cunctātus sum	zögern
vidērī, videor, vīsus sum	scheinen
īnstāre, īnstō, īnstitī	nahe bevorstehen
profitērī, profiteor, professus sum (→ fatērī)	bekennen, gestehen *(dt.: »Professor« (öffentlicher) Lehrer; engl.: »professor«)*
māter, -tris *f.*	»Mutter« *(engl.: »mother«)*
fatērī, fateor, fassus sum	bekennen

---

tuērī, tueor	schützen, bewahren
glōriārī, glōrior, glōriātus sum	sich rühmen, prahlen
triumphus, -ī *m.*	»Triumph«(zug)
arbitrārī, arbitror, arbitrātus sum	beobachten; annehmen, meinen; halten für
vehemēns, *Gen.:* **vehementis**	heftig
dētrahere, dētrahō, dētrāxī, dētractum	schmälern, herabziehen, herabsetzen
animadvertere, animadvertō, animadvertī, animadversum	bemerken; einschreiten; bestrafen
mīrus, -a, -um	verwunderlich, wunderbar
celeritās, -ātis *f.*	Schnelligkeit
dēpellere, dēpellō, dēpulī, dēpulsum (→ dē L 9; pellere L 19)	wegtreiben, verdrängen
uter, utra, utrum *Gen.:* utrīus	welcher von beiden

dīgnus, -a, -um	angemessen, wert, würdig
utrum … an?	(ob)… oder?
pietās, -ātis *f.* (→ pius, -a, -um L 12)	Achtung, Pflichtgefühl, Frömmigkeit *(dt.: »Pietät« taktvolle Rücksichtnahme)*

39 LECTIO UNDEQUADRAGESIMA

proficīscī, proficīscor, profectus sum	aufbrechen, abreisen; ausgehen von
fundus, -ī *m.*	Grundstück; Landgut
ingredī, ingredior, ingressus sum	hineingehen, betreten
salūtāre	grüßen
loquī, loquor, locūtus sum	sprechen
ōtium, -ī *n.*	freie Zeit
fruī, fruor *(beim Abl.)*	etwas genießen
oblīvīscī, oblīvīscor, oblītus sum *(beim Gen.)*	etwas vergessen
vestīmenta, -ōrum *n.*	Kleidung
mūtāre	ändern, wechseln; austauschen, entfernen
ūtī, ūtor, ūsus sum *(beim Abl.)*	benützen, gebrauchen *(engl.: »(to) use«)*
neglegere, neglegō, neglēxī, neglēctum (→ legere L 17)	vernachlässigen, nicht beachten
neglegēns, *Gen.:* **neglegentis**	nachlässig
———	
incrēdibilis, -e	unglaublich
quīdam, quaedam, quiddam *(subst.)*	ein bestimmter, ein gewisser;
quīdam, quaedam, quoddam *(adjekt.)*	*Pl.:* einige
licentia, -ae *f.* (→ licet L 14)	Freiheit, Ungebundenheit; Übermut, Frechheit
cupidus, -a, -um *(beim Gen.)* (→ cupere L 23)	gierig, begierig nach
nūper *(Adv.)*	neulich
hortus, -ī *m.*	Garten
reliquus, -a, -um (→ relinquere L 18)	übrig *(dt.: »Reliquie« Überreste eines Heiligen)*
assentirī, assentior, assēnsus sum	beistimmen, zustimmen
———	
immō *(Adv.)*	im Gegenteil, vielmehr
familiāris, -e	vertraut, bekannt; zur Familie gehörig *(dt.: »familiär«; engl.: »familiar«)*
memor, *Gen.:* **memoris** *(beim Gen.)* (→ memoria L 5)	sich erinnernd, bewusst (einer Sache)
saeculum, -ī *n.*	Jahrhundert
beātus, -a, -um	glücklich, reich
patī, patior, passus sum	leiden *(dt.: »Passion« Leiden(sgeschichte) Christi; engl.: »patience« Geduld)*
perītus, -a, -um *(beim Gen.)*	erfahren (in), sachkundig

Redewendungen

memor sum *(beim Gen.)*	ich denke an

40 LECTIO QUADRAGESIMA

explicāre	erklären, erörtern
saeculum, -ī *n.*	Jahrhundert
sīgnificāre	bedeuten; bezeichnen
mēnsis, -is *m.*	Monat
aedīlis, -is *m.*	»Ädil«
nūper *(Adv.)*	neulich
mīrus, -a, -um	verwunderlich, wunderbar
asinus, -ī *m.*	Esel
haud rārō *(Adv.)*	nicht selten

41 LECTIO QUADRAGESIMA PRIMA

mīrārī, mīror, mīrātus sum	sich wundern; bewundern
forte *(Adv.)* (→ fortūna L 26)	zufällig
tollere, tollō, sustulī, sublātum	hochheben; verherrlichen; wegnehmen, beseitigen

quam *(Adv., beim Komparativ; beim Superlativ)*	als möglichst
profectō *(Adv.)*	in der Tat, sicherlich
doctus, -a, -um	gelehrt, gebildet; geübt
commemōrare	erwähnen
verērī, vereor, veritus sum	scheuen, fürchten; verehren
ēloquentia, -ae *f.*	Redekunst
iungere, iungō, iūnxī, iūnctum	anspannen, verbinden
nescīre, nesciō, nesciī (→ scīre L 37)	nicht wissen
praestāns, *Gen.:* praestantis	vorzüglich, ausgezeichnet
sapiēns, *Gen.:* **sapientis**	verständig, einsichtsvoll; weise
colligere, colligō, collēgī, collēctum	sammeln *(dt.: »Kollekte« kirchliche Sammlung; engl.: »(to) collect« sammeln)*
celeber, celebris, celebre	berühmt
aegrōtus, -a, -um	krank
ars, artis *f.*	Kunst, Geschicklichkeit *(engl.: »art« Kunst)*
assentirī, assentior, assēnsus sum	beistimmen, zustimmen

42 LECTIO QUADRAGESIMA ALTERA

māgnitūdō, -inis *f.* (→ māgnus L 3)	Größe
domus, -ūs *f.* (→ domī L 15, domum L 16)	Haus
carēre, careō, caruī *(beim Abl.)*	frei sein (von etw.); (etw.) nicht haben
rīpa, -ae *f.*	Ufer
collocāre	aufstellen, errichten, ansiedeln

aequāre	eben, gerade, gleich machen; erreichen
5 **arx, arcis** *f.*	Burg
—	
quisque, quaeque, quidque *(subst.)* *und* **quodque** *(adjekt.)*	jeder (einzelne)
exemplum, -ī *n.*	Beispiel *(engl.: »example«)*
imitārī, imitor, imitātus sum	nachahmen, »imitieren«
īnstitūtum, -ī *n.*	Einrichtung; Vorhaben *(dt.: »Institut« Forschungseinrichtung)*
hortus, -ī *m.*	Garten
ōrnāre	schmücken
10 **sermō, -ōnis** *m.*	Gespräch; Sprechweise, Sprache; Gerede
versārī, versor, versātus sum (in)	sich aufhalten (bei), sich beschäftigen (mit)
sīgnificāre	bedeuten
hiems, hiemis *f.*	Sturm; Winter, Kälte
—	
etsī	wenn auch
rārus, -a, -um	selten
tālis, -e	so beschaffen, solcher/solche/solches
15 **extrēmus, -a, -um**	äußerster; letzter *(dt.: »extrem«)*
malus, -a, -um	schlecht; schädlich
plūs, *Gen.:* **plūris**	mehr *(dt.: »plus«)*
perīculōsus, -a, -um	gefährlich
plūrimī, -ae, -a	sehr viele; die meisten
plūrimum	sehr viel; am meisten
condemnāre	verurteilen

Redewendungen

māior nātū	älter
mīnor nātū	jünger
optimus quisque	gerade die Besten; alle Besten/sehr Guten

43 LECTIO QUADRAGESIMA TERTIA

inde *(Adv.)*	von dort; von da an; daher
ortus, -ūs *m.*	Aufgang; Entstehung, Geburt
intuērī, intueor	aufmerksam ansehen, betrachten
ūnusquisque, ūnaquaeque, ūnumquidque *und* ūnumquodque	jeder Einzelne
contiō, -ōnis *f.*	Volksversammlung
sententia, -ae *f.*	Meinung; Ausspruch; Satz *(engl.: »sentence«)*
assentīrī, assentior, assēnsus sum	beistimmen, zustimmen
liber, librī *m.*	Buch *(engl.: »library« Bücherei)*
recitāre	vorlesen, vortragen
aliquantus, -a, -um	ziemlich groß, beträchtlich
5 **quia**	weil
factum, -ī *n.* (→ facere L 21)	Tat; Handlung *(engl.: »fact« Tatsache)*
celebrāre	besuchen; feiern, preisen
—	
aliquis, aliquid *(substant.)*	jemand; irgendeine(r), irgendetwas,
aliquī, aliqua, aliquod *(adjekt.)*	irgendein

comprehendere, comprehendō, comprehendī, comprehēnsum	umfassen, umschließen; begreifen *(engl.: »comprehension« Verständnis)*
haerēre, haereō, haesī, haesum	haften, kleben; hängen-, steckenbleiben
senex, senis	alt
senex, senis *m.*	alter Mann *(dt.: »Senior« älterer Erwachsener)*
amāre	lieben
opīniō, -ōnis *f.*	Meinung, Erwartung; Gerücht *(engl. »opinion« Meinung)*
——	
potius *(Adv.)*	eher, lieber
effugere, effugiō, effūgī	fliehen, entkommen
occāsiō, -ōnis *f.*	(günstige) Gelegenheit

44 LECTIO QUADRAGESIMA QUARTA

circumdare, circumdō, circumdedī, circumdatum	umgeben; herumführen
quisquam, quicquam	überhaupt jemand, überhaupt etwas *(in verneinten Sätzen)*
cōnstituere, cōnstituō, cōnstituī, cōnstitūtum	festsetzen, beschließen
ut *(beim Konj.)*	dass, damit, um ... zu
propior, propius (→ prope L 3)	näher
litus, -oris *n.*	Küste *(ital.: »lido« Küste)*
cōnspicere, cōnspiciō, cōnspexī, cōnspectum	erblicken
nē *(beim Konj.)*	dass nicht, damit nicht
nē quis/nē quid	damit keiner/damit nichts
nēve/neu	und dass nicht
suspicārī, suspicor, suspicātus sum	ahnen, vermuten
——	
hortārī, hortor, hortātus sum	auffordern, ermahnen *(dt.: »Hortativ«)*
praebēre, praebeō, praebuī, praebitum	hinhalten, reichen
flōs, flōris *m.*	Blume, Blüte
ōrnāre	schmücken
——	
impetrāre	(durch Bitten) erreichen
rūrsus *(Adv.)*	rückwärts, zurück; wiederum
auferre, auferō, abstulī, ablātum (→ ā L 9, ferre L 32)	wegtragen, beseitigen *(dt.: »Ablativ«)*
praeda, -ae *f.*	Beute
trānsferre, trānsferō, trānstulī, trānslātum (→ trāns L 24, ferre L 32)	hinübertragen, überbringen *(engl.: »(to) translate« übersetzen)*
pōnere, pōnō, posuī, positum	setzen, stellen, legen *(dt. »Position«, engl. »position«)*
poēta, -ae *m.*	Dichter *(dt.: »Poet«, engl.: »poet«)*
explicāre	erklären, erörtern

Redewendungen

nōmen trahere ā *(beim Abl.)*	seinen Namen herleiten von

45 LECTIO QUADRAGESIMA QUINTA

explicāre	erklären, erörtern
figūra, -ae *f.*	»Figur«
mīrus, -a, -um	verwunderlich, wunderbar
nōmināre (→ nōmen L 21)	nennen *(dt.: »Nominativ«)*
īrātus, -a, -um	zornig
rēgīna, -ae *f.*	Königin
superbus, -a, -um	hochmütig, stolz
quantus, -a, -um?	wie groß? wieviel?
poena, -ae *f.*	Strafe
asper, aspera, asperum	hart, rauh
nāscī, nāscor, nātus sum (→ nātus L 24)	geboren werden
perterrēre, perterreō, perterruī, perterritum	sehr erschrecken
hospes, hospitis *m./f.*	Gast
accidere, accidō, accidī	hinfallen; sich ereignen, (jmdm.) zustoßen *(engl.: »accident« Unfall)*
efficere, efficiō, effēcī, effectum	bewirken *(dt.: »Effekt«, engl.: »effect«)*
cōnspectus, -ūs *m.* (→ cōnspicere L 44)	Anblick
timēre, nē	fürchten, dass
dēficere (ā), dēficiō, dēfēcī, dēfectum	abfallen (von)
monēre, nē	warnen
perficere, perficiō, perfēcī, perfectum (→ per L 3, facere L 21)	vollenden, zu Stande bringen *(dt.: »perfekt«, »Perfekt«; engl.: »perfect«)*
beneficium ,-ī *n.* (→ bonus/bene L 1, 11; facere L 21)	Wohltat
perfectus, -a, -um (→ perficere)	vollendet

īnsula, -ae *f.*	»Insel«, Häuserblock
alius, alia, aliud, *Gen.:* **alterīus,** *Dat.:* **alterī** *u.* **aliī**	ein anderer
nimis *(Adv.)*	zu sehr
excitāre	erregen, anstacheln
sequī, sequor, secūtus sum	folgen, nachfolgen
dēserere, dēserō, dēseruī, dēsertum	im Stich lassen, verlassen
cadere, cadō, cecidī	fallen
suspicārī, suspicor, suspicātus sum	ahnen, vermuten

Redewendungen

dolōre afficere aliquem	jmdm. Leid zufügen

46 LECTIO QUADRAGESIMA SEXTA

supra *(Adv.)*	oberhalb
(beim Akk.)	über, über… hinaus
accidit, ut	es ereignet sich, dass
ut *(beim Konj.; Verneinung:* **ut nōn***)*	(so) dass
īnstituere, īnstituō, īnstituī, īnstitūtum	einrichten, beginnen, unterrichten *(dt.: »Institut«)*
ūnusquisque, ūnaquaeque, ūnumquidque *(subst.)* *und* ūnumquodque *(adjekt.)*	jeder Einzelne

calamitās, -ātis *f.*	Unglück, Schaden
5 **pollicērī, polliceor, pollicitus sum**	versprechen
adeō *(Adv.)*	so sehr
prōdere, prōdō, prōdidī, prōditum (→ prō L 21, dare L 3)	übergeben, verraten

---

velle, volō, voluī	wollen
comperīre, comperiō, comperī, compertum	erfahren; ertappen, überführen
10 **ratiō, ratiōnis** *f.*	Vernunft; Verstand; Art und Weise
iuventūs, -ūtis *f.*	Jugend
nōlle, nōlō, nōluī	nicht wollen
igitur *(Adv.)*	also, folglich
crūdēlis, -e (→ crūdēlitās L 45)	grausam *(engl.: »cruel«)*
15 **morī, morior, mortuus sum** (→ mortuus, -a, -um L 8)	sterben
cōnsulere *(beim Akk.)* **cōnsulō, cōnsuluī, cōnsultum**	um Rat fragen
cōnsulere in *(beim Akk.)*	vorgehen gegen
consulere *(beim Dat.)*	sorgen für
tot *(Adv.)*	so viele

---

tūtus, -a, -um	sicher
contingit, ut	es gelingt, dass
contigit, ut	es gelang, dass
īnsula, -ae *f.*	»Insel«, Häuserblock
20 **sūmere, sūmō, sūmpsī, sūmptum**	(an sich) nehmen

Redewendungen

grātiās agere alicuī	jmdm. danken

47 LECTIO QUADRAGESIMA SEPTIMA

cīvīlis, -e (→ cīvis L 16)	bürgerlich, öffentlich *(dt.: »zivil«; engl.:»civil«)*
utinam *(beim Konj.)*	*(zur Verstärkung eines Wunsches)* wenn doch!
utinam nē	wenn doch nicht!
integer, integra, integrum	anständig; unbescholten; unbestechlich
abesse, absum, āfuī (→ ā L 9, esse L 1)	fehlen, fern sein
5 **superbia, -ae** *f.* (→ superbus, L 45)	Überheblichkeit, Hochmut, Stolz
nōbilitās, -ātis *f.* (→ nōbilis L 23)	Adel, Berühmtheit
ōrnāmentum, -ī *n.*	Schmuck
mōnstrāre	zeigen

ēripere, ēripiō, ēripuī, ēreptum	rauben, entreissen
interīre, intereō, interiī	untergehen; sterben
perturbāre	verwirren, in Unordnung bringen
omittere, omittō, omīsī, omissum (→ mittere L 17)	aufgeben, fallen lassen; übergehen

10 **perdere, perdō, perdidī, perditum**	zu Grunde richten, ruinieren; verlieren, einbüßen

querī, queror, questus sum	klagen, sich beklagen
calamitās, -ātis *f.*	Unglück, Schaden

Redewendungen

ratiōnem habēre alicuius (reī)	Rücksicht nehmen auf jmd./etw.
se praebēre	sich zeigen

48 LECTIO DUODEQUINQUAGESIMA

damnāre	verurteilen, schuldig sprechen
praeter *(beim Akk.)*	an ... vorbei; außer

imāgō, -inis *f.*	Bild, Abbild, Ahnenbild *(engl.: »(to) imagine« sich einbilden, vorstellen)*
saeculum, -ī *n.*	Jahrhundert
immō *(Adv.)*	im Gegenteil, vielmehr
palam *(Adv.)*	öffentlich
sacrum, -ī *n.*	heiliger Ort, Tempel, Opfer
conquīrere, conquīrō, conquīsīvī, conquīsītum	zusammensuchen, aufspüren
dēcrētum, -ī *n.*	Beschluss, Verordnung
custōdia, -ae *f.*	Wachposten; Haft, Gefängnis
subīre, subeō, subiī	auf sich nehmen
cōnsōlārī, cōnsōlor, cōnsōlātus sum	trösten

---

incommodum, -ī *n.*	Nachteil, Unannehmlichkeit
perferre, perferō, pertulī, perlātum (→ per L 3, ferre L 32)	ans Ziel bringen; durchführen; erdulden
flōs, flōris *m.*	Blüme, Blüte
praepōnere, praepōnō, praeposuī, praepositum (→ prae L 32, pōnere L 44)	vorziehen; an die Spitze stellen *(dt.: »Präposition«; engl.: »preposition«)*
dēpōnere, dēpōnō, dēposuī, dēpositum	niederlegen, ablegen
ūniversus, -a, -um	gesamt; allgemein *(dt.: »Universum«, »Universität«; engl.: »university«)*
ūniversī, -ae, -a	alle
precēs, precum *f.*	Bitten
flōs, flōris *m.*	Blume, Blüte
cēdere, cēdō, cessī, cessum	gehen; weichen; nachgeben
discēdere, discēdō, discessī, discessum	weggehen, auseinandergehen
maestus, -a, -um	traurig
quaestiō, -ōnis *f.* (→ quaerere L 32)	Untersuchung *(engl.: »question« Frage)*
mūnus, mūneris *n.*	Amt; Aufgabe; Geschenk; Festspiel, öffentliches Schauspiel
prōcēdere, prōcēdō, prōcessī, prōcessum	vorwärtsgehen; hervorgehen aus *(dt.: »Prozess«, engl.: »process« Vorgang)*
quasi *(Adv.)*	gleichsam; wie wenn
testis, -is *m. u. f.*	Zeuge, Augenzeuge

Redewendungen

capitis damnāre	zum Tode verurteilen
sacrum/sacra facere	opfern
ad bēstiās damnāre	zum Kampf mit den wilden Tieren verurteilen

49 LECTIO UNDEQUINQUAGESIMA

futūrus, -a, -um	zukünftig *(dt.: »Futur«; engl.: »future«)*
dēferre, dēferō, dētulī, dēlātum	herab-, weg-, hintragen; an einen Ort bringen; übertragen
singulāris, -e	einzigartig *(dt.: »Singular«)*
nūbere, nūbō, nūpsī, nuptum *(beim Dat.)*	(einen Mann) heiraten
status, -ūs *m.* (→ stāre L 1)	Zustand; Lage; Stellung, Rang *(engl.: »state« Zustand)*
abstinēre, abstineō, abstinuī *(beim Abl.)*	sich fernhalten von
avāritia, -ae *f.*	Geiz, Habsucht
aegrōtus, -a, -um	krank
inopia, -ae *f.*	Mangel, Not
persuādēre, persuādeō, persuāsī, persuāsum *(beim Dat.)*	überreden *(mit ut)*; überzeugen *(mit AcI)* *(engl.: »(to) persuade«)*

---

quicumque, quaecumque, quodcumque (→ quī L 15)	wer auch immer; jeder, der
domina, -ae *f.*	Hausherrin
fungī, fungor, fūnctus sum *(beim Abl.)*	(etw.) ausführen, vollbringen *(dt.: »Funktion«; engl.: »function«)*
propinquus, -a, -um (→ prope L 3)	nahe; nahestehend, verwandt
proprius, -a, -um	eigen, eigentümlich *(engl.: »proper«)*
egēre, egeō, eguī *(beim Abl.)*	(etw.) nötig haben, brauchen; Not leiden
vestīmentum, -ī *n.*	Kleid
ōrnāmentum, -ī *n.*	Schmuck
cibus, -ī *m.*	Speise, Nahrung
merēre, mereō, meruī, meritum	verdienen

---

orīrī, orior, ortus sum	entstehen *(dt.: »Orient« Land der aufgehenden Sonne)*
aperīre, aperiō, aperuī, apertum (→ apertus, -a, -um L 3)	öffnen
iūstus, -a, -um (→ iūs L 28)	gerecht; gebührend
distribuere, distribuō, distribuī, distribūtum	einteilen, zuteilen
sānctus, -a, -um	heilig *(dt.: »Sankt«, engl.: »saint«)*
experīrī, experior, expertus sum	erleben, erleiden, erfahren, erproben *(dt.: »Experte«; engl.: »expert« Fachmann)*
ōrdō, ōrdinis *m.*	Stand; Reihe; »Ordnung« *(engl.: »order«)*
cōnsūmere, cōnsūmō, cōnsūmpsī, cōnsūmptum	verwenden, verbrauchen *(dt.: »Konsument« Verbraucher)*

expellere, expellō, expulī, expulsum (→ ex L 9, pellere L 19)	vertreiben, verbannen
redūcere, redūcō, redūxī, reductum (→ dūcere L 24)	zurückführen, zurückziehen *(dt.: »reduzieren«, engl.: »(to) reduce« verringern)*
paupertās, -ātis *f.*	Armut
dēdere, dēdō, dēdidī, dēditum (→ dē L 9, dare L 3)	hingeben, ausliefern; widmen

Redewendungen

id mihi persuāsī	davon bin ich überzeugt

50 LECTIO QUINQUAGESIMA

somnium, -ī *n.*	Traum, Traumbild
mīrus, -a, -um	verwunderlich, wunderbar
fatīgāre	zermürben, ermüden
iacēre, iaceō, iacuī	liegen
onerāre	beladen

51 LECTIO QUINQUAGESIMA PRIMA

fierī, fīō, factus sum	(gemacht) werden; entstehen
pervenīre, perveniō, pervēnī, perventum (→ per L 3, venīre L 28)	(hin)kommen
frequēns, -entis (→ frequentāre L 4)	zahlreich (versammelt), häufig *(dt.: »Frequenz« Häufigkeit; engl.: »frequency«)*
lēgātiō, -ōnis *f.*	Gesandtschaft, Abordnung
obses, obsidis *m.*	Geisel
vectīgal, -ālis *n.*	Steuer, Abgabe
pendere, pendō, pependī, pēnsum	abwägen; zahlen
appetere, appetō, appetīvī, appetītum (→ petere L 21)	begehren, verlangen; angreifen *(dt.: »Appetit«)*
causā *(beim Gen.)* (→ causa, -ae L 9)	wegen *(engl.: »because of«)*
adventus, -ūs *m.* (→ advenīre L 28)	Ankunft *(dt.: »Advent« Zeit vor Weihnachten, der Geburt Jesu)*
māteria, -ae *f.*	»Material«, Stoff; Bauholz *(engl.: »material« Stoff)*
rīpa, -ae *f.*	Ufer
centuriō, -ōnis *m.*	»Zenturio«, Hauptmann
facile *(Adv.)* (→ facilis L 23)	leicht, mühelos
impellere, impellō, impulī, impulsum (→ pellere L 19)	(an)stoßen, bewegen, veranlassen *(dt.: »Impuls« Antrieb, Anstoß)*
hūc *(Adv.)*	hierher, hierhin, bis zu diesem Punkt
statuere, statuō, statuī, statūtum	hin-/aufstellen; bestimmen, beschließen
trānsīre, trānseō, trānsiī, trānsitum (→ trāns L 24, īre L 6)	hinübergehen; überschreiten

———

ēligere, ēligō, ēlēgī, ēlēctum	auswählen
cognōscere, cognōscō, cognōvī, cognitum	kennenlernen; untersuchen, erkennen

celeritās, -ātis *f.*	Schnelligkeit
addūcere, addūcō, addūxī, adductum (→ ad L 3, dūcere L 24)	heranführen; veranlassen
parātus, -a, -um (→ parāre L 5)	bereit
classis, -is *f.*	»Klasse«, Abteilung; Flotte *(engl.: »class«)*
———	
sīve … sīve	sei es, dass … oder dass …; entweder … oder
pūblicē *(Adv.)* (→ pūblicus L 9)	öffentlich, allgemein, im Interesse des Staates
prīvātim *(Adv.)* (→ prīvātus, -a, -um L 23)	»privat«
pācāre	befrieden, unterwerfen
admīrārī, admīror, admīrātus sum (→ mīrārī L 41)	bewundern, sich wundern *(engl.: »(to) admire«)*
īra, -ae *f.*	Zorn, Erbitterung
praestāre, praestō, praestitī *(beim Dat.)*	jmdm. voranstehen, jmdn. übertreffen
(beim Akk.) (→ prae L 32, stāre L 1)	etw. leisten
iūdicium, -ī *n.*	Entscheidung, Urteil; Meinung

Redewendungen

aliquem certiōrem facere (→ certus, -a, -um L 21)	jmdn. benachrichtigen

52 LECTIO QUINQUAGESIMA ALTERA

fōns, fontis *m.*	Quelle *(dt.: »Fontäne« Springbrunnen; engl.: »fountain«)*
crēscere, crēscō, crēvī, crētum	wachsen; sich entwickeln
exigere, exigō, exēgī, exāctum (→ ex L 9, agere L 19)	wegtreiben, eintreiben; fordern, erfordern
dēsīderāre	sich sehnen nach; begehren, wünschen
aquaeductus, -ūs *m.* (→ aqua L 4, dūcere L 24)	Wasserleitung, »Aquädukt«
difficultās, -ātis *f.* (→ difficilis, -e L 23)	Schwierigkeit *(engl.: »difficulty«)*
cōnfīdere, cōnfīdō, cōnfīsus sum (→ fidēs L 26)	vertrauen, sich verlassen *(engl.: »self-confident« selbstbewusst)*
secundum *(beim Akk.)*	unmittelbar nach; entlang; gemäß
———	
cupiditās, -ātis *f.* (→ cupere L 23)	Verlangen, Begierde, Leidenschaft
mētīrī, mētior, mēnsus sum	(ver)messen
distribuere, distribuō, distribuī, distribūtum	einteilen, zuteilen
ūsus, -ūs *m.* (→ ūtī L 39)	Gebrauch, Benutzung; Nutzen, Vorteil *(engl.: »use«)*
———	
concēdere, concēdō, concessī, concessum	erlauben, gestatten, nachgeben
dīvīnus, -a, -um	göttlich, übermenschlich
situs, -a, -um	gelegen
adiungere, adiungō, adiūnxī, adiūnctum (→ ad L 3, iungere L 41)	anfügen, verbinden

obtinēre, obtineō, obtinuī, obtentum (→ tenēre L 14)	festhalten, im Besitz haben; einnehmen
urbānus, -a, -um (→ urbs L 23)	(groß)städtisch *(engl.: »urban«)*
voluntās, -ātis *f.* (→ volō L 46)	Wille, Wunsch, Verlangen; Absicht
15 **cursus, -ūs** *m.*	»Kurs«, Verlauf, Weg, Fahrt *(engl.: »course«)*
superus, -a, -um (→ super L 16)	der obere
superī, -ōrum *m.*	die überirdischen Götter
īnferior, -ōris	niedriger (gelegen)
ēmittere, ēmittō, ēmīsī, ēmissum	aussenden; ablaufen lassen
cernere, cernō, crēvī, crētum	genau sehen, deutlich wahrnehmen
dēcēdere, dēcēdō, dēcessī, dēcessum (→ dē L 9, cēdere L 48)	weggehen, abweichen
20 **contumēlia, -ae** *f.*	Kränkung, Beleidigung, Schande
revertī, revertor, revertī	zurückkehren, zurückkommen, umkehren
aequus, -a, -um	eben, gleich(mäßig); gerecht; ruhig *(engl.: »equal« gleich)*
convenīre, conveniō, convēnī, conventum (→ venire L 28)	zu Stande kommen, zusammentreffen; sich einigen
ēvenīre, ēveniō, ēvēnī, ēventum	herauskommen, sich ereignen, geschehen, gelingen

Redewendungen

operam dare	sich Mühe geben; sich beschäftigen

Stammformen

gaudēre, gaudeō, gavīsus sum	sich freuen
audēre, audeō, ausus sum	wagen
solēre, soleō, solitus sum	gewohnt sein (etwas zu tun)

53 LECTIO QUINQUAGESIMA TERTIA

nōscere, nōscō, nōvī, nōtum (→ nōtus, -a, -um L 14)	kennenlernen, erfahren; *Pf.:* kennen, wissen
situs, -a, -um	gelegen
admittere, admittō, admīsī, admissum (→ ad L 3, mittere L 17)	in Bewegung setzen; zulassen, gestatten
nūper *(Adv.)*	neulich, unlängst
meminisse, meminī *(beim Gen.)* (→ memoria L 5)	sich erinnern an, denken an
opera, -ae *f.*	Mühe, Arbeit
5 **alicuius interest**	es liegt in jmds. »Interesse«
meā/tuā interest	es liegt in meinem/deinem Interesse

———

exsistere, exsistō, exstitī	heraustreten, auftreten; entstehen *(engl.: »(to) exist« vorhanden sein)*
ēligere, ēligō, ēlēgī, ēlēctum	auswählen
saxum, -ī *n.*	Stein, Fels
onus, -eris *n.*	Last, Gewicht, Mühe

collocāre	aufstellen, errichten, ansiedeln

vulnerāre	verletzen
ōdisse, ōdī (→ odium L 12)	hassen
metuere, metuō, metuī (→ metus L 26)	sich fürchten; fürchten
dictum, -ī *n.* (→ dīcere L 17)	Aussage, Ausspruch, Wort
———	
repetere, repetō, repetīvī, repetītum	wieder aufsuchen; wiederholen *(engl.: »(to) repeat« wiederholen)*
āvertere, āvertō, āvertī, āversum	abwenden, vertreiben
impedīre, impediō, impedīvī, impedītum	hindern, zurückhalten

merīdiēs, -ēī *m.*	Mittag; Süden
item *(Adv.)*	ebenso, auch
commūnis, -e	gemeinsam; allgemein *(dt.: »Kommunismus«; engl.: »common« gemeinsam)*
observāre	beobachten, beachten
cēterum *(Adv.)* (→ cēterī, -ae, -a L 11)	übrigens, außerdem

54 LECTIO QUINQUAGESIMA QUARTA

quō … eō	je … desto
iuvenis, -is	jung
iuvenis, -is *m.* (→ iuventūs L 46)	junger Mann
fīnitimus, -a, -um	benachbart
paulātim *(Adv.)*	allmählich
vetāre, vetō, vetuī, vetitum	verbieten, verhindern *(dt.: »Veto« Einspruch(srecht))*
exstinguere, exstinguō, exstīnxī, exstīnctum	auslöschen
dēsīderium, -ī *n.*	Sehnsucht, Verlangen
clam *(Adv.)*	heimlich
———	
lacrima, -ae *f.*	Träne, Tropfen
custōs, -ōdis *m.*	Wächter
fallere, fallō, fefellī	täuschen *(engl.: »(to) fail« keinen Erfolg haben, fehlschlagen)*
———	
abicere, abiciō, abiēcī, abiectum (→ ab L 9, iacere L 28)	weg-, herab-, niederwerfen
silva, -ae *f.*	Wald
fera, -ae *f.*	wildes Tier
recēns, recentis	frisch, neu *(engl.: »recent« vor kurzem entstanden, neu)*
tumulus, -ī *m.*	Grabhügel
ōs, ōris *n.*	Mund; Gesicht; Maul
sanguis, sanguinis *m.*	Blut

Redewendungen

mātrimonium inīre	eine Ehe schließen
multā nocte	spät in der Nacht
sub lūcem	bei Tagesanbruch

55 LECTIO QUINQUAGESIMA QUINTA

cantus, -ūs *m.*	Gesang; Spiel, Klang
canere, canō, cecinī (→ cantus)	singen, besingen; ertönen lassen, spielen *(dt.: »Kantor« Leiter des Kirchenchores)*
dulcis, -e	süß; lieblich, angenehm
fera, -ae *f.*	wildes Tier
nūbere, nūbō, nūpsī, nuptum *(beim Dat.)*	*(einen Mann)* heiraten
priusquam *(beim Ind. Perf.)*	bevor
maestus, -a, -um	traurig
———	
rēgīna, -ae *f.*	Königin
5 **nervus, -ī** *m.*	Sehne; Saite; Fessel *(dt.: »Nerv«, engl.: »nerve«)*
mundus, -ī *m.*	Welt
umbra, -ae *f.*	Schatten
dēprecārī, dēprecor, dēprecātus sum (→ precēs L 48)	bitten
paulum *(Adv.)*	ein wenig
sēdēs, -is *f.* (→ sedēre L 1)	Sitz; Stuhl; Wohnsitz; Stätte
10 **tendere, tendō, tetendī, tentum**	spannen, dehnen, strecken; eilen
eō tendere	dorthin eilen
venia, -ae *f.*	Gunst; Erlaubnis; Verzeihung
remittere, remittō, remīsī, remissum (→ mittere L 17)	zurückschicken; lockern; erlassen
———	
hinc *(Adv.)* (→ hīc L 1)	von hier
15 **flectere, flectō, flexī, flexum**	beugen, biegen

prōgredī, prōgredior, prōgressus sum	hervor-, herauskommen; vorrücken; fortschreiten *(engl.: »(to) be in progress« im Gange sein)*
sōlitūdō, -inis *f.*	Einsamkeit

Redewendungen

mātrimonium inīre	eine Ehe schließen

56 LECTIO QUINQUAGESIMA SEXTA

foedus, -a, -um	hässlich, scheußlich, widerlich
procul *(Adv.)*	in der Ferne, fern
frōns, frontis *f.*	Stirn, Vorderseite *(dt.: »Front«; engl.: »front« Vorderseite; engl.: »frontier« Grenze)*
grex, gregis *m.*	Herde
pecus, pecudis *f.*	Haustier; Schaf
pāscere, pāscō, pāvī, pāstum	weiden (lassen); nähren
———	
ōlim *(Adv.)*	einst, dereinst
optāre	wünschen *(dt.: »Optativ«; engl.: »option« Wahl (möglichkeit))*
sitis, -is *f.*	Durst
———	
5 **praedicāre**	öffentlich ausrufen; rühmen *(dt.: »predigen«)*
pectus, -oris *n.*	Brust, Seele

occultus, -a, -um	verborgen, unbemerkt
caedere, caedō, cecīdī, caesum	umhauen; niedermachen, erschlagen
assequī, assequor, assecūtus sum (→ sequī L 45)	einholen, erreichen, nachfolgen

57 LECTIO QUINQUAGESIMA SEPTIMA

spectāculum, -ī *n.* (→ spectāre L 2)	Spiel, Schauspiel
cōnsecrāre	weihen
cōmoedia, -ae *f.*	»Komödie« *(engl.: »comedy«)*
tragoedia, -ae *f.*	»Tragödie« *(engl.: »tragedy«)*
septingentēsimus, -a, -um	der siebenhundertste
5 **mīlle**	Tausend *(dt.: »Meile« 1,5 km = 1000 röm. Doppelschritte; engl.: »mile«)*
quīngentī, -ae, -a	fünfhundert
mīlia, *Gen.:* **mīlium**	Tausende
septuāgintā	siebzig
imber, imbris *m.*	Regenguss, Regen
repentīnus, -a, -um (→ repente)	plötzlich
situs, -a, -um	gelegen
10 **octōgintā**	achtzig
sescentēsimus, -a, -um	der sechshundertste
nōnāgēsimus, -a, -um	der neunzigste
aedīlis, -is *m.*	»Ädil«
quadrāgintā	vierzig
—	
intrā *(beim Akk.)*	innerhalb
15 **cōnsuētūdō, -inis** *f.*	Gewohnheit; Kontakt mit jmdm.
compōnere, compōnō, composuī, compositum (→ pōnere L 44)	zusammenstellen, -fügen; ordnen *(dt.: »komponieren« kunstvoll zusammenstellen)*
vertere, vertō, vertī, versum (→ āvertere L 53)	wenden, drehen; übersetzen

Abkürzung

a.u.c. = ab urbe conditā	seit Gründung der Stadt (Rom)

58 LECTIO DUODESEXAGESIMA

emere, emō, ēmī, ēmptum	kaufen, erkaufen

dēspērāre	verzweifeln
repente *(Adv.)*	plötzlich
ācer, ācris, ācre	scharf; scharfsinnig; tatkräftig, leidenschaftlich
occultāre	verbergen, verstecken
cēlāre aliquem aliquid	jmdm. etw. verbergen, verheimlichen
—	
5 **salvus, -a, -um** (→ salvē, salvēte L 5)	wohlbehalten, unversehrt
ambulāre	spazierengehen

tangere, tangō, tetigī, tāctum	berühren *(dt.: »Tangente« Gerade, die einen Kreis berührt; engl.: »(to) touch«)*
inquam (→ inquit L 21)	sag(t)e ich
indīgnus, -a, -um (→ dīgnus, -a, -um L 38)	schlimm, empörend
facinus, -oris *n.* (→ facere L 21)	Tat, Untat
obsecrāre	anflehen, beschwören
scelus, sceleris *n.*	Verbrechen
prīdem *(Adv.)*	vor langer Zeit
adimere, adimō, adēmī, adēmptum	an sich nehmen, wegnehmen
exstinguere, exstinguō, exstīnxī, exstīnctum	auslöschen
dormīre	schlafen
āiō	ich bejahe, behaupte
ait	er bejaht, behauptet
somnium, -ī *n.*	Traum, Traumbild
scelestus, -a, -um	verbrecherisch

Redewendungen

dēspērāre salūtem	die Hoffnung verlieren; verzweifeln

59 LECTIO UNDESEXAGESIMA

contrārius, -a, -um (→ contrā L 11)	entgegengesetzt
excipere, excipiō, excēpī, exceptum	aufnehmen, auf sich nehmen *(engl.: »except« außer)*
ēvenīre, ēveniō, ēvēnī, ēventum	herauskommen; sich ereignen, geschehen; gelingen
persōna, -ae *f.*	Maske; Rolle »Person« *(engl.: »person«)*
exitus, -ūs *m.* (→ ex L 9, īre L 6)	Ausgang, Ende; Tod, Untergang
-ve	oder
māchina, -ae *f.*	»Maschine«; Kunstgriff *(engl.: »machine«)*
scaena, -ae *f.*	Bühne *(dt.: »Szene«; engl.: »scene« Schauplatz einer Theaterhandlung)*
fingere, fingō, fīnxī, fictum	formen; erdichten; vorgeben
argūmentum, -ī *n.*	Beweis; Inhalt, Stoff (eines Theaterstückes) *(dt.: »Argument« Begründung, Beweis; engl.: »argument«)*
tractāre	behandeln, verhandeln

---

soror, sorōris *f.*	Schwester
immolāre	opfern
incendere, incendō, incendī, incēnsum	entzünden, entflammen
perdūcere, perdūcō, perdūxī, perductum	hinführen; veranlassen
epistula, -ae *f.*	Brief
unda, -ae *f.*	Welle

Redewendungen

alicuī male facere	jmdm. Böses tun, jmdm. etw. antun

Arbeitsblätter zum Vokabular Englisch-Latein-Deutsch siehe unter: http://www.cornelsen-teachweb.de im Angebot zum Fach Latein.

Römische Zahlen

		Grundzahlen	Ordnungszahlen
1	I	ūnus, a, um ein/einer/ein	prīmus, -a, -um der (die) das erste
2	II	duo, duae, duo	secundus od. alter
3	III	trēs, trēs, tria	tertius
4	IV	quattuor	quārtus
5	V	quīnque	quīntus
6	VI	sex	sextus
7	VII	septem	septimus
8	VIII	octō	octāvus
9	IX	novem	nōnus
10	X	decem	decimus
11	XI	undecim	undecimus
12	XII	duodecim	duodecimus
13	XIII	trēdecim	tertius decimus
14	XIV	quattuordecim	quārtus decimus

		Grundzahlen	Ordnungszahlen
15	XV	quīndecim	quīntus decimus
16	XVI	sēdecim	sextus decimus
17	XVII	septendecim	septimus decimus
18	XVIII	duodēvigintī	duodēvicēsimus
19	XIX	undēvīgintī	undēvicēsimus
20	XX	vīgintī	vīcēsimus
30	XXX	trīgintā	tricēsimus
40	XL	quadrāgintā	quadrāgēsimus
50	L	quīnquāgintā	quīnquāgēsimus
60	LX	sexāgintā	sexāgēsimus
70	LXX	septuāgintā	septuāgēsimus
80	LXXX	octōgintā	octōgēsimus
90	XC	nōnāgintā	nōnāgēsimus
100	C	centum	centēsimus

Römische Namensgebung

Jeder männliche römische Bürger besaß seit der ausgehenden Republik einen
Vornamen (praenomen; meistens abgekürzt, z. B. *C.* Iulius Caesar, *M.* Tullius Cicero),
Familiennamen (nomen gentile; z. B. C. *Iulius* Caesar),
Beinamen (cognomen; z. B. M. Tullius *Cicero*).

Mädchen hatten nur den Familiennamen in der weiblichen Form: Iulia, Cornelia, Claudia.

Bei Sklaven gab man sich keine große Mühe. Sie wurden bei dem Namen gerufen, den ihnen ihr Herr gegeben hatte. Häufige Namen waren Felix (der Glückliche) oder einfach Spartacus, Syrus, Delia, Lydia (Bezeichnung nach ihrem Herkunftsland).

Abkürzungen der gebräuchlichsten römischen Vornamen

A.	Aulus	L.	Lūcius	Ser.	Servius
C.	Gāius	M.	Mārcus	Sex.	Sextus
Cn.	Gnaeus	P.	Pūblius	T.	Titus
D.	Decimus	Q.	Quīntus	Ti.	Tiberius

Namen- und Sachregister

Ācis, -idis *m.* Akis. Sohn des Faunus und der Nymphe Symaethis, Geliebter der Galatea; von Polyphem aus Eifersucht getötet. L 56

aedēs Vestae der Vestatempel auf dem Forum. L 37, 38

Aegyptus, -ī *f.* Ägypten. L 30

Aemilia, -ae *f.* röm. Familienname in weiblicher Form. L 22

Aemilius, -a, -um aemilisch; von M. Aemilius Lepidus, → Basilica Aemilia. L 9

Aenēās, -ae *m.* Aeneas. Sohn der Göttin Venus, Schwiegersohn des Königs von Troja; er führte nach der Zerstörung Trojas die überlebenden Trojaner nach Italien. L 11, 12, 13, 60

Aequī, -ōrum *m.* die Äquer. Mittelitalisches Volk, im 5. Jh. v. Chr. mit den Römern verfeindet. L 24

Aesōpus, -ī *m.* Aesop. Griech. Fabeldichter um 550 v. Chr., der Überlieferung nach Sklave. L 28

Aetna, -ae *f.* Aetna. Vulkan auf Sizilien, in dessen Nähe der Sage nach der Kyklop Polyphem wohnte. L 56

Āfrica, -ae *f.* Afrika. Nach antiker Vorstellung einer der drei Erdteile; auch Bezeichnung für die römische Provinz in Nordafrika. L 9, 12, 13, 44, 52

Agrippīna, -ae *f.* Iulia Agrippina (15–59 n. Chr.), Mutter des Kaisers Nero, Frau des Kaisers Claudius; sie vergiftete ihren Mann und wurde von ihrem Sohn ermordet. L 25

Agrippīnēnsis, -is aus Köln, von Köln, dem Geburtsort Agrippinas. L 24

Alamannī, -ōrum *m.* Alamannen/Alemannen. Zusammenschluß verschiedener germanischer Volksstämme; drangen 213 n. Chr. aus ihrem Siedlungsgebiet an der Elbe in das Römische Reich ein. L 19

Alba Longa Alba Longa. Stadt in Latium, heute Castelgandolfo; der Sage nach von Askanius gegründet. L 13

Albiōn Albion. Nach der Sage ursprünglicher Name Englands vor der Besiedelung durch Brutus und die Trojaner. L 60

Alexander, -drī *m.* (**Alexander Magnus**), Alexander der Große (356–323 v. Chr.). König von Makedonien, eroberte Kleinasien, besiegte die Perser und drang auf seinen Feldzügen bis nach Indien vor. L 31

Alpīnus, -a, -um aus den Alpen, in den Alpen. L 38

Amor, -ōris *m.* die Liebe (als kindlicher Gott, Sohn der Venus, dargestellt). L 55

Amūlius, -ī *m.* Amulius. König von Alba Longa, Bruder des Numitor. L 13

Anglia, -ae *f.* England. L 60

Anglicus, -a, -um englisch. L 60

Anglī, -ōrum *m.* die Engländer. Angelsächsische Bewohner Englands, von Wilhelm dem Eroberer 1066 besiegt. L 60

Anna, -ae *f.* hebr. Frauenname, auch heute gebräuchlich. L 14

Antinous, -ī *m.* Antinous (110–130 n. Chr.). Griechischer Liebling Hadrians; ertrank bei einer Nilfahrt und wurde von Hadrian zum Gott erklärt. L 41–43

Antōnius, -ī *m.* M. Antonius (ca.82–30 v. Chr.). Anhänger Caesars, schloss sich nach Caesars Ermordung mit Octavian und Lepidus im Triumvirat von 43 v. Chr. zusammen; von Cicero in den »Philippischen Reden« angegriffen; später Ehemann der ägyptischen Königin Kleopatra und Gegner Octavians, wurde 31 in der Schlacht bei Actium von ihm besiegt und beging Selbstmord. L 34, 40

Apollodōrus, -ī *m.* Apollodor (2. Jh. n. Chr.). Unter Trajan Architekt bedeutender Bauten in Rom und im ganzen Römischen Reich, unter Hadrian zum Tode verurteilt und hingerichtet. L 42

Apollodōrus, -ī *m.* aus dem Griechischen abgeleiteter Männername. In der Rahmenhandlung von »Salvete« Sklave des Rufus, arbeitet als Lehrer in dessen Haus. L 1, 2, 5, 6, 15

Appius Claudius Pulcher Appius Claudius Pulcher. Römischer Konsul, Vater der Vestalin Claudia, besiegte 143 v. Chr. die Salasser. L 38

Appius, -a, -um appisch; von Appius Claudius Caecus Censor (Zensor 312 v. Chr.), → Via Appia. L 6, 10

Arabes, -um *m.* die Araber. L 30

Ariadna, -ae *f.* Ariadne. Tochter des Minos, Geliebte des Theseus, die ihm half, den Minotaurus zu besiegen; von Theseus auf der Insel Naxos verlassen, von Dionysos unter die Sterne versetzt. L 46

Arminius, -ī *m.* Arminius. Fürst der Cherusker, ca. 17 v.–20 n. Chr.; zunächst in römischen Diensten, dann Gegner der Römer; besiegte 9 n. Chr. drei römische Legionen unter Varus in der Schlacht im Teutoburger Wald; nach neuesten Ausgrabungen offenbar am Kalkrieser Berg bei Bramsche. L 17, 18, 19

Ascanius, -ī *m.* Askanius. Sohn des Aeneas und der Kreusa; Gründer der Stadt Alba Longa. L 11, 13, 60

Asia, -ae *f.* Asien. Nach antiker Vorstellung einer der drei Erdteile; oft auch Bezeichnung für Kleinasien, die heutige Türkei. L 31, 44

Astigis, -is *f.* römischer Ort in Spanien. L 24

Athēnae, -ārum *f.* Athen. Hauptstadt Attikas, im 5. Jh. v. Chr. demokratisch regierter Stadtstaat, heute Hauptstadt Griechenlands. L 20, 42, 45, 57, 58, 59

Athēniēnsēs, -ium *m.* die Athener. L 28, 43, 46, 59

Athēnodōrus, -ī *m.* Athenodor. Athenischer Philosoph, von dem Plinius der Jüngere in einem Brief berichtet. L 20

Ātrium Vestae *n.* Halle der Vesta. Gebäude auf dem Forum Romanum, in dem die Vesta-Priesterinnen wohnten. L 39

Atticus, -ī *m.* Atticus (T. Pomponius Atticus, 109–32 v. Chr.). Reicher römischer Ritter, Freund Ciceros, Geschichtsschreiber und Herausgeber zeitgenössischer Literatur. Lebte längere Zeit in Athen, wo er für die großzügige Förderung der Stadt den Beinamen Atticus erhielt. Kunstsammler und Besitzer einer bedeutenden Bibliothek. L 42

Augusta Raurica (auch: **Colonia Augusta Raurica**), römische Kolonie am Rhein, in der Nähe von Basel, heute Augst; gegründet 44 v. Chr. L 21, 22

Augusta Trēverōrum Trier. Im 4. Jh. n. Chr. kaiserliche Residenz, von Konstantin prächtig ausgebaut. L 53

Augusta Vindelicōrum Augsburg. Hauptstadt der Provinz Raetien, am Zusammenfluß von Wertach und Lech gelegen. L 19

Augustus, -ī *m.* C. Iulius Caesar Octavianus Augustus (63 v. Chr.–14 n. Chr.). Adoptivsohn Caesars; besiegte 42 v. Chr. zusammen mit Antonius bei Philippi die Caesarmörder und gelangte 31 v. Chr. durch den Sieg über Antonius und Kleopatra bei Actium zur Alleinherrschaft über das Römische Reich; erhielt 27 v. Chr. nach angeblicher Wiederherstellung der Republik vom Senat den Ehrentitel Augustus, den späteren Beinamen aller römischen Kaiser; herrschte als »Princeps«, verkündete 17 v. Chr. die Pax Augusta, den augusteischen Weltfrieden. L 35, 36, 39

Augustus, -a, -um augusteisch, kaiserlich. L 21

Augustī, -ōrum *m.* die Augusti. In der Tetrarchie, dem von Diokletian eingeführten Herrschaftssystem, gab es je zwei Augusti und Caesares, die für die einzelnen Teile des Römischen Reiches zuständig waren. L 36

Augīās, -ae *m.* Augias. König von Epirus, dessen Stall Herkules in einem Tag reinigen mußte. L 32

Aurēlia, -ae *f.* röm. Familienname in weiblicher Form. Verlobte des Gallus. L 17, 18

Bagiae, -ārum Bayeux. Stadt in der Normandie. L 60

basilica Aemilia die Basilica Aemilia. Dem Handel und der Gerichtsbarkeit dienende Halle auf dem Forum Romanum, erbaut 179 v. Chr. L 9

basilica Iūlia die Basilica Iulia. Dem Handel dienende Halle auf dem Forum Romanum, erbaut 46 v. Chr. L 9

Benedictus, -ī *m.* lat. Männername (wörtl.: der Gebenedeite), auch heute gebräuchlich (Benedikt). L 14, 16

Bethlehem Bethlehem. Stadt in der Provinz Judäa, in der nach biblischer Überlieferung Jesus Christus geboren wurde. L 30

Biēnus, -ī *m.* Bienus. Gall. Männername; In »Salvete« gallischer Kaufmann. L 21, 22, 23

Britannia, -ae *f.* Britannien. England und Schottland; seit der Eroberung durch Kaiser Claudius 43 n. Chr. römische Provinz, reichte im 2. Jh. n. Chr. bis zur Linie Glasgow–Edinburgh. L 9, 19

Britōnia, -ae *f.* Britonia. Name Englands, der Sage nach abgeleitet von Brutus. L 60

Britōnēs, -um *m.* die Briten. Die keltischen Bewohner Englands, der Sage nach ursprünglich die trojanischen Gefährten des Brutus. L 60

Brūtus, -ī *m.* Brutus. Sohn des Silvius, Mann der Innoge; er führte der Sage nach einen Teil der Trojaner nach England und besiedelte es. L 60

Brūtus, -ī *m.* M. Iunius Brutus (85–42 v. Chr.). Einer der Caesarmörder; von Antonius und Octavian bei Philippi in Makedonien besiegt, beging er Selbstmord. L 35

Caecilia, -ae *f.* röm. Familienname in weiblicher Form. In der Rahmenhandlung von »Salvete« Frau des Rufus. L 1, 2, 3, 4, 5

Caesar, -aris *m.* C. Iulius Caesar (100–44 v. Chr.). Römischer Politiker, Feldherr und Schriftsteller; schloss sich im Triumvirat von 60 v. Chr. mit Pompeius und Crassus zusammen, eroberte 58–51 v. Chr. Gallien und Teile Germaniens, löste 49 v. Chr. durch die Überschreitung des Rubicon und bewaffneten Einfall in Italien einen Bürgerkrieg aus und machte sich durch seinen Sieg faktisch zum Alleinherrscher in Rom; ab 45 v. Chr. Diktator auf Lebenszeit; an den Iden des März 44 v. Chr. im Senat durch eine Gruppe von Verschwörern ermordet; später Beiname aller Kaiser. L 35, 36, 40, 50, 51

Caesarēs, -um *m.* die Caesares. In der Tetrarchie, dem von Diokletian eingeführten Herrschaftssystem, gab es je zwei Augusti und Caesares, die für die einzelnen Teile des Römischen Reiches zuständig waren. L 36

Caesernius Statiānus Name eines Beamten am Hof Hadrians. L 41

Calliopa, -ae *f.* Kalliope. Muse der epischen Dichtkunst, Mutter des Orpheus. L 55

Calēdonia, -ae *f.* Kaledonien. Nördliches Schottland. L 19

Calēdonēs, -um *m.* die Kaledonen. Bewohner von Kaledonien. L 19

Campānia, -ae *f.* Kampanien (Gegend in Mittelitalien, um Neapel). L 6

Capitōlium, -ī *n.* das Kapitol. Einer der sieben Hügel Roms, auf dem ein großer Tempel für Jupiter, Juno und Minerva stand und von dem aus man das Forum Romanum überblickt. L 9, 35, 38

Caracalla, -ae *m.* Caracalla (186–217 n. Chr.), römischer Kaiser von 198 bis 217 n. Chr. L 19

Cariovaldas, -ae *m.* Kariowaldas. German. Männername; hier cheruskischer Fürst. L 18

Caryātides, -um *f.* Mädchenstatuen, die anstelle von Säulen das Gebälk tragen (z. B. am Erechtheion in Athen). L 42

Cassius, -ī *m.* C. Cassius (gest. 42 v. Chr.). Einer der Caesarmörder; von Antonius und Octavian bei Philippi in Makedonien besiegt, beging er Selbstmord. L 35

Castra Regina Regensburg. Römischer Militärstützpunkt und Stadt an der Donau, gehörte zur Provinz Raetien. L 19

Catilīna, -ae *m.* L. Sergius Catilina. Im Jahre 63 v. Chr. Anführer der »Catilinarischen Verschwörung«, die von Cicero aufgedeckt wurde. L 34

Celerīnus, -ī *m.* M. Valerius Celerinus. Römischer Veteran. L 24, 25, 26

Cerberus, -ī *m.* Cerberus. Hund mit drei Köpfen, der den Eingang zur Unterwelt bewacht; eine der Arbeiten des Herkules bestand darin, den Cerberus aus der Unterwelt heraufzuholen. L 32

Cerēs, Cereris *f.* Ceres (griechisch: Demeter). Schwester der Juno und Vesta, Mutter der Proserpina; Göttin der Fruchtbarkeit und der Feldfrüchte. L 37

Cheruscī, -ōrum *m.* die Cherusker. Germanisches Volk an der Weser. L 17, 18

Christiānus, -a, -um christlich; Christ. L 29, 36, 48

Chrīstus, -ī *m.* Beiname von Jesus (wörtl.: der Gesalbte); → Iēsūs. L 29, 30

Cicerō, -ōnis *m.*

Marcus Tullius Cicero (106–43 v. Chr.). Römischer Redner, Politiker und Schriftsteller, Konsul im Jahr 63 v. Chr.; durch Octavian und Antonius geächtet und ermordet. L 34, 42, 50

Cincinnātus, -ī *m.* L. Quinctius Cincinnatus; er soll der Sage nach 458 v. Chr. vom Pflug weg zum Diktator ernannt worden sein, den Krieg gegen die Äquer gewonnen haben und dann wieder an den Pflug zurückgekehrt sein. L 24

Claudia, -ae *f.* Claudia. Vestalin, Tochter des Konsuls Appius Claudius Pulcher. L 38

Claudia, -ae *f.* röm. Familienname in weiblicher Form, heute als Vorname gebräuchlich. L 8, 14

Claudius, -ī *m.* röm. Familienname, auch heute gebräuchlich (als Vorname: Claudio).

Colossēum, -ī *n.* das Kolosseum. Amphitheater in Rom, erbaut 80 n. Chr., in dem Gladiatorenspiele und Tierkämpfe stattfanden. L 7, 10

Colōnia Agrippīnēnsium (auch: **Colōnia Agrippīna, Colōnia Claudia Āra Agrippīnēnsis**) Köln. Römisches Verwaltungszentrum; Geburtsort der Agrippina, der Frau des Kaisers Claudius. L 10, 25, 26, 28, 29, 30

Colōnia Ulpia Trāiāna römische Stadt beim heutigen Xanten am Niederrhein, gegründet von Kaiser Trajan. L 14, 16

Concordia, -ae *f.* röm. Frauenname (wörtl.: die Eintracht). In der christlichen Inschrift aus Köln verstorbene Schwester der Ursa. L 29

Cōnstantīnus, -i *m.*

Konstantin (Flavius Valerius Constantinus, ca. 280–337 n. Chr.). Römischer Kaiser von 306–337 n. Chr., Gründer von Konstantinopel; erlangte 312 n. Chr. durch den Sieg über Maxentius in der Schlacht an der Milvischen Brücke die Alleinherrschaft; erlaubte 313 n. Chr. im Toleranzedikt von Mailand den Christen die Ausübung ihrer Religion, ließ sich kurz vor seinem Tod taufen. L 36, 53

Constantīnopolis, -is *f.* Konstantinopel (früher Byzanz, heute Istanbul). Hauptstadt des oströmischen Reiches, 326 vor Chr. von Konstantin als christlicher Gegenpol zum heidnischen Rom gegründet und prächtig ausgestattet. L 36

Cordula, -ae *f.* Cordula; Hauptfigur der Rahmenhandlung. L 2, 6, 7, 8, 9, 10, 14

Corineus, -ī *m.* Corineus. Mythischer Begleiter des Brutus, besiegte den Giganten Goimagog. L 60

Cornēlia, -ae *f.* Cornelia. Tochter des Publius Cornelius Scipio, Frau des Tib. Sempronius Gracchus; nach dem Tod ihres Mannes 153 v. Chr. widmete sie sich ausschließlich der Erziehung ihrer Kinder. Fragmente zweier Briefe Cornelias aus dem Jahr 124 v. Chr. sind überliefert. Mutter der Gracchen. L 47

Cornēlia, -ae *f.* röm. Familienname in weiblicher Form, heute als Vorname gebräuchlich. L 14, 15, 16

Creūsa, -ae *f.* Kreusa. Tochter des Königs von Troja, Frau des Aeneas. L 11

Crēta, -ae *f.* Kreta. Die größte griechische Insel. L 44, 45, 46

Crētēs, -um *m.* die Kreter. Bewohner von Kreta, der größten griechischen Insel. L 30

Cyclōps, -ōpis *m.* Zyklop (wörtl.: »Rundauge«). Riese mit einem Auge in der Mitte der Stirn. L 56

Cydnus, -ī *m.* Fluß in der heut. Türkei. L 31

cūria, -ae *f.* die »Kurie«. Das Gebäude, in dem die Senatsversammlungen stattfanden. L 9, 10

Daedalus, -ī *m.* Daedalus. Mythischer Erbauer des Labyrinths auf Kreta. L 45, 46

Dāmoclēs, -is *m.* Damokles. Lebte am Hof des Tyrannen Dionysios von Syrakus (4. Jh. v. Chr.). L 33

Dārīus, -ī *m.* Dareios III. (ca. 380–330 v. Chr.), König der Perser, von Alexander dem Großen besiegt und auf der Flucht getötet. L 31

Diapontius, -ī *m.* Diapontius (wörtl.: »aus Übersee«). Von Tranio erfundene Figur in der »Mostellaria« des Plautus. L 58

Dioclētiānus, -ī *m.* Diokletian (C. Aurelius Valerius Diocletianus, ca. 230–313 n. Chr.). Römischer Kaiser 284–305; reformierte das Römische Reich durch Dezentralisierung und Neueinteilung in Provinzen und Diözesen und durch die Einführung der Tetrarchie. L 36

Dionȳsius, -ī *m.* Dionysius (ca. 430–367 v. Chr.). Tyrann von Syrakus in Sizilien. L 33

Dionȳsus, -ī *m.* *(auch:* **Dionysos**) Dionysos (bei den Römern: Bacchus). Gott des Weines, Sohn des Jupiter und der Semele. L 46, 57

Diāna, -ae *f.* Diana (griech.: **Artemis**). Göttin der Jagd, Tochter des Jupiter, Zwillingsschwester des Phoebus Apollon; heute auch als Frauenname gebräuchlich. L 12, 14, 59, 60

Domitiānus, -ī *m.* Domitian (Titus Flavius Domitianus, 51–96 n. Chr.), römischer Kaiser von 81 bis 96 n. Chr.; unter seiner Herrschaft wurde der Limes an der Grenze zwischen dem Römischen Reich und dem freien Germanien errichtet. L 19

Dīdō, -ōnis *f.* Dido. Königin von Karthago in Nordafrika, Königin der Punier; sie verliebte sich in Aeneas. L 12, 13

Edwardus, -i *m.* *(auch:* Eadwardus) Edward »der Bekenner« (ca. 1003–1066). König von England, Vorgänger König Harolds. L 60

Elīsabeth *f.* Elisabeth (1207–1231). Tochter des Königs von Ungarn, Landgräfin von Thüringen; wegen ihrer Mildtätigkeit und Fürsorge für Arme und Kranke heiliggesprochen. L 49

Ephesus, -ī *f.* Ephesos. Griechische Stadt in Ionien/Kleinasien, in der heutigen Türkei. L 31

Etrūscī, -ōrum *m.* die Etrusker. Volk in Italien, entfaltete zwischen 800 und 500 v. Chr. eine Hochkultur; später von den Römern unterworfen, die viele Bräuche und Kenntnisse von den Etruskern übernahmen. L 52

Eurīpidēs, -is *m.* Euripides (485/484–406 v. Chr.). Tragödiendichter aus Athen. L 57

Eurōpa, -ae *f.* Europa. Nach antiker Vorstellung einer der drei Erdteile; benannt nach Europa, Tochter des phönizischen Königs Agenor, Geliebte des Jupiter, Mutter des Minos; von Jupiter in Gestalt eines Stieres nach Kreta entführt. L 19, 44, 45, 46

Eurydicē, -es *f.* Eurydike. Frau des Orpheus. L 55

Faunus, -ī *m.* Faunus. Latinischer Feld- und Waldgott, Vater des Akis. L 56

Flāvus, -ī *m.* Flavus. Bruder des Arminius, Offizier im römischen Heer. L 17, 19

Fortūna, -ae *f.* das Schicksal, das Glück (als Göttin dargestellt). L 33

forum Rōmānum das Forum Romanum. Markt- und Gerichtsplatz in Rom, unter dem Kapitol gelegen; Mittelpunkt des politischen Lebens Roms und des ganzen Römischen Reiches. L 9, 10, 24, 37

Francī, -ōrum *m.* die Franzosen. Auf dem Teppich von Bayeux werden die Normannen auch als Franzosen bezeichnet. L 60

Fēriae Vestae Fest der Göttin Vesta am 9. Juni. L 37

Fāstī, -ōrum *m.* die Fasti. Römischer Festkalender; auch Titel eines Gedichtzyklus des Ovid, in dem Sagen und Bräuche zu den einzelnen Feiertagen erzählt werden. L 37

Gāius Caligula C. Iulius Caesar Germanicus, genannt Caligula (12–41 n. Chr.). Römischer Kaiser 37–41; führte eine tyrannische Herrschaft, beanspruchte göttliche Verehrung und wurde schließlich von Verschwörern ermordet. L 53

Gāius Gracchus C. Sempronius Gracchus (153–121 v. Chr.). Sohn der Cornelia, Bruder des Tib. Gracchus, römischer Politiker; setzte als Volkstribun in der Nachfolge seines Bruders Reformen durch, kam aber bei Straßenkämpfen gegen die senatorische Opposition ums Leben. L 47

Gāius, -ī *m.* Gaius Norbanus Sorex aus Pompeji, Schauspieler, lebte Ende des 1. Jh. v. Chr./Anfang des 1. Jh. n. Chr. (In der Rahmenhandlung von »Salvete« Freund des Rufus). L 2, 3, 11, 12

Galatēa, -ae *f.* Galatea. Eine der Nereiden, der Töchter des Meergottes Nereus, Geliebte des Akis; vom Kyklopen Polyphem begehrt. L 56

Galfridus Monemutēnsis Geoffrey of Monmouth (ca. 1100–1155). Verfasser der um 1138 entstandenen »Historia regum Britanniae«, die die Geschichte Englands während der keltischen Zeit behandelt. L 60

Gallī, -ōrum *m.* die Gallier. Einwohner der Provinz Gallien, auf dem Gebiet des heutigen Frankreich und Oberitalien. L 17, 51

Gellius, -ī *m.* Aulus Gellius (2. Jh. n. Chr.). Verfasser der »Noctes Atticae«, die Probleme aus vielen Wissensbereichen behandeln; überliefert unter anderem die Spottverse auf den Emporkömmling Ventidius Bassus. L 40

Germānia, -ae *f.* Germanien; geteilt in die römische Provinz Germanien auf dem westlichen Rheinufer und das freie Germanien, das Gebiet östlich des Rheins; im Süden begrenzt durch die Donau. L 16, 17, 18, 19, 21, 24, 25, 26

Germānus, -a, -um germanisch; Germane. Als Germanen werden verschiedene im Gebiet Germaniens ansässige Völker bezeichnet; gefährliche Nachbarn der Römer, die trotz vieler Feldzüge nicht unterworfen werden konnten. L 17, 18, 19, 21, 22, 26

Germānī, -ōrum *m.* die Germanen. Verschiedene im Gebiet Germaniens ansässige Völker; gefährliche Nachbarn der Römer, die trotz vieler Feldzüge nicht unterworfen werden konnten. L 51

Goimagog, -is *m.* Goimagog. Gigant auf der Insel Albion. L 60

Gracchī, -ōrum *m.* die Gracchen. Tib. und C. Gracchus, Söhne der Cornelia; römische Reformpolitiker des 2. Jh.s v. Chr. L 47

Graecia, -ae *f.* Griechenland. L 57, 60

Graecus, -a, -um griechisch; Grieche. L 1, 8, 11, 12, 15, 29

Guillelmus, -ī *m.* (*auch:* **Willelm**) Wilhelm »der Eroberer« (ca.1027–1087). Herzog der Normannen, eroberte 1066 England. L 60

Hadriānus, -ī *m.* Hadrian (P. Aelius Hadrianus, 76–138 n. Chr.). Römischer Kaiser 117–138; festigte die Grenzen, führte Rechts-, Verwaltungs- und kulturelle Reformen durch; Bewunderer der griechischen Kultur, unternahm Bildungsreisen im ganzen Mittelmeergebiet und entfaltete eine rege Bautätigkeit in Rom und Athen. Unter seiner Herrschaft wurde zwischen der Provinz Britannien und Kaledonien der Hadrianswall errichtet. L 19, 41, 42, 43

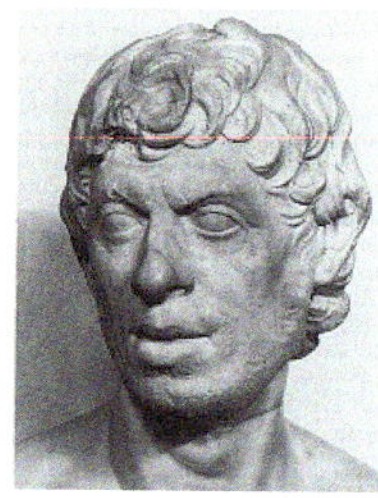

Hannibal, -is *m.* Hannibal (247/246–183 v. Chr.). Karthagischer Feldherr, gefürchteter Feind der Römer im 2. Punischen Krieg. L 47

Haraldus, -ī *m.* (*auch:* **Harold**) Harold (ca. 1022–1066). König von England, von Wilhelm dem Eroberer in der Schlacht bei Hastings besiegt. L 60

Hector, -oris *m.* Hektor. Sohn des Königs von Troja; er fiel im Kampf gegen die Griechen. L 11

Hellēspontus, -ī *m.* der Hellespont. Meerenge, die die Ägäis mit dem Marmarameer verbindet (heute Dardanellen). L 31

Herculēs, -is *m.* Herkules (griechisch: Herakles). Held der griechischen Sage, Sohn des Jupiter und der Alkmene, musste zwölf übermenschlich schwierige Arbeiten ausführen. L 17, 19, 32

Hestenga, -ae *f.* (*auch:* **Hestinga**) Hastings. Stadt an der englischen Kanalküste, in der Grafschaft Sussex, südlich von London; in der Schlacht bei Hastings besiegte Wilhelm der Eroberer die Angelsachsen. L 60

Hierosolyma, -ōrum *n.* Jerusalem. Hauptstadt Palästinas. L 30

Hippocratēs, -is *m.* Hippokrates (460–ca. 380 v. Chr.). Berühmtester Arzt der Antike. L 41

Hippolytus, -ī *m.* Hippolytos. Sohn des Theseus. L 59

Hispānia, -ae *f.* Spanien. L 9, 24, 25, 26

Horātius, -ī *m.* Horaz (Q. Horatius Flaccus, 65–8 v. Chr.). Römischer Dichter; schrieb Satiren, Epoden, Oden und Briefe. L 33
Hygīnus, -ī *m.* Hygin (C. Iulius Hyginus). Gelehrter, Bibliothekar des Augustus; unter seinem Namen ist eine Fabelsammlung des 2. Jh.s n. Chr. überliefert. L 46
Hērōdēs, -is *m.* Herodes der Große (37–4 v. Chr.), König von Judäa, regierte unter römischer Hoheit; er soll nach dem Matthäusevangelium die Ermordung aller Jungen unter zwei Jahren in und um Bethlehem befohlen haben.
Iānus Quirīnus, -ī *m.* Janus Quirinus. Römischer Gott der Tore und des Anfangs; sein Tempel am Durchgang zum Quirinal war in Kriegszeiten offen, in Friedenszeiten geschlossen. L 35
Īcarus, -ī *m.* Ikarus. Sohn des Daedalus. L 45
Īdibus Mārtiis an den Iden des März. L 35, 50
Īdūs, -uum *f.* die Iden. Im März, Mai, Juli und Oktober der 15. Tag, in den anderen Monaten der 13. Tag. L 35, 50
Iēsūs *m.* Jesus Christus (ca. 4 v.–ca. 30 n. Chr.). Wanderprediger aus Galiläa, gekreuzigt in Jerusalem, in der römischen Provinz Judäa, unter der Statthalterschaft des Pontius Pilatus; nach christlicher Auffassung Sohn Gottes, der durch seinen Tod die Menschheit von ihren Sünden erlöste. L 29
Inguiomērus, -ī *m.* Ingwiomer. Cherusk. Männername. In »Salvete« Sohn des Kariowaldas. L 18
Innogē, -ēs *f.* Innoge. Tochter des griechischen Königs Pandrasus, Frau des Brutus. L 60
Iōsēph *m.* hebr. Männername. Mann der Maria. L 30
Italia, -ae *f.* Italien. L 12, 13
Iūdaea, -ae *f.* Judäa. Palästina, seit 63 v. Chr. römische Provinz. L 16, 29, 30
Iūdaeī, -ōrum *m.* die Juden. Einwohner der Provinz Judäa. L 30
Iūlia, -ae *f.* röm. Familienname in weiblicher Form, heute als Vorname gebräuchlich (Julia). L 14, 15, 16
Iūlius, -a, -um julisch; vom röm. Familiennamen Iulius; als Männername auch heute gebräuchlich (Julius). L 9, 14
Iūnō, -ōnis *f.* Juno (griech.: **Hera**). Königin der römischen Götter, Schwester und Frau des Jupiter. L 12, 21, 37
Iuppiter, Iovis *m.* Jupiter (griechisch: Zeus). König der römischen Götter, Sohn des Saturn, Bruder und Mann der Juno. L 12, 21, 28, 44, 46
L. Pompēius Grātinus ein römischer Soldat. L 21
Latium, -ī *n.* Latium. Gegend um Rom. L 13
Latīnus, -a, -um aus Latium; lateinisch. L 6, 15, 19, 29, 39, 57
Latīnus, -ī *m.* Latinus. König von Latium, Vater der Lavinia, Schwiegervater des Aeneas. L 60
Lavīnia, -ae *f.* Lavinia. Tochter des Latinus, zweite Frau des Aeneas. L 60
Libya, -ae *f.* Libyen. Gebiet in Nordafrika, manchmal auch als Bezeichnung für Nordafrika überhaupt. L 30
Londinium, -ī *n.* London. L 60
Lȳdia, -ae *f.* Frauenname. In der Rahmenhandlung von »Salvete« aus Kleinasien stammende Sklavin des Rufus. L 1, 2, 4, 5, 6
Lūcius, -ī *m.* röm. Männername. In der Rahmenhandlung von »Salvete« Sohn des Rufus. L 1, 2, 11
Līvius, -ī *m.* Livius (T. Livius, 59 v. Chr.–17 n. Chr.), röm. Geschichtsschreiber; sein Geschichtswerk dient unter anderem als Quelle für die römische Frühzeit. L 24, 26
M. Scaurus M. Aemilius Scaurus. Aedil im Jahr 58 v. Chr., erbaute ein Theater in Rom, dessen Bühnenwand aus Marmor, Glas und vergoldetem Holz bestand und das mit 3000 Bronzestatuen und 360 Säulen geschmückt war. L 57
Macedonia, -ae *f.* Makedonien. Nördliches Nachbarland Griechenlands. L 31
Mārcia Prōcula, -ae *f.* Marcia Procula. (Frau des Celerinus). L 24, 25
Mārcus, -ī *m.* röm. Vorname. Nach der in Köln aufbewahrten Grabinschrift Sohn des Celerinus; auch heute gebräuchlich (Marc). L 2, 6, 7, 8, 9, 10, 14, 15, 16, 25, 26
Mārcus, -ī *m.* röm. Männername. Sohn eines römischen Beamten. L 57, 59

Maria, -ae *f.* hebr. Frauenname. Mutter von Jesus Christus. L 30

Mārs, Mārtis *m.* Mars (griech.: **Ares**). Gott des Krieges, Sohn des Jupiter und der Juno, Vater des Romulus und Remus. L 12, 13

Mārtius, -ī (mēnsis) *m.* der Monat März. L 35, 50

Mārtiālis, -is *m.* Martial (M. Valerius Martialis, ca. 40–102 n. Chr.). Römischer Dichter; schrieb Epigramme meist satirischen Inhalts. L 33

Maxentius, -ī *m.* Maxentius (M. Aurelius Maxentius, ca. 279–312 n. Chr.). Römischer Kaiser seit 306; wurde 312 von Konstantin an der Milvischen Brücke besiegt und ertrank im Tiber. L 36

Mēdī, -ōrum *m.* die Meder. Volk im heutigen Iran. L 30

Megara, -ae *f.* Megara. Stadt in Griechenland, zwischen Athen und der Peloponnes. L 50

Menēnius Agrippa *m.* Menenius Agrippa Lanatus. Römischer Patrizier, der nach der Sage im Jahre 494 v. Chr. die Plebs durch die Erzählung der Fabel vom Magen und den Gliedern zur Rückkehr vom Mons Sacer in die Stadt veranlaßte. L 28

Mercurius, -ī *m.* Merkur (griech.: **Hermes**). Götterbote, Gott der Kaufleute und der Diebe, Sohn des Jupiter. L 12

Mesopotamia, -ae *f.* Mesopotamien. Zweistromland zwischen den Flüssen Euphrat und Tigris, auf dem Gebiet des heutigen Irak. L 30

Mīlētus, -ī *f.* Milet. Griechische Stadt in Ionien/Kleinasien, in der heutigen Türkei; seit 546 v. Chr. unter persischer Herrschaft, 334 v. Chr. von Alexander dem Großen erobert. L 31

Mīnōs, -ōis *m.* Minos. Sohn des Jupiter und der Europa, mythischer König von Kreta. L 44, 45, 46

Mīnōtaurus, -ī *m.* der Minotaurus. Menschenfressendes Ungeheuer, halb Stier, halb Mensch, von seinem Stiefvater Minos in einem Labyrinth gefangengehalten und von Theseus getötet. L 45, 46

Minerva, -ae *f.* Minerva (griechisch: **Pallas Athene**). Göttin der Weisheit, der Künste und der Wissenschaft; Tochter des Jupiter, der Sage nach aus seinem Kopf entsprungen. L 12, 43

Mogontiacum, -ī *n.* Mainz. Römischer Militärstützpunkt am Rhein, gehörte zur Provinz Germanien. L 18

Mōns Sacer der Mons Sacer. Heiliger Berg; dem Jupiter geweihter Hügel außerhalb Roms, auf den die Plebs sich in den Jahren 494 und 449 v. Chr. zurückzog. L 28

Mosella, -ae *f.* die Mosel. Entspringt in den Vogesen und mündet bei Koblenz in den Rhein. L 53

Mōstellāria, -ae *f.* das Hausgespenst. Titel einer Komödie des Plautus. L 58

Nāsō, -ōnis *m.* Ovid (P. Ovidius Naso, 43 v. Chr.–17/18 n. Chr.). Römischer Dichter, von Augustus ans Schwarze Meer, ins heutige Rumänien, verbannt; schrieb Liebesdichtung, ein mythologisches Epos (»Metamorphosen«), einen Festkalender (»Fasti«) und Exilgedichte. L 37, 38, 39

Naxos, -ī *f.* Naxos. Größte Kykladeninsel, zwischen Kreta und Attika. L 46

Nennius, -ī *m.* Nennius. Walisischer Gelehrter des 9. Jahrhunderts; unter seinem Namen ist die »Historia Britonum« überliefert, die vor allem von den mythischen Anfängen der englischen Geschichte während der keltischen Zeit berichtet. L 60

Neptūnus, -ī *m.* Neptun (griechisch: **Poseidon**). Gott des Meeres, Bruder des Jupiter. L 12, 59

Nēreus, -ī *m.* Nereus. Meergott, Vater der fünfzig Nereiden. L 56

Nērēis, -idis *f.* Nereide. Meernymphe, eine der Töchter des Nereus und der Doris. L 56

Ninus, -ī *m.* Ninus. König von Babylon, sagenhafter Begründer des assyrischen Reiches. L 54

Normannia, -ae *f.* die Normandie. Herzogtum der Normannen im Nordwesten Frankreichs. L 60

Normannī, -ōrum *m.* die Normannen. Ursprünglich skandinavisches Volk, das sich im frühen Mittelalter in der Normandie in Frankreich ansiedelte und von dort aus 1066 unter Herzog Wilhelm England eroberte. L 60

Nova Rōma Beiname von Konstantinopel. L 36

Numitor, -ōris *m.* Numitor. König von Alba Longa, Bruder des Amulius, Vater der Rhea Silvia. L 13
Ōceanus, -ī *m.* der Ozean. Nach antiker Vorstellung das Weltmeer, das die drei Erdteile umgibt. L 44
Octāviānus, -ī *m.* Octavian (Caesar Octavianus, 63 v. Chr.–14 n. Chr.). Adoptivsohn Caesars, der spätere → Augustus. L 34, 35
Oriēns, Orientis *m.* der Orient. L 30
Orpheus, -ī *m.* Orpheus. Sohn des Apollon und der Kalliope, Sänger aus Thrakien, Ehemann der Eurydike. L 55
Pandrasus, -ī *m.* Pandrasus. Der Sage nach König in Griechenland, Vater der Innoge; von Brutus besiegt. L 60
Parmeniō, -ōnis *m.* Parmenio. Freund Alexanders des Großen. L 31
Parthia, -ae *f.* das Partherreich. Im Gebiet des heutigen Iran. L 9
Parthī, -ōrum *m.* die Parther. Antikes Volk im Gebiet des heutigen Iran. L 30, 42
Paula, -ae *f.* Páola. Hauptfigur der Rahmenhandlung. L 2, 6, 7, 8, 9
Perpetua, -ae *f.* Perpetua. Märtyrerin, hingerichtet in Karthago während der Christenverfolgung des Septimius Severus, später heiliggesprochen. L 48
Persae, -ārum *m.* die Perser. L 31
Petrus, -ī *m.* der Apostel Petrus. Jünger Jesu Christi, unter Nero in Rom hingerichtet; über seinem Grab ließ Konstantin eine Kirche errichten. L 36, 60
Petrus, -ī *m.* griech.-lat. Männername (wörtl.: der Fels), auch heute gebräuchlich (Peter). L 15
Petrōnius, -ī *m.* Petron (Petronius Arbiter, gest. 66 n. Chr.), Verfasser des »Satyricon«; von Kaiser Nero als »Schiedsrichter der Eleganz« sehr geschätzt, später in Ungnade gefallen und zum Selbstmord gezwungen. L 22
Pevensae, -ārum *f.* Pevensey. Stadt in der englischen Grafschaft Sussex, südlich von London. L 60
Phaedra, -ae *f.* Phaedra.Tochter des Minos, Schwester der Ariadne und Frau des Theseus. L 59
Phaedrus, -ī *m.* Phaedrus (ca. 20 v. Chr.–ca. 50 n. Chr.), Sklave des Augustus, später freigelassen; Dichter einer Fabelsammlung. L 27, 28
Phoebus, -ī *m.* Phoebus Apollon. Gott der Weissagung, der Dichtung, der Musik und der Medizin, Sohn des Jupiter, Zwillingsbruder der Diana. L 12
Phoenīces, -um *m.* die Phönizier. Volk aus dem Gebiet des heutigen Syrien, kolonisierte während des 1. Jahrtausends v. Chr. das Mittelmeergebiet. L 44
Pīraeus, -ī *m.* Hafen von Athen. L 43
Pīsistratus, -ī *m.* Peisistratos (ca. 600–528/527 v. Chr.), Tyrann von Athen seit 560 v. Chr. L 28
Plautus, -ī *m.* Plautus (T. Maccius Plautus, ca. 250-184 v. Chr.). Römischer Komödiendichter. L 57, 58
Plīnius, -ī *m.* *Plinius der Ältere* (C. Plinius Secundus, 23/24–79 n. Chr.), römischer Geschichtsschreiber und Verfasser der »Naturalis Historia«, eines umfassenden Lehrbuchs zur Naturkunde, Kultur- und Geistesgeschichte; er kam beim Vesuvausbruch, der Pompeji zerstörte, ums Leben. L 23;
Plinius der Jüngere (C. Plinius Caecilius Secundus, 61–ca. 113 n. Chr.), Neffe und Adoptivsohn Plinius' des Älteren, Verfasser einer Briefsammlung; sein Briefwechsel mit dem Kaiser Trajan befasst sich unter anderem mit den Christen. L 20
Plūtō, -ōnis *m.* Pluto (griechisch: **Hades**). Gott der Unterwelt, Bruder des Jupiter. L 55
Poenī, -ōrum *m.* die Punier (Bevölkerung von Karthago in Nordafrika). L 12
Polybius, -ī *m.* griech. Männername. Lehrer des Marcus. L 57, 59
Polyphēmus, -ī *m.* Polyphem. Ein Zyklop, Sohn des Neptun, hütete auf Sizilien eine Schafherde; von Odysseus geblendet. L 56
Pompeius Gratīnus *m.* Kommandant einer Polizeistation. L 21
Pompēium theātrum, -ī *n.* das Pompeische Theater. Erstes steinernes römisches Theater, 55 v. Chr. von Pompeius auf dem Marsfeld in Rom erbaut, von Augustus restauriert. L 35

Pompēiānus, -a, -um aus Pompeji, von Pompeji. L 3, 4, 5

Pompēiī, -ōrum *m.* Pompeji (Stadt bei Neapel, in Kampanien; 79 n. Chr. durch einen Ausbruch des Vesuv zerstört). L 3, 4, 6

pōns Mulvius die Milvische Brücke. Tiberbrücke nördlich von Rom, heute Ponte Molle. L 36

Prīscilla, -ae *f.* Priszilla. In L 4 Freundin der Rufilla.

Prōserpina, -ae *f.* Proserpina (griechisch: Persephone). Tochter der Ceres, Frau des Pluto. L 55

Pūblius Cornēlius Scīpiō Publius Cornelius Scipio (ca. 235–183 v. Chr.). Vater der Cornelia; wegen seines Sieges über Hannibal mit dem Ehrennamen »Africanus« ausgezeichnet. L 47

Pȳramus, -ī *m.* Pyramus. Junger Mann aus Babylon, Geliebter der Thisbe. L 54

Pȳthagorās, -ae *m.* Pythagoras (ca. 570–480 v. Chr.). Griechischer Philosoph und Mathematiker; auf ihn wird der Satz zur Berechnung der Seiten des rechtwinkligen Dreiecks zurückgeführt. L 41

Quīntus, -ī *m.* röm. Vorname. In der Rahmenhandlung von »Salvete« Freund des Rufus. L 2, 4, 5, 8, 9

Raetia, -ae *f.* Raetien. Seit 15 v. Chr. römische Provinz im Alpenraum und nördlichen Alpenvorland, später bis zur Donau und zum Limes. L 19

Remus, -ī *m.* Remus. Sohn des Mars und der Rhea Silvia, Bruder des Romulus; Mitbegründer Roms, von Romulus im Streit getötet. L 13

Rhodanus, -ī *m.* die Rhône; entspringt in den Schweizer Alpen und mündet ins Mittelmeer. L 16

Rhēa Silvia, -ae *f.* Rhea Silvia. Tochter des Numitor, Vestapriesterin; Geliebte des Mars, Mutter des Romulus und Remus. L 13

Rhēnus, -ī *m.* der Rhein; entspringt in den Schweizer Alpen und mündet in die Nordsee; bildete die Grenze zwischen dem Römischen Reich und dem freien Germanien. L 16, 21, 22

Rōma, -ae *f.* Rom. Der Sage nach 753 v. Chr. gegründet, Hauptstadt des Römischen Reiches. Bis ins 4. Jh. n. Chr. residierten hier die Kaiser. Im 2./3. Jh. n. Chr. hatte die Stadt etwa 1 000 000 Einwohner. L 6, 8, 9, 10, 13, 18, 22, 23, 27, 28

Rōmulus, -ī *m.* Romulus. Der Sage nach Gründer und erster König Roms; Sohn des Mars und der Rhea Silvia; zusammen mit seinem Bruder Remus von einer Wölfin aufgezogen. L 13

Rōstra, -ōrum *n.* die Rednertribüne auf dem Forum Romanum; geschmückt mit den Schnäbeln erbeuteter Schiffe; von rōstrum, (Schiffs-)Schnabel. L 9

Ruttōnia, -ae *f.* Ruttonia. Kelt. Frauenname; in L 18 Tochter des Kariowaldas.

Rūfilla, -ae *f.* Tochter des Rufus. L 1, 2, 3, 11, 12, 13

Rūfus, -ī *m.* röm. Männername; **Numerius Istacidius Rūfus,** reicher Pompejaner des 1. Jh. n. Chr., ist auf dem in der Mysterienvilla gefundenen Graffito abgebildet; eine der Hauptpersonen der Rahmenhandlung von »Salvete«. L 1, 2, 3, 4, 5, 6, 7, 8, 9, 10, 11, 12, 13

Sabīnus, -ī *m.* C. Octavius Sabinus. Römischer Offizier, Statthalter der Provinz Raetien 213 n. Chr. L 19

Sabīnī, -ōrum *m.* die Sabiner. Nachbarn der Römer, deren Töchter die Römer raubten. L 13

Salassī, -ōrum *m.* die Salasser. Keltisches Volk im heutigen Savoyen. L 38

Saldae, -ārum *f.* Saldae. Stadt in der römischen Provinz Africa, heute Bejaia in Algerien. L 52

Sallustius, -ī *m.* C. Sallustius Crispus (86–34 v. Chr.). Römischer Politiker und Geschichtsschreiber. L 43

Samarītānus, -ī *m.* ein Samariter. Einwohner der Provinz Samaria, in Palästina. L 29

Sāturnus, -ī *m.* Saturn (griech.: **Kronos**). Der Vater der römischen Götter; er fraß der Sage nach seine Kinder und wurde von seinem Sohn Jupiter gestürzt. L 9, 10, 39

Sāturnālia, -ōrum *n.* (Abl.: **Sāturnālibus**) die Saturnalien. Römisches Saturnfest am 17. Dezember, seit Augustus dreitägig, später bis zu siebentägig; eine Art Karneval, in dem der Unterschied zwischen Herren und Sklaven aufgehoben war. L 39

Secundia, -ae *f.* Freundin der Ursa. L 29, 30

Segimērus, -ī *m.* Segimer (cherusk. Männername). In L 18 Sohn des Kariowaldas.

Septimius Sevērus L. Septimius Severus (146–211 n. Chr.). Römischer Kaiser 193–211; unter seiner Regierung fand eine Christenverfolgung statt. L 48

Sextus Iūlius Bassus S. Iulius Bassus. Römischer Veteran. L 21, 22, 23,

Sicilia, -ae *f.* Sizilien. Seit 227 v. Chr. römische Provinz. L 34, 56

Siculī, -ōrum *m.* die Bewohner von Sizilien. L 34

Silvius, -ī *m.* Silvius. Sohn des Ascanius, Vater des Brutus. L 60

Sōl invictus Sol invictus. Der unbesiegbare Sonnengott; sein aus dem Orient stammender Kult wurde im 2. Jh. n. Chr. in Rom eingeführt. L 37

Solō, -ōnis *m.* Solon (ca. 640–560 v. Chr.), führte 594 v. Chr.wirtschaftliche, juristische und gesellschaftspolitische Reformen in Athen durch, die aber die sozialen Schwierigkeiten nicht beseitigen konnten. L 28

Sophoclēs, -is *m.* Sophokles (497–406 v. Chr.). Griechischer Tragödiendichter. L 57

Subūra, -ae *f.* dichtbevölkertes, hauptsächlich von Handwerkern, Sklaven und Freigelassenen bewohntes Viertel in Rom, das einen schlechten Ruf hatte. L 8, 10

Suēbī, -ōrum *m.* die Sueben (germanisches Volk zwischen Rhein und Elbe). L 17

Suētonius, -ī *m.* C. Suetonius Tranquillus (ca. 70–140 n. Chr.). Römischer Gelehrter und Historiker, unter Hadrian Chef der kaiserlichen Archive; Verfasser einer Biographiensammlung der römischen Kaiser von Caesar bis Domitian, »De vita Caesarum«. L 50

Syrus, -ī *m.* Syrer; in Rom als Sklavenname gebräuchlich. In L 6 Sklave des Rufus.

Syrācūsānī, -ōrum *m.* die Bewohner der Stadt Syrakus in Sizilien. L 33

Tarracīna, -ae *f.* Terracina. Stadt in Latium, Badeort am Tyrrhenischen Meer. L 6

Tartarus, -ī *m.* der Tartarus. Die Unterwelt, in der sich nach antiker Vorstellung die Seelen der Verstorbenen als Schatten befanden. L 55

Tenedus, -ī *f.* Insel vor der trojanischen Küste. L 11

Terentius, -ī *m.* Terenz (P. Terentius Afer, ca. 185–159 v. Chr.). Römischer Komödiendichter. L 57

Terra Sāncta das Heilige Land (Palästina). L 49

Thalēs, -is *m.* Thales (6. Jh. v. Chr.). Griechischer Philosoph und Naturwissenschaftler; soll die Sonnenfinsternis des Jahres 585 v. Chr. vorausgesagt haben. L 41

theātrum Dionȳsī das Dionysostheater in Athen in Stein ausgebaut um 330 v. Chr.; das Theaterspielen war ursprünglich Teil des Dionysoskultes. L 57

Thisbē, -ēs *f.* Thisbe. Mädchen aus Babylon, Geliebte des Pyramus. L 54

Thusnelda, -ae *f.* Thusnelda (german. Frauenname). In L 18 Tochter des Kariowaldas.

Thēseus, -ī *m.* Theseus. mythischer griechischer Held, König von Athen, Sohn des Neptun, Geliebter der Ariadne, später Mann der Phaedra, Vater des Hippolytos; tötete den Minotaurus. L 46, 59

Thūringia, -ae *f.* Thüringen. L 49

Tib. Claudius (10 v. Chr.–54 n. Chr.), römischer Kaiser von 41 bis 54 n. Chr., Stiefvater des Kaisers Nero; er wurde von seiner Frau Agrippina vergiftet. L 14, 15, 16, 25

Tiberis, -is *m.* der Tiber. Fließt durch Rom; entspringt im Apennin und mündet bei Ostia ins Tyrrhenische Meer. L 24, 36

Tiberius Gracchus Tib. Sempronius Gracchus (162–132 v. Chr.). Sohn der Cornelia, Bruder des C. Gracchus, römischer Politiker; versuchte als Volkstribun eine Agrarreform zugunsten der Bauern durchzusetzen, wurde von Gegnern, die die Interessen der Großgrundbesitzer vertraten, ermordet. L 47

Tībur, -uris *n.* Tibur (heute Tivoli). Stadt am Anio, östlich von Rom. L 42

Titus, -ī *m.* röm. Männername. In L 26 Freund des Celerinus.

Trāiānus, -i *m.* Trajan (M. Ulpius Traianus, 53–117 n. Chr.). Römischer Kaiser 98–117, Vorgänger und Adoptivvater Hadrians. L 14, 42

Trinovantum, -ī *n.* alter Name Londons, entstanden aus »Troia Nova«. L 60

Trōia, -ae *f.* Troja. Stadt in Kleinasien, in der heutigen Türkei; der Sage nach von den

Griechen im Trojanischen Krieg zerstört. L 11, 12, 60

Trōia Nova der Sage nach ursprünglicher Name Londons. L 60

Trōiānus, -a, -um trojanisch; Trojaner. L 11, 12, 13

Ulixēs, -is *m.* Ulixes (griechisch: Odysseus). König von Ithaka, bekannt für seine List; bei den Irrfahrten auf dem Heimweg vom Trojanischen Krieg erlebte er viele Abenteuer und begegnete unter anderem dem Zyklopen Polyphem. L 11, 56

Ulpiānus, -ī *m.* Ulpian (Domitius Ulpianus, gest. 223 n. Chr.). Römischer Jurist. L 47

Ursa, -ae *f.* (wörtl.: die Bärin); christliches Mädchen aus Köln. L 29, 30

Valerius Maximus Valerius Maximus (1. Jh. n. Chr.). Verfasser einer Sammlung beispielhafter Ereignisse aus der römischen Geschichte. L 38, 47

Ventidius Bassus Ventidius Bassus (ca. 98–31 v. Chr.). Anhänger Caesars und später des Antonius, errang einen bedeutenden Sieg über die Parther; arbeitete sich aus niedersten Verhältnissen bis zum Volkstribun, Praetor und Konsul empor; Urbild des Emporkömmlings. L 40

Venus, Veneris *f.* Venus (griechisch: **Aphrodite**). Göttin der Liebe und der Schönheit; Tochter des Jupiter, Mutter des Amor. L 12, 45, 59, 60

Vergilius, -ī *m.* Vergil (P. Vergilius Maro, 70–19 v. Chr.), römischer Dichter; in seinem Epos »Aeneis« erzählt er von der Zerstörung Trojas und den Abenteuern des Aeneas. L 11, 12

Verrēs, -is *m.* C. Cornelius Verres. 73–71 v. Chr. Prätor der römischen Provinz Sizilien, wegen Amtsmissbrauchs von Cicero angeklagt, ging ins Exil. L 34

Vesta, -ae *f.* Vesta. Jungfräuliche Schwester der Juno und Ceres; römische Göttin des Herdfeuers; das heilige Feuer in ihrem Tempel auf dem Forum Romanum durfte nie ausgehen. L 9, 13, 37, 38

via Appia die Via Appia. Appische Straße; Hauptstraße von Rom nach Capua, erbaut 312 v. Chr. von Appius Claudius. L 6, 10

via Nova die Via Nova. Neue Straße; verbindet das Forum Romanum mit dem Forum Boarium, der heutigen Piazza Bocca della Verità. L 37

via Sacra die Via Sacra: heilige Straße; auf dem Forum Romanum beginnende Straße in Rom, an der viele Tempel standen. L 9

virgō Vestālis Vestalin. Jungfräuliche Priesterin der Vesta; führte kultische Handlungen durch und bewachte das heilige Feuer im Vestatempel. L 37, 38

Virtūs, -ūtis *f.* die Tugend (dargestellt als Frau). L 32

Visurgis, -is *m.* die Weser. L 17, 18

Vitium, -ī *n.* das Laster (dargestellt als Frau). L 32

Vitrūvius, -i *m.* Vitruvius Pollio (um die Zeitenwende). Verfasser eines Lehrbuches über die Architektur. L 53

Voluptās, -ātis *f.* die Lust, das Vergnügen (dargestellt als Frau). L 32

Vulcānus, -ī *m.* Vulkan. (griech.: **Hephaistos**) Gott des Feuers und der Schmiedekunst, Sohn des Jupiter und der Juno, Ehemann der Venus. L 12

vīlla Tīburtīna die Villa Tiburtina (auch Villa Hadriana). In den Jahren 118–138 n. Chr. von Hadrian nach griechischen, römischen und ägyptischen Vorbildern errichtete palastartige Villen- und Parkanlagen bei Tibur. L 42, 43

Willelm, Willelmi *m.* (*auch:* **Guillelmus**) Wilhelm „der Eroberer" (ca. 1027–1087). Herzog der Normannen, eroberte 1066 England. L 60.

Alphabetisches Vokabelverzeichnis

ā/ab *(beim Abl.)*	von L 9
abesse, absum, āfuī	fehlen, fern sein L 47
abicere, abiciō, abiēcī, abiectum	weg-, herab-, niederwerfen L 54
abīre, abeō, abiī	weggehen L 29
absēns, *Gen.:* **absentis**	abwesend, entfernt L 36
abstinēre, abstineō, abstinuī *(beim Abl.)*	sich fernhalten von L 49
ac	und L 14
accēdere, accēdō, accessī, accessum	herantreten an; sich befassen mit, sich beteiligen an L 34
accidere, accidō, accidī	hinfallen; sich ereignen, (jmdm.) zustoßen L 45
accidit, ut	es ereignet sich, dass L 46
accipere, accipiō, accēpī, acceptum	annehmen, empfangen; aufnehmen L 31
accusāre	anklagen L 23
ācer, ācris, ācre	scharf; scharfsinnig; tatkräftig, leidenschaftlich L 58
acerbus, -a, -um	bitter; hart L 15
aciēs, -ēī *f.*	Schärfe, Spitze; Schlachtreihe L 35
ad *(beim Akk.)*	zu, nach; bei L 3
addere, addō, addidī, additum	beifügen, hinzufügen L 19
addūcere, addūcō, addūxī, adductum	heranführen; veranlassen L 51
adeō *(Adv.)*	so sehr L 46
adesse, adsum, adfuī (affuī) *(beim Dat.)*	dasein; helfen L 6
adhibēre, adhibeō, adhibuī, adhibitum	hinzuziehen; anwenden L 12
adhūc *(Adv.)*	bis jetzt; immer noch L 19
adimere, adimō, adēmī, adēmptum	an sich nehmen, wegnehmen L 58
adīre (ad), adeō, adiī	herangehen (an) hingehen (zu), besuchen L 14
adiungere, adiungō, adiūnxī, adiūnctum	anfügen, verbinden L 52
adiuvāre, adiuvō, adiūvī, adiūtum *(beim Akk.)*	jmdn. unterstützen, jmdm. helfen L 6
administrāre	leiten, verwalten L 34
admīrārī, admīror, admīrātus sum	bewundern, sich wundern L 51
admittere, admittō, admīsī, admissum	in Bewegung setzen; zulassen, gestatten L 53
admonēre, admoneō, admonuī, admonitum	ermahnen, erinnern L 26
admovēre, admoveō, admōvī, admōtum	heranbringen, heranführen L 36
adulēscēns, -entis	heranwachsend L 18
adulēscēns, -entis *m.*	Jugendlicher L 18
advenīre, adveniō, advēnī, adventum	ankommen, herankommen L 28
adventus, -ūs *m.*	Ankunft L 51
adversārius, -ī *m.*	Gegner, Feind L 7
aedēs, -is *f.*	Tempel L 33
aedēs, -ium *f.*	Wohnhaus, Palast L 33
aedificāre	(er)bauen L 4
aedificium, -ī *n.*	Gebäude L 3
aedīlis, -is *m.*	»Ädil« L 34
aegrē ferre	unwillig sein, sich gekränkt fühlen L 32
aegrōtus, -a, -um	krank L 41
aequāre	eben, gerade, gleich machen; erreichen L 42
aequus, -a, -um	eben, gleich(mäßig); gerecht; ruhig L 52
aestās, -ātis *f.*	Sommer L 37
aestimāre	einschätzen L 16
aetās, -ātis *f.*	Zeitalter; Lebensalter L 14
aeternus, -a, -um	ewig L 29
afferre, afferō, attulī, allātum	herbeitragen; mit sich bringen; bereiten L 32

afficere, afficiō, affēcī, affectum	versehen mit L 26
dolōre afficere aliquem	jmdm. Leid zufügen L 45
morbō afficī	krank werden, erkranken L 26
ager, agrī *m.*	»Acker«, Gebiet, Feld L 5
agere, agō, ēgī, āctum	treiben; tun; führen; (ver)handeln L 19
grātiās agere alicuī	jmdm. danken L 46
vītam agere	leben L 25
agitāre	treiben L 3
āiō	ich bejahe, behaupte L 58
ait	er bejaht, behauptet L 58
aliēnus, -a, -um	fremd; unpassend, widersprechend L 6
aliī … aliī	die einen … die anderen L 6
aliī, -ae, -a	andere L 2
aliquandō *(Adv.)*	einst, irgendeinmal L 17
aliquantus, -a, -um	ziemlich groß, beträchtlich L 43
aliqui, aliquae, aliquod *(adjekt.)*	irgendein L 43
aliquis, aliqua, aliquid *(substant.)*	jemand; irgendeine(r), irgendetwas, L 43
aliter *(Adv.)*	anders L 27
alius, alia, aliud, *Gen.:* **alterīus,** *Dat.:* **alterī** *u.* **aliī**	ein anderer L 45
alter, altera, alterum	der eine, der andere (von beiden) L 17
altus, -a, -um	hoch; tief L 19
amāre	lieben L 43
ambulāre	spazieren gehen L 3
amīca, -ae *f.*	Freundin L 2
amīcitia, -ae *f.*	Freundschaft L 12
amīcus, -a, -um	befreundet, freundlich L 2
amīcus, -ī *m.*	Freund L 2
āmittere, āmittō, āmīsī, āmissum	aufgeben; verlieren L 17
amor, -ōris *m.*	Liebe L 13
amphitheātrum, -ī *n.*	»Amphitheater« L 7
amplus, -a, -um	weit, groß, geräumig L 7
anima, -ae *f.*	Seele, Leben L 29
animadvertere, animadvertō, animadvertī, animadversum	bemerken; einschreiten; bestrafen L 38
animal, animālis *n.*	Lebewesen, Tier L 16
animus, -ī *m.*	Geist; Gemüt; Charakter L 4
annus, -ī *m.*	Jahr L 11
ante *(beim Akk.)*	vor L 6
anteā *(Adv.)*	früher, vorher L 36
antīquus, -a, -um	alt; ehemalig L 14
aperīre, aperiō, aperuī, apertum	öffnen L 49
apertus, -a, -um	offen L 3
apis, -is *f.*	Biene L 27
appārēre, appāreō, appāruī	erscheinen, sich zeigen L 17
appāret	es ist offenkundig L 17
appellāre	anrufen; nennen L 25
appetere, appetō, appetīvī, appetītum	begehren, verlangen; angreifen L 51
apportāre	bringen, herbeischaffen L 3
appropinquāre	näherkommen, sich nähern L 3
apud *(beim Akk.)*	bei L 3
aqua, -ae *f.*	Wasser L 4
aquaeductus, -ūs *m.*	Wasserleitung, »Aquädukt« L 52
arbitrārī, arbitror, arbitrātus sum	beobachten; annehmen, meinen; halten für L 38
arbor, -oris *f.*	Baum L 14
arcēre, arceō, arcuī	fernhalten, abwehren L 13
arcessere, arcessō, arcessīvī, arcessītum	herbeirufen, holen L 17
ārdēre, ārdeō, ārsī	brennen L 12
argentum, -ī *n.*	Silber L 33
argūmentum, -ī *n.*	Beweis; Inhalt, Stoff L 59
arma, -ōrum *n.* *(Pluralwort)*	Waffen L 7

armāre	bewaffnen L 19
ars, artis *f.*	Kunst, Geschicklichkeit L 41
artificium, -ī *n.*	Kunstwerk L 2
arx, arcis *f.*	Burg L 42
asinus, -ī *m.*	Esel L 3
aspectus, -ūs *m.*	Anblick L 37
asper, aspera, asperum	hart, rauh L 45
aspicere, aspiciō, aspexī, aspectum	erblicken, anschauen, betrachten L 33
assentirī, assentior, assēnsus sum	beistimmen, zustimmen L 39
assequī, assequor, assecūtus sum	einholen, erreichen, nachfolgen L 56
at	aber, dagegen L 22
atque	und L 7
attentus, -a, -um	aufmerksam L 5
attribuere, attribuō, attribuī, attribūtum	zuteilen L 18
a.u.c. = ab urbe conditā	seit Gründung der Stadt (Rom) L 57
auctor, -ōris *m./f.*	Urheber(in), Erfinder(in) L 27
auctōritās, -ātis *f.*	Ansehen; Einfluss; »Autorität« L 34
audācia, -ae *f.*	Kühnheit L 31
audāx, *Gen.:* audācis	kühn, frech L 23
audēre, audeō, ausus sum	wagen L 23 u. 52
audīre, audiō, audīvī, audītum	hören; anhören, erhören L 28
auferre, auferō, abstulī, ablātum	wegtragen, beseitigen L 44
augēre, augeō, auxī, auctum	vermehren, steigern, fördern L 25
aureus, -a, -um	golden, aus Gold L 33
aurum, -ī *n.*	Gold L 22
aut	oder L 8
aut … aut	entweder … oder L 8
autem *(nachgestellt)*	aber L 2
auxilium, -ī *n.*	Hilfe; *Pl.:* Hilfstruppen L 12
avāritia, -ae *f.*	Geiz, Habsucht L 49
āvertere, āvertō, āvertī, āversum	abwenden, vertreiben L 53
barbarus, -a, -um	fremd, ausländisch; wild, grausam L 4
barbarus, -ī *m.*	»Barbar« L 4
basilica, -ae *f.*	»Basilika«, Gerichtshalle L 9
beātus, -a, -um	glücklich, reich L 32
bellum, -ī *n.*	Krieg L 9
bene *(Adv.)*	gut L 11
beneficium , -ī *n.*	Wohltat L 45
bēstia, -ae *f.*	(wildes) Tier L 7
bonus, -a, -um	gut L 1
brevis, -e	kurz L 32
cadere, cadō, cecidī	fallen L 45
caedere, caedō, cecīdī, caesum	umhauen; niedermachen, erschlagen L 56
caedēs, caedis *f.*	Gemetzel L 26
caelum, -ī *n.*	Himmel; Wetter; Klima L 6
calamitās, -ātis *f.*	Unglück, Schaden L 46
callidus, -a, -um	gewandt; erfahren, schlau L 27
calor, calōris *m.*	Wärme, Hitze L 25
campus, -ī *m.*	Feld L 16
canere, canō, cecinī	singen, besingen; ertönen lassen, spielen L 55
canis, -is *m.*	Hund L 16
cantus, -ūs *m.*	Gesang; Spiel, Klang L 55
capere, capiō, cēpī, captum	fassen, ergreifen, fangen L 21
captīvus, -a, -um	gefangen L 18
captīvus, -ī *m.*	Gefangener L 9
caput, capitis *n.*	Kopf, Haupt; Hauptstadt L 15
carēre, careō, caruī *(beim Abl.)*	frei sein (von etw.); (etw.) nicht haben L 42
carmen, carminis *n.*	Gedicht, Lied L 15
cārus, -a, -um	lieb L 2
castellum, -ī *n.*	Befestigung, »Kastell« L 19
castra, -ōrum *n.* *(Pluralwort)*	Lager L 14
causa, -ae *f.*	Rechtssache, Prozess; Grund L 9
causā *(beim Gen.)*	wegen L 51

cēdere, cēdō, cessī, cessum	gehen; weichen; nachgeben L 48
cēlāre aliquem aliquid	jmdm. etw. verbergen, verheimlichen L 58
celeber, celebris, celebre	berühmt, viel besucht L 23
celebrāre	besuchen; feiern, preisen L 37
celer, celeris, celere	schnell L 23
celeritās, -ātis *f.*	Schnelligkeit L 38
cēnsēre, cēnseō, cēnsuī	schätzen; meinen; beschließen L 16
centuriō, -ōnis *m.*	»Zenturio«, Hauptmann L 51
cēra, -ae *f.*	Wachs, Wachstafel, Ahnenmaske L 27
cernere, cernō, crēvī, crētum	genau sehen, deutlich wahrnehmen L 52
certāre	Wettkämpfe austragen, kämpfen, streiten L 4
certē *(Adv.)*	sicherlich L 4
certus, -a, -um	sicher L 21
cēterī, -ae, -a	die Übrigen L 11
cēterum *(Adv.)*	übrigens, außerdem L 53
cibus, -ī *m.*	Speise, Nahrung L 3
circumdare, circumdō, circumdedī, circumdatum	umgeben; herumführen L 13
circumstāre, circumstō, circumstetī	umlagern L 31
cīvīlis, -e	bürgerlich, öffentlich L 47
cīvis, -is *m./f.*	Bürger(in) L 16
cīvitās, -ātis *f.*	Bürgergemeinschaft; Stadt; Staat; Bürgerrecht L 19
clam *(Adv.)*	heimlich L 54
clāmāre	laut rufen, schreien L 2
clāmor, -ōris *m.*	Geschrei, Lärm L 18
clārus, -a, -um	»klar«, glänzend, berühmt L 26
classis, -is *f.*	»Klasse«, Abteilung; Flotte L 51
claudere, claudō, clausī, clausum	schließen, einschließen L 35
cōgere, cōgō, coēgī, coāctum	zusammentreiben, sammeln; zwingen L 28
cōgitāre	(nach)denken; planen, beabsichtigen L 8
cognōscere, cognōscō, cognōvī, cognitum	kennenlernen; untersuchen, erkennen L 27
colere, colō, coluī, cultum	bebauen, pflegen, ehren L 24
colligere, colligō, collēgī, collēctum	sammeln L 41
collocāre	aufstellen, errichten, ansiedeln L 11
colloquium, -ī *n.*	Besprechung, Gespräch L 17
colōnia, -ae *f.*	Siedlung, »Kolonie« L 14
color, -oris *m.*	Farbe L 16
commemorāre	erwähnen L 24
committere, committō, commīsī, commissum	zusammenführen; beginnen; begehen; anvertrauen L 17
proelium committere	eine Schlacht beginnen; kämpfen L 17
sē committere	sich anvertrauen L 17
commovēre, commoveō, commōvī, commōtum	bewegen, erregen L 26
metū commōtus	aus Angst L 26
commūnis, -e	gemeinsam; allgemein L 53
comoedia, -ae *f.*	»Komödie« L 57
comparāre	zusammenstellen, vergleichen L 19
comperīre, comperiō, comperī, compertum	erfahren; ertappen, überführen L 46
complēre, compleō, complēvī, complētum	anfüllen L 22
complūrēs, -a *Gen.:* complūrium	einige, mehrere L 23

compōnere, compōnō, composuī, compositum	zusammenstellen, -fügen; ordnen L 57
comprehendere, comprehendō, comprehendī, comprehēnsum	umfassen, umschließen; begreifen L 43
concēdere, concēdō, concessī, concessum	erlauben, gestatten, nachgeben L 52
concordia, -ae *f.*	Eintracht L 28
condemnāre	verurteilen L 42
ad bēstiās condemnāre	zum Kampf mit den wilden Tieren verurteilen L 27
cōnferre, cōnferō, contulī, collātum	zusammentragen, vergleichen L 32
sē cōnferre	sich begeben L 32
cōnficere, cōnficiō, cōnfēcī, cōnfectum	zu Ende bringen, ausführen; erschöpfen L 38
cōnfīdere, cōnfīdō, cōnfīsus sum	vertrauen, sich verlassen L 52
coniungere, coniungō, coniūnxī, coniūnctum	verbinden, vereinigen L 19
coniūrātiō, -ōnis *f.*	Verschwörung L 34
conquīrere, conquīrō, conquīsīvī, conquīsītum	zusammensuchen, aufspüren L 48
cōnscrībere, cōnscrībō, cōnscrīpsī, cōnscrīptum	eintragen; (Soldaten) ausheben L 24
cōnsecrāre	weihen L 21
cōnsentīre, cōnsentiō, cōnsēnsī, cōnsēnsum	übereinstimmen, sich einig sein L 28
cōnsīderāre	betrachten, bedenken, überlegen L 34
cōnsīdere, cōnsīdō, cōnsēdī, cōnsessum	sich niederlassen, sich lagern L 36
cōnsilium, -ī *n.*	Absicht, Wille, Plan; Vorschlag L 28
cōnsistere, cōnsistō, cōnstitī	Halt machen, stehen bleiben L 24

cōnsōlārī, cōnsōlor, cōnsōlātus sum	trösten L 48
cōnspectus, -ūs *m.*	Anblick L 45
cōnspicere, cōnspiciō, cōnspexī, cōnspectum	erblicken L 21
cōnstat, cōnstitit	es steht fest, ist bekannt L 13
cōnstituere, cōnstituō, cōnstituī, cōnstitūtum	festsetzen, beschließen L 44
cōnsuētūdō, -inis *f.*	Gewohnheit; Kontakt mit jmdm. L 57
cōnsul, cōnsulis *m.*	»Konsul« L 24
cōnsulere *(beim Akk.)* **cōnsulō, cōnsuluī, cōnsultum**	um Rat fragen L 46
cōnsulere *(beim Dat.)*	sorgen für L 46
cōnsulere in *(beim Akk.)*	vorgehen gegen L 46
cōnsūmere, cōnsūmō, cōnsūmpsī, cōnsūmptum	verwenden, verbrauchen L 49
contemnere, contemnō, contempsī, contemptum	gering schätzen, verachten L 22
contendere, contendō, contendī	behaupten; eilen; kämpfen; sich bemühen L 18
contentus, -a, -um	zufrieden L 5
continēre	zusammenhalten, umschließen L 9
contingit, ut	es gelingt, dass L 46
contiō, -ōnis *f.*	Volksversammlung L 43
contrā *(Adv.)*	dagegen L 18
contrā *(beim Akk.)*	gegen L 11
contrārius, -a, -um	entgegengesetzt L 59
contrōversia, -ae *f.*	Streit, Streitigkeit L 28
contumēlia, -ae *f.*	Kränkung, Beleidigung, Schande L 52
convenīre, conveniō, convēnī, conventum	zustande kommen, zusammentreffen; sich einigen L 52

convertere, convertō, convertī, conversum umdrehen, wenden, sich umdrehen L 37
convīvium, -ī *n.* Festessen L 2
convocāre zusammenrufen L 34
cōpia, -ae *f.* Menge, Masse L 6
cōpiae, -ārum *f.* Truppen L 6
cor, cordis *n.* Herz L 29
corpus, -oris *n.* Körper L 15
corripere, corripiō, corripuī, correptum packen, ergreifen L 22
corrumpere, corrumpō, corrūpī, corruptum verderben; bestechen L 31
cottīdiē *(Adv.)* täglich L 25
crās *(Adv.)* morgen L 18
creāre erschaffen, hervorbringen; wählen L 34
crēdere, crēdō, crēdidī, crēditum glauben L 29
crēscere, crēscō, crēvī, crētum wachsen; sich entwickeln L 52
crīmen, crīminis *n.* Vorwurf; Verbrechen L 31
crūdēlis, -e grausam L 46
culpa, -ae *f.* Schuld L 27
cultus, -ūs *m.* Bebauung, Pflege; Verehrung; Lebensweise L 38
cum *(beim Abl.)* mit L 9
cum *(beim Ind.)* jedesmal, wenn; dann, wenn L 18
cum *(beim Konj.)* weil; nachdem; als; obwohl L 33
cūnctārī, cūnctor, cūnctātus sum zögern L 38
cūnctī, -ae, -a alle L 2
cupere, cupiō, cupīvī, cupītum wünschen L 23
cupiditās, -ātis *f.* Verlangen, Begierde, Leidenschaft L 52
cupidus, -a, -um *(beim Gen.)* gierig, begierig nach L 39
cūr? warum? L 1
cūra, -ae *f.* Sorge; Sorgfalt L 8
cūrāre sorgen für; besorgen L 5
cūria, -ae *f.* »Kurie«, Senatsgebäude L 9
currere, currō, cucurrī, cursum laufen L 25
cursus, -ūs *m.* »Kurs«, Verlauf, Weg, Fahrt L 52
custōdia, -ae *f.* Wachposten; Haft, Gefängnis L 48
custōs, -ōdis *m.* Wächter L 54
damnāre verurteilen, schuldig sprechen L 48
ad bēstiās damnāre zum Kampf mit den wilden Tieren verurteilen L 48
capitis damnāre zum Tode verurteilen L 48
dare, dō, dedī, datum geben L 3
operam dare sich Mühe geben; sich beschäftigen L 52
dē *(beim Abl.)* über, von L 9
dea, -ae *f.* Göttin L 9
dēbēre, dēbeō, dēbuī, dēbitum müssen; schulden; verdanken L 8
dēcēdere, dēcēdō, dēcessī, dēcessum weggehen, abweichen L 52
dēcernere, dēcernō, dēcrēvī, dēcrētum entscheiden, beschließen L 27
dēcrētum, -ī *n.* Beschluss, Verordnung L 48
dēdere, dēdō, dēdidī, dēditum hingeben, ausliefern; widmen L 49
dēdūcere, dēdūcō, dēdūxī, dēductum herabführen, wegführen L 32
dēesse, dēsum, dēfuī fernbleiben, fehlen L 13
dēfendere, dēfendō, dēfendī, dēfēnsum verteidigen L 21
dēferre, dēferō, dētulī, dēlātum herab-, weg-, hintragen, an einen Ort bringen; übertragen L 35
dēfessus, -a,-um müde, erschöpft L 6
dēficere (ā), dēficiō, dēfēcī, dēfectum abfallen (von) L 45
deinde *(Adv.)* dann, darauf L 4
dēlectāre Freude bereiten, Spaß machen L 2

dēlēre, dēleō, dēlēvī, dēlētum	zerstören, vernichten L 8
dēligere, dēligō, dēlēgī, dēlēctum	wählen, auswählen L 31
dēmōnstrāre	zeigen, beweisen L 22
dēnique *(Adv.)*	endlich, schließlich; überhaupt L 31
dēpellere, dēpellō, dēpulī, dēpulsum	wegtreiben, verdrängen L 38
dēpōnere, dēpōnō, dēposuī, dēpositum	niederlegen, ablegen L 29
dēprecārī, dēprecor, dēprecātus sum	bitten L 55
dēscendere, dēscendō, dēscendī, dēscēnsum	hinabsteigen, sich herablassen L31
dēserere, dēserō, dēseruī, dēsertum	im Stich lassen, verlassen L 45
dēsīderāre	sich sehnen nach, begehren, wünschen L 5
dēsīderium, -ī *n.*	Sehnsucht, Verlangen L 12
dēspērāre	verzweifeln L 58
dēspērāre dē salūte	die Hoffnung verlieren; verzweifeln L 24
dēspērāre salūtem	die Hoffnung verlieren; verzweifeln L 58
dētrahere, dētrahō, dētrāxī, dētractum	schmälern, herabziehen, herabsetzen L 22
dētrimentum, -ī *n.*	Verlust, Schaden L 33
deus, -ī *m.*	Gott L 9
dīcere, dīcō, dīxī, dictum	sagen, sprechen L 17
dictātor, dictātōris *m.*	»Diktator« L 24
dictum, -ī *n.*	Aussage, Ausspruch, Wort L 53
diēs festus *m.*	Festtag, Feiertag L 37
diēs, diēī *m.*	»Tag« L 24
difficilis, -e	schwer, schwierig L 23
difficultās, -ātis *f.*	Schwierigkeit L 52
dīgnitās, -ātis *f.*	Würde L 16
dīgnus, -a, -um	angemessen, wert, würdig L 38
dīligēns, *Gen.:* **dīligentis**	sorgfältig L 38
dīligentia, -ae *f.*	Sorgfalt; Aufmerksamkeit L 8
dīligere, dīligō, dīlēxī, dīlēctum	lieben, schätzen L 29
dīmittere, dīmittō, dīmīsī, dīmissum	nach verschiedenen Richtungen schicken, entlassen L 22
discēdere, discēdō, discessī, discessum	weggehen, auseinandergehen L 48
discere, discō, didicī	lernen, erfahren L 18
disciplīna, -ae *f.*	Strenge, Erziehung, »Disziplin« L 26
disputāre	diskutieren über L 3
dissentīre, dissentiō, dissēnsī, dissēnsum	mit jemandem uneins sein, streiten L 28
distribuere, distribuō, distribuī, distribūtum	einteilen, zuteilen L 18
diū *(Adv.)*	lange Zeit L 6
dīves, *Gen.:* **dīvitis**	reich L 23
dīvidere, dīvidō, dīvīsī, dīvīsum	trennen; unterscheiden; (zu)teilen L 17
dīvīnus, -a, -um	göttlich, übermenschlich L 52
dīvitiae, -ārum *f.* *(Pluralwort)*	Reichtum L 15
dīvitis est	es ist Pflicht/Aufgabe eines Reichen L 23
docēre, doceō, docuī, doctum	unterrichten L 1
doctus, -a, -um	gelehrt, gebildet; geübt L 41
dolēre, doleō, doluī	Schmerzen empfinden L 23
dolor, -ōris *m.*	Schmerz L 13
domī *(Adv.)*	zu Hause L 15
domina, -ae *f.*	Hausherrin L 1
dominus, -ī *m.*	Hausherr, Herr L 1
domum *(Adv.)*	nach Hause L 16
domus, -ūs *f.*	Haus L 42
dōnāre	(be)schenken L 22
dōnum, -ī *n.*	Geschenk L 8
dormīre	schlafen L 58

dubitāre (dē) zweifeln (an); hin und her schwanken L 32
dūcere, dūcō, dūxī, ductum ziehen, führen; glauben L 24
dulcis, -e süß; lieblich, angenehm L 55
dum *(beim Ind. Präs.)* während L 5
dūrus, -a, -um hart L 5
dux, ducis *m./f.* Führer(in); Feldherr L 36
ē *(beim Abl.)* aus L 9
ecce! siehe da! L 4
ēducāre aufziehen, erziehen L 13
efferre, efferō, extulī, ēlātum hinaus-, emportragen L 34
efficere, efficiō, effēcī, effectum bewirken L 45
effugere, effugiō, effūgī fliehen, entkommen L 43
egēre, egeō, eguī *(beim Abl.)* (etw.) nötig haben, brauchen; Not leiden L 49
egō ich L 4
ēgregius, -a, -um außergewöhnlich L 2
ēligere, ēligō, ēlēgī, ēlēctum auswählen L 51
ēloquentia, -ae *f.* Redekunst; Fähigkeit als Redner L 34
emere, emō, ēmī, ēmptum kaufen, erkaufen L 58
ēmittere, ēmittō, ēmīsī, ēmissum aussenden; ablaufen lassen L 52
enim denn, nämlich L 7
ēnumerāre aufzählen L 35
eō *(Adv.)* dorthin; so weit L 19
epistula, -ae *f.* Brief L 18
equidem allerdings, freilich L 37
equus, -ī *m.* Pferd L 6
ergō *(Adv.)* also L 28
ēripere, ēripiō, ēripuī, ēreptum rauben, entreißen L 47
errāre umherirren; sich irren L 7
esse sein L 1
et und; auch L 1
et ... et sowohl ... als auch L 2
etiam auch; sogar L 1
etsī wenn auch L 42
ēvenīre, ēveniō, ēvēnī, ēventum herauskommen; sich ereignen, geschehen; gelingen L 52
ex *(beim Abl.)* aus L 9
excēdere, excēdō, excessī, excessum weggehen L 26
excipere, excipiō, excēpī, exceptum aufnehmen, auf sich nehmen L 59
excitāre erregen, anstacheln L 45
exemplum, -ī *n.* Beispiel L 42
exercēre, exerceō, exercuī üben L 24
exercitus, -ūs *m.* Heer L 26
exigere, exigō, exēgī, exāctum wegtreiben, eintreiben; fordern, erfordern L 52
exīre, exeō, exiī, exitum herausgehen, ausgehen, enden L 11
exitus, -ūs *m.* Ausgang, Ende; Tod, Untergang L 59
expellere, expellō, expulī, expulsum vertreiben, verbannen L 49
experīrī, experior, expertus sum erleben, erleiden, erfahren, erproben L 49
explēre, expleō, explēvī, explētum ausfüllen, vollenden L 27
explicāre erklären, erörtern L 14
explōrāre erkunden, prüfen L 18
expūgnāre erobern L 11
exsistere, exsistō, exstitī heraustreten, auftreten; entstehen L 53
exspectāre erwarten L 4
exstinguere, exstinguō, exstīnxī, exstīnctum auslöschen L 38
exstruere, exstruō, exstrūxī, exstrūctum auftürmen, errichten L 19
extrā *(beim Akk.)* außerhalb L 3
extrēmus, -a, -um äußerster; letzter L 42

fābula, -ae *f.*	Erzählung, Geschichte L 11
facere, faciō, fēcī, factum	tun, machen L 21
alicuī male facere	jmdm. Böses tun, jmdm. etwas antun L 59
aliquem certiōrem facere	jmdn. benachrichtigen L 51
stipendia facere	Soldat sein, Kriegsdienst leisten L 25
facile *(Adv.)*	leicht, mühelos L 51
facilis, -e	leicht, bequem L 23
facinus, -oris *n.*	Tat, Untat L 58
factum, -ī *n.*	Tat; Handlung L 43
fallere, fallō, fefellī	täuschen L 54
fāma, -ae *f.*	Gerücht, Gerede; Sage L 13
famēs, -is *f.*	Hunger L 15
familia, -ae *f.*	»Familie«, Hausgemeinschaft L 2
familiāris, -e	vertraut, bekannt; zur Familie gehörig L 39
fatērī, fateor, fassus sum	bekennen L 38
fatīgāre	zermürben, ermüden L 22
fātum, -ī *n.*	Götterspruch, Schicksal L 11
favēre, faveō, fāvī, fautum *(beim Dat.)*	geneigt sein, begünstigen L 33
fēlīx, *Gen.:* **fēlīcis**	glücklich, günstig L 34
fēmina, -ae *f.*	Frau L 3
fera, -ae *f.*	wildes Tier L 54
ferē *(Adv.)*	fast L 11
fēriae, -ārum *f.*	Festtage, Feiertage L 15
ferre, ferō, tulī, lātum	bringen, tragen; berichten, erzählen L 32
festīnāre	schnell gehen, sich beeilen L 3
fidēlis, -e	treu, zuverlässig L 24
fidēs, -eī *f.*	Verantwortung; Treue; Vertrauen L 26

fierī, fīō, factus sum	(gemacht) werden; entstehen L 51
figūra, -ae *f.*	»Figur« L 2
fīlia, -ae *f.*	Tochter L 1
fīlius, -ī *m.*	Sohn L 1
fīnēs, -ium *m.*	Gebiet L 22
fingere, fingō, fīnxī, fictum	formen; erdichten; vorgeben L 59
fīnīre, fīniō, fīnīvī, fīnītum	begrenzen, beenden L 28
fīnis, -is *m.*	Grenze; Ende, Ziel L 22
fīnitimus, -a, -um	benachbart L 13
fīnitimus, -ī *m.*	Nachbar L 13
firmāre	befestigen; sichern, stärken L 35
firmus, -a, -um	stark, fest, sicher L 18
flamma, -ae *f.*	»Flamme«, Feuer L 12
flectere, flectō, flexī, flexum	beugen, biegen L 55
flōrēre, flōreō, flōruī	blühen L 25
flōs, flōris *m.*	Blume, Blüte L 29
flūmen, flūminis *n.*	Fluss L 16
foedus, -a, -um	hässlich, scheußlich, widerlich L 56
fōns, fontis *m.*	Quelle L 52
fōrma, -ae *f.*	»Form«, Gestalt, Erscheinung; Schönheit L 27
fortasse *(Adv.)*	vielleicht L 1
forte *(Adv.)*	zufällig L 41
fortis, -e	stark, mutig, tapfer L 23
fortūna, -ae *f.*	Schicksal, Glück L 26
forum, -ī *n.*	»Forum«, Marktplatz L 3
fossa, -ae *f.*	Graben L 19
frangere, frangō, frēgī, frāctum	(zer)brechen L 22
frāter, frātris *m.*	»Bruder« L 13
frequēns, -entis	zahlreich (versammelt), häufig L 51
frequentāre	etw. besuchen L 4
frētus, -a, -um *(beim Abl.)*	im Vertrauen auf L 36
frīgidus, -a, -um	kalt L 4

frīgus, -oris *n.*	Kälte L 16
frōns, frontis *f.*	Stirn, Vorderseite L 56
fruī, fruor *(beim Abl.)*	etwas genießen L 39
frūmentum, -ī *n.*	Getreide L 5
frūstrā *(Adv.)*	grundlos; vergeblich, umsonst L 7
fuga, -ae *f.*	Flucht; Verbannung L 21
fugere, fugiō, fūgī	fliehen, flüchten L 21
fundus, -ī *m.*	Grundstück; Landgut L 39
fungī, fungor, fūnctus sum *(beim Abl.)*	(etw.) ausführen, vollbringen L 49
futūrus, -a, -um	zukünftig L 49
gaudēre, gaudeō, gāvīsus sum	sich freuen L 1, 52
gaudium, -ī *n.*	Freude, Vergnügen L 11
gēns, gentis *f.*	Stamm, Sippe, Geschlecht L 34
genus, generis *n.*	Geschlecht, Gattung, Art L 23
gerere, gerō, gessī, gestum	tragen, ausführen L 23
bellum gerere	Krieg führen L 23
Germānī, -ōrum *m.*	Germanen L 21
gladius, -ī *m.*	Schwert L 7
glōria, -ae *f.*	Ruhm L 24
glōriārī, glōrior, glōriātus sum	sich rühmen, prahlen L 38
Graecus, -i *m.*	Grieche
Graecus, -a, -um	griechisch
grātia, -ae *f.*	Dank; Beliebtheit; Gefälligkeit L 5
grātus, -a, -um	willkommen, nett; dankbar L 2
gravis, -e	schwer L 37
grex, gregis *m.*	Herde L 56
habēre, habeō, habuī, habitum	haben; halten L 3
grātiās habēre	dankbar sein L 5
habitāre	(be)wohnen L 8
habitus, -ūs *m.*	Haltung; Kleidung; Zustand L 32
haerēre, haereō, haesī, haesum	haften, kleben; hängen-, steckenbleiben L 43
haud	nicht L 15
haud rārō *(Adv.)*	nicht selten L 17
hīc *(Adv.)*	hier L 1
hic, haec, hoc	dieser, diese, dieses L 18
hiems, hiemis *f.*	Sturm; Winter, Kälte L 42
hinc *(Adv.)*	von hier L 55
hodiē *(Adv.)*	heute L 5
homō, hominis *m.*	Mensch; Mann L 16
honestus, -a, -um	angesehen; ehrenhaft L 17
honor, -ōris *m.*	Ehre; Auszeichnung L 34
honōs, ōris *m.*	Ehrenamt L 34
hōra, -ae *f.*	Stunde L 7
hortārī, hortor, hortātus sum	auffordern, ermahnen L 44
hortus, -ī *m.*	Garten L 5
hospes, hospitis *m./f.*	Gast L 45
hostis, -is *m.*	Feind, Landesfeind L 16
hūc *(Adv.)*	hierher, hierhin, bis zu diesem Punkt L 51
hūmānitās, -ātis *f.*	Bildung, Menschlichkeit L 15
hūmānus, -a, -um	menschlich L 7
iacēre, iaceō, iacuī	liegen L 8
iacere, iaciō, iēcī, iactum	werfen L 28
iactāre	werfen, schleudern L 14
iam *(Adv.)*	schon L 2
ibī *(Adv.)*	dort L 3
īdem, eadem, idem	derselbe, dieselbe, dasselbe L 36
idōneus, -a, -um	geeignet L 36
igitur *(Adv.)*	also, folglich L 46
īgnāvus, -a, -um	feige; träge, untätig; kraftlos L 4
ignis, -is *m.*	Feuer L 38
īgnōrāre	nicht kennen, nicht wissen L 12
nōn īgnōrāre	genau wissen L 12
īgnōtus, -a, -um	unbekannt L 36
ille, illa, illud	jener, jene, jenes L 18
imāgo, -inis *f.*	Bild, Abbild, Ahnenbild L 48
imber, imbris *m.*	Regenguss, Regen L 57

imitārī, imitor, imitātus sum	nachahmen, »imitieren« L 42
imminēre, immineō, imminuī	bevorstehen, drohen L 31
immō *(Adv.)*	gewiss, allerdings; nein, im Gegenteil L 36
immolāre	opfern L 9
impedīre, impediō, impedīvī, impedītum	hindern, zurückhalten L 53
impellere, impellō, impulī, impulsum	(an)stoßen, bewegen, veranlassen L 51
impendēre, impendeō	drohend darüberhängen; drohend bevorstehen L 33
imperāre	befehlen L 5
imperātor, -ōris *m.*	Feldherr; Kaiser L 14
imperium, -ī *n.*	Befehl; Herrschaft; Reich L 9
impetrāre	(durch Bitten) erreichen L 44
impetus, -ūs *m.*	Angriff L 26
impōnere, impōnō, imposuī, impositum	auf etwas setzen L 29
imprīmīs *(Adv.)*	besonders L 14
improbus, -a, -um	böse L 15
in *(beim Abl.)*	»in«, auf, bei *(gibt einen Ort an)* L 9
in *(beim Akk.)*	»in«, nach; gegen *(gibt eine Richtung an)* L 4
incendere, incendō, incendī, incēnsum	anzünden, entflammen L 33
incendium, -ī *n.*	Brand, Feuer L 8
inceptum, -ī *n.*	Vorhaben, Unternehmen L 21
incidere, incidō, incidī	hineinfallen, in die Hände fallen L 29
incipere, incipiō, coepī, inceptum	anfangen, beginnen L 21
incitāre	antreiben, anfeuern, reizen L 7
incolere, incolō, incoluī, incultum	(be)wohnen L 22
incommodum, -ī *n.*	Nachteil, Unannehmlichkeit L 48
incrēdibilis, -e	unglaublich L 39
inde *(Adv.)*	von dort; von da an; daher L 43
indīcere, indīcō, indīxī, indictum	ansagen, ankündigen L 36
indīgnus, -a, -um	schlimm, empörend L 58
īnferī, -ōrum *m.*	die Unterwelt L 11
īnferior, -ōris	niedriger (gelegen) L 52
īnferre, īnferō, intulī, illātum	hineintragen; zufügen L 34
īnfestus, -a, -um	feindselig, feindlich L 8
īnfundere, īnfundō, īnfūdī, īnfūsum	hineingießen L 29
ingenium, -ī *n.*	Charakter, Talent, Begabung L 34
ingēns, *Gen.:* **ingentis**	gewaltig, riesengroß L 23
ingredī, ingredior, ingressus sum	hineingehen, betreten L 39
inimīcus, -a, -um	feindlich L 29
inimīcus, -ī *m.*	Feind L 29
inīre, ineō, iniī	hineingehen, betreten L 31
initium, -ī *n.*	Anfang, Beginn L 29
iniūria, -ae *f.*	Unrecht, Ungerechtigkeit; Kränkung L 34
innocēns, *Gen.:* innocentis	ohne Schuld, rechtschaffen L 29
inopia, -ae *f.*	Mangel, Not L 49
inquam	sag(t)e ich L 58
inquit	sagte (er/sie/es) L 21
īnscrībere, īnscrībō, īnscrīpsī, īnscrīptum	aufschreiben, daraufschreiben, als Inschrift einmeißeln L 29
īnsidiae, -ārum *f.* *(Pluralwort)*	Anschlag, Hinterhalt, Attentat L 8
īnstāre, īnstō, īnstitī	nahe bevorstehen L 38
īnstituere, īnstituō, īnstituī, īnstitūtum	einrichten, beginnen, unterrichten L 46
īnstitūtum, -ī *n.*	Einrichtung; Vorhaben L 42
īnstruere, īnstruō, īnstrūxī, īnstrūctum	ausstatten; unterrichten L 19

īnsula, -ae *f.*	»Insel«; Häuserblock L 11
integer, integra, integrum	anständig; unbescholten; unbestechlich L 47
intellegere, intellegō, intellēxī, intellēctum	verstehen, einsehen L 19
inter *(beim Akk.)*	zwischen L 3
inter sē	untereinander; gegeneinander L 7
interdum *(Adv.)*	manchmal, bisweilen L 8
intereā *(Adv.)*	inzwischen L 3
interesse, intersum, interfuī *(beim Dat.)*	dabei sein, teilnehmen L 7
alicuius interest	es liegt in jmds. Interesse L 53
meā/tuā interest	es liegt in meinem/deinem Interesse L 53
interficere, interficiō, interfēcī, interfectum	töten, ermorden L 36
interīre, intereō, interiī	untergehen; sterben L 47
interrogāre	fragen L 7
intrā *(beim Akk.)*	innerhalb L 57
intrāre	betreten L 3
intuērī, intueor	aufmerksam ansehen, betrachten L 43
invādere, invādō, invāsī, invāsum	eindringen; überfallen L 19
invenīre, inveniō, invēnī, inventum	(er)finden, ermitteln L 28
invidēre, invideō, invīdī, invīsum *(beim Dat.)*	jmdn. beneiden L 25
invītāre	einladen L 22
invītus, -a, -um	unwillig, gegen den eigenen Willen L 37
ipse, ipsa, ipsum	selbst L 31
īra, -ae *f.*	Zorn, Erbitterung L 27
īrātus, -a, -um	zornig L 6
īre, eō, iī	gehen; reisen L 6
irrīdēre, irrīdeō, irrīsī, irrīsum	verspotten, auslachen L 13
is, ea, id	dieser, diese, dieses L 13
iste, ista, istud	dieser (da) L 31
ita *(Adv.)*	so L 1
itaque *(Adv.)*	deshalb, daher L 1
item *(Adv.)*	ebenso, auch L 53
iter, itineris *n.*	Weg, Reise L 16
iterum *(Adv.)*	wiederum, zum zweiten Mal L 7
iterum atque iterum	immer wieder L 7
iubēre, iubeō, iussī, iussum	befehlen L 22
iūcundus, -a, -um	angenehm L 1
iūdex, -icis *m./f.*	Richter(in) L 27
iūdicāre	urteilen, entscheiden; erklären zu L 34
iūdicium, -ī *n.*	Entscheidung, Urteil; Meinung L 51
iungere, iungō, iūnxī, iūnctum	anspannen, verbinden L 41
iūs, iūris *n.*	Recht L 28
iussū	auf Befehl L 13
iūstitia, -ae *f.*	Gerechtigkeit L 29
iūstus, -a, -um	gerecht; gebührend L 49
iuvat, iūvit	es freut, macht Spaß L 4
iuvenis, -is	jung L 54
iuvenis, -is *m.*	junger Mann L 54
iuventūs, -ūtis *f.*	Jugend L 46
labor, -ōris *m.*	Arbeit, Mühe L 13
labōrāre	sich anstrengen, arbeiten; leiden L 1
lacessere, lacessō, lacessīvī, lacessītum	reizen, herausfordern L 17
lacrima, -ae *f.*	Träne, Tropfen L 54
laetus, -a, -um	fröhlich L 1
lapis, -idis *m.*	Stein L 19
latrō, -ōnis *m.*	Räuber L 21
lātus, -a, -um	breit L 3
laudāre	loben L 5
laus, laudis *f.*	Lob, Ruhm L 19
lēgātiō, -ōnis *f.*	Gesandtschaft, Abordnung L 51
lēgātus, -ī *m.*	Gesandter; Feldherr; Statthalter L 19
legere, legō, lēgī, lēctum	lesen L 17

legiō, -ōnis *f.*	»Legion« L 14
leō, leōnis *m.*	»Löwe« L 27
lēx, lēgis *f.*	Gesetz; Bedingung L 29
libenter *(Adv.)*	gern L 1
līber, lībera, līberum	frei L 2
liber, librī *m.*	Buch L 43
līberāre	befreien L 8
līberī, -ōrum *m.*	Kinder L 3
līberta, -ae *f.*	Freigelassene L 2
lībertās, -ātis *f.*	Freiheit L 16
lībertus, -ī *m.*	Freigelassener L 2
licentia, -ae *f.*	Freiheit, Ungebundenheit; Übermut, Frechheit L 39
licet, licuit	es ist erlaubt; es ist möglich L 14
līmes, limitis *m.*	Grenze, Grenzbefestigung L 19
lingua, -ae *f.*	Zunge, Sprache L 19
līs, lītis *f.*	Streit L 27
littera, -ae *f.*	Buchstabe; *Plural:* Brief; »Literatur« L 15
litus, -oris *n.*	Küste L 44
loca, -ōrum *n.*	Gegend L 21
locus, -ī *m.*	Ort, Stelle L 21
longus, -a, -um	»lang«; weit L 32
loquī, loquor, locūtus sum	sprechen L 39
lūctus, -ūs *m.*	Trauer L 31
lūdus, -ī *m.*	Spiel; Schauspiel; Schule L 7
lūmen, lūminis *n.*	Licht; Tageslicht, Augenlicht L 37
lūx, lūcis *f.*	Licht, Tageslicht L 24
sub lūcem	bei Tagesanbruch L 54
māchina, -ae *f.*	»Maschine«; Kunstgriff L 59
maestus, -a, -um	traurig L 1
magis *(Adv.)*	mehr; eher L 26
magister, magistrī *m.*	Lehrer L 2
magistra, -ae *f.*	Lehrerin L 2
magistrātus, -ūs *m.*	Amt; Beamter L 34
māgnificentia, -ae *f.*	Großartigkeit, Pracht; Prahlerei L 33
māgnificus, -a, -um	großartig, prächtig L 5

māgnitūdō, -inis *f.*	Größe L 42
māgnus, -a, -um	groß L 3
māiestās, -ātis *f.*	Würde, Größe, Hoheit L 33
māior nātū	älter L 42
māiōrēs, -um *m.*	Vorfahren L 13
malus, -a, -um	schlecht; schädlich L 42
mandāre	anvertrauen L 5
memoriae mandāre	sich merken L 5
mandātum, -ī *n.*	Auftrag, Befehl L 24
māne *(Adv.)*	morgens, früh L 8
manēre, maneō, mānsī	bleiben L 4
manus, -ūs *f.*	Hand; Schar L 31
mare, maris *n.*	Meer L 16
māter, -tris *f.*	»Mutter« L 38
māteria, -ae *f.*	»Material«, Stoff; Bauholz L 51
mātrimonium inīre	eine Ehe schließen L 54
maximus, -a, -um	größter, größte, größtes L 21
mēcum	mit mir L 17
medicīna, -ae *f.*	Heilkunst, Heilmittel L 27
medicus, -ī *m.*	Arzt, »Mediziner« L 31
medius, -a, -um	in der Mitte gelegen L 9
mediō in forō	mitten auf dem Marktplatz L 9
medium in forum	mitten auf den Marktplatz L 9
mel, mellis *n.*	Honig L 27
membrum, -ī *n.*	Teil, Glied L 28
meminisse, meminī *(beim Gen.)*	sich erinnern an, denken an L 53
memor, *Gen.:* **memoris** *(beim Gen.)*	sich erinnernd, bewusst (einer Sache) L 39
memor sum *(beim Gen.)*	ich denke an L 39
memoria, -ae *f.*	Gedächtnis; Erinnerung L 5
memoriā tenēre	sich daran erinnern, dass; sich dessen bewusst sein, dass L 33
mēns, mentis *f.*	Verstand; Absicht, persönliche Einstellung L 29

mēnsis, -is *m.*	Monat L 16
mercātor, -ōris *m.*	Händler, Kaufmann L 21
merēre, mereō, meruī, meritum	verdienen L 49
stipendia merēre	Soldat sein, Dienstjahre ableisten L 16
merīdiēs, -ēī *m.*	Mittag; Süden L 53
merx, mercis *f.*	Ware L 21
mētīrī, mētior, mēnsus sum	(ver)messen L 52
metuere, metuō, metuī	sich fürchten; fürchten L 53
metus, -ūs *m.*	Furcht, Angst L 26
meus, -a, -um	mein L 6
mīles, mīlitis *m.*	Soldat L 19
mīlia, *Gen.:* **mīlium**	Tausende L 57
mīlitāris, -e	Kriegs-, »Militär«- L 24
mīlitia, -ae *f.*	Kriegsdienst L 28
mīlle	Tausend L 57
minimē *(Adv.)*	keineswegs, überhaupt nicht, am wenigsten L 15
mīnor nātū	jünger L 42
minuere, minuō, minuī, minūtum	vermindern, verringern L 34
mīrābilis, -e	erstaunlich, bewundernswert L 37
mīrārī, mīror, mīrātus sum	sich wundern; bewundern L 41
mīrus, -a, -um	verwunderlich, wunderbar L 13
miser, misera, miserum	unglücklich, elend L 6
misericordia, -ae *f.*	Mitleid, Barmherzigkeit L 29
mittere, mittō, mīsī, missum	schicken, senden; entlassen; werfen L 17
modus, -ī *m.*	Art, Weise; Maß L 15
moenia, -ium *n. (Pluralwort)*	(Stadt)mauern L 16
molestus, -a, -um	unangenehm, lästig, beschwerlich L 1
monēre, moneō, monuī, monitum	(er)mahnen L 11
monēre, nē	warnen L 45
mōns, montis *m.*	Berg, Gebirge L 16
mōnstrāre	zeigen L 5
monumentum, -ī *n.*	Denkmal L 14
morbus, -ī *m.*	Krankheit L 23
morī, morior, mortuus sum	sterben L 46
mors, mortis *f.*	Tod L 13
mortuus, -a, -um	tot L 8
mōs, mōris *m.*	Sitte, Brauch L 15
movēre, moveō, mōvī, mōtum	bewegen L 13
mox *(Adv.)*	bald L 12
mulier, mulieris *f.*	Frau L 15
multā nocte	spät in der Nacht L 54
multitūdō, -inis *f.*	Menge L 23
multus, -a, -um	viel L 3
multum interest inter *(beim Akk.)*	es besteht ein großer Unterschied zwischen L 27
mundus, -ī *m.*	Welt L 55
mūnus, mūneris *n.*	Amt; Aufgabe; Geschenk; Festspiel, öffentliches Schauspiel L 48
mūrus, -ī *m.*	»Mauer« L 6
mūtāre	ändern, wechseln; austauschen, entfernen L 39
nam	denn L 1
narrāre	erzählen L 8
nāscī, nāscor, nātus sum	geboren werden L 45
nātiō, -ōnis *f.*	Volksstamm; Abstammung, Geburt L 18
nātūra, -ae *f.*	»Natur«, Wesen, Beschaffenheit L 23
nātus, -a, -um	geboren L 24
nauta, -ae *m.*	Seemann L 23
nāvigāre	segeln L 11
nāvigium, -ī *n.*	Schiff L 12
nāvis, -is *f.*	Schiff L 16
nē *(beim Konj.)*	dass nicht, damit nicht L 44
-ne *(Fragepartikel; an ein Wort angehängt, wird nicht übersetzt)*	L 7
nē ... quidem	nicht einmal L 14

nē quis/nē quid	damit keiner/damit nichts L 44
nec	und nicht, auch nicht L 13
nec … nec	weder … noch L 13
necāre	töten L 7
necessārius, -a, -um	notwendig L 28
negāre	abschlagen, verneinen; behaupten, dass nicht L 32
neglegēns, *Gen.:* **neglegentis**	nachlässig L 39
neglegere, neglegō, neglēxī, neglēctum	vernachlässigen, nicht beachten L 39
negōtium, -ī n.	Tätigkeit, Aufgabe L 1
nēmō	niemand L 23
nēmō nisī	niemand außer; nur L 27
neque	und nicht, auch nicht L 13
neque ... neque	weder ... noch L 13
nervus, -ī *m.*	Sehne; Saite; Fessel L 55
nescīre, nesciō, nesciī	nicht wissen L 41
neu	und dass nicht L 44
neuter, neutra, neutrum, *Gen.:* **neutrīus**	keiner (von beiden) L 35
nēve	und dass nicht L 44
nihil nisī	nichts, wenn nicht = nur L 33
nihil, *Gen.:* **nūllīus reī**	nichts L 33
nimis *(Adv.)*	überaus, allzu, zu sehr L 33
nisī	wenn nicht L 27
nōbilis, -e	bekannt, berühmt, vornehm, adlig L 23
nōbilitās, -ātis *f.*	Adel, Berühmtheit L 47
nōbīscum	mit uns L 17
nocēre, noceō, nocuī	schaden L 28
noctū *(Adv.)*	nachts L 11
nōlle, nōlō, nōluī	nicht wollen L 46
nōmen, nōminis *n.*	Name L 21
nōmināre	(be)nennen L 24
nōn	nicht L 1
nōn iam	nicht mehr L 2

nōn sōlum … sed etiam	nicht nur …, sondern auch L 5
nōnāgēsimus, -a, -um	der neunzigste L 57
nōndum *(Adv.)*	noch nicht L 4
nōnne?	nicht? *(legt eine zustimmende Antwort nahe)* L 27
nōnnūllī, -ae, -a	einige L 3
nōnnumquam *(Adv.)*	manchmal L 1
nōs	wir; uns L 4
nōscere, nōscō, nōvī, nōtum	kennenlernen, erfahren; *Pf.:* kennen, wissen L 53
noster, nostra, nostrum	unser L 6
nōtus, -a, -um	bekannt L 14
novus, -a, -um	»neu« L 2
nox, noctis *f.*	»Nacht« L 24
nūbere, nūbō, nūpsī, nuptum *(beim Dat.)*	(einen Mann) heiraten L 37
nūllus, -a, -um, *Gen.:* **nūllīus**	kein L 33
num?	etwa wirklich? L 12
numerus, -ī *m.*	Zahl, Anzahl L 34
numquam *(Adv.)*	niemals L 15
nunc *(Adv.)*	jetzt L 2
nūntiāre	verkünden, melden, sagen lassen L 5
nūntius, -ī *m.*	Bote; Botschaft, Meldung, Nachricht L 34
nūper *(Adv.)*	neulich, unlängst L 17
ob *(beim Akk.)*	zu … hin; vor; wegen L 37
oblīvīscī, oblīvīscor, oblītus sum *(beim Gen.)*	etwas vergessen L 39
obscūrus, -a, -um	dunkel L 25
obsecrāre	anflehen, beschwören L 58
observāre	beobachten, beachten L 53
obses, obsidis *m.*	Geisel L 51
obsidēre, obsideō, obsēdī, obsessum	belagern, blockieren L 24
obtinēre, obtineō, obtinuī, obtentum	festhalten, im Besitz haben; einnehmen L 52

obviam *(Adv.)*	entgegen L 37
occāsiō, -ōnis *f.*	(günstige) Gelegenheit L 18
occīdere, occīdō, occīdī, occīsum	töten, umbringen L 35
occultāre	verbergen, verstecken L 11
occultus, -a, -um	verborgen, unbemerkt L 56
occupāre	einnehmen, besetzen L 35
octōgintā	achtzig L 57
oculus, -ī *m.*	Auge L 7
ōdisse, ōdī	hassen L 53
odium, -ī *n.*	Hass L 12
offendere, offendō, offendī, offēnsum	anstoßen; verletzen, beleidigen L 17
offerre, offerō, obtulī, oblātum	entgegentragen; anbieten L 32
sē offere	entgegengehen, entgegentreten L 32
officium, -ī *n.*	Pflicht, Aufgabe, Dienst L 6
ōlim *(Adv.)*	einst, dereinst L 56
omittere, omittō, omīsī, omissum	aufgeben, fallen lassen; übergehen L 47
omnis, -e	jeder, *Pl.:* alle L 23
onerāre	beladen L 8
onus, -eris *n.*	Last, Gewicht, Mühe L 53
opera, -ae *f.*	Mühe, Arbeit L 53
opēs, opum	Hilfsmittel, Macht L 33
opīniō, -ōnis *f.*	Meinung, Erwartung; Gerücht L 43
oportet, oportuit	es ist nötig, es gehört sich, man muss L 22
oppidum, -ī *n.*	Kleinstadt L 4
opprimere, opprimō, oppressī, oppressum	bedrücken, unterdrücken; plötzlich überfallen L 22
oppūgnāre	bestürmen L 11
ops, opis *f.*	Kraft, Hilfe L 33
optāre	wünschen L 56
optimē *(Adv.)*	sehr gut; am besten L 17
optimus, -a, -um	bester, beste, bestes L 21
opus, -eris *n.*	Werk, Bauwerk L 19
opus est	es ist notwendig L 24
ōrā, -ae *f.*	Küste L 11
ōrāculum, -ī *n.*	Weissagung, »Orakel«; Orakelstätte L 36
ōrāre	bitten, beten L 12
ōrātiō, -ōnis *f.*	Rede L 34
orātōr, -ōris *m.*	Redner L 34
orbis, -is *m.*	Kreis; Scheibe L 17
orbis terrārum	Erdkreis, insbesondere das römische Weltreich L 17
ōrdō, ōrdinis *m.*	Stand; Reihe; »Ordnung« L 49
orīgō, orīginis *f.*	Ursprung L 13
orīrī, orior, ortus sum	entstehen L 49
ōrnāmentum, -ī *n.*	Schmuck L 47
ōrnāre	schmücken L 8
ortus, -ūs *m.*	Aufgang; Entstehung, Geburt L 43
ōs, ōris *n.*	Mund; Gesicht; Maul L 54
ostendere, ostendō, ostendī, ostentum	zeigen, vor Augen stellen, darlegen L 27
ōtium, -ī *n.*	freie Zeit L 39
pācāre	befrieden, unterwerfen L 19
paene *(Adv.)*	fast, beinahe L 31
palam *(Adv.)*	öffentlich L 48
palūs, -ūdis *f.*	Sumpf L 28
pār, *Gen.:* **pāris**	gleich, entsprechend L 27
parāre	vorbereiten, besorgen L 5
īnsidiās parāre *(beim Dat.)*	jmdn. in eine Falle locken L 8
parātus, -a, -um	bereit L 51
parcere, parcō, pepercī *(beim Dat.)*	schonen, sparen L 19
parēns, -entis *m. u. f.*	Vater; Mutter L 15
parentēs, -um *m.*	Eltern L 15
pārēre, pāreō, pāruī	gehorchen L 1
pars, partis *f.*	Teil, Seite, Richtung L 19
partēs, -ium *f.*	»Partei« L 19
parvus, -a, -um	klein L 3
pāscere, pāscō, pāvī, pāstum	weiden (lassen); nähren L 56
pāstor, -ōris *m.*	Hirte L 27

patefacere, patefaciō, patefēcī, patefactum	öffnen, aufdecken L 27
pater, patris *m.*	Vater L 13
patēre, pateō, patuī	offen stehen, sich erstrecken L 22
patī, patior, passus sum	leiden L 39
patria, -ae *f.*	Heimat, Vaterland L 1
patrius, -a, -um	heimatlich, heimisch L 11
paucī, -ae, -a	wenige, nur wenige L 11
paulātim *(Adv.)*	allmählich L 28
paulō post	kurz danach L 24
paulum *(Adv.)*	ein wenig L 55
pauper, *Gen.:* **pauperis**	arm L 23
paupertās, -ātis *f.*	Armut L 23
pāx, pācis *f.*	Friede L 13
pectus, -oris *n.*	Brust, Seele L 56
pecūnia, -ae *f.*	Geld L 3
pecus, pecudis *f.*	Haustier; Schaf L 56
pellere, pellō, pepulī, pulsum	stoßen, schlagen, vertreiben L 19
pendere, pendō, pependī, pēnsum	abwägen; zahlen L 51
per *(beim Akk.)*	durch L 3
perdere, perdō, perdidī, perditum	zu Grunde richten, ruinieren; verlieren, einbüßen L 47
perdūcere, perdūcō, perdūxī, perductum	hinführen; veranlassen L 59
perfectus, -a, -um	vollendet L 45
perferre, perferō, pertulī, perlātum	ans Ziel bringen; durchführen; erdulden L 48
perficere, perficiō, perfēcī, perfectum	vollenden, zu Stande bringen L 45
pergere, pergō, perrēxī, perrēctum	fortsetzen; fortfahren L 23
perīculōsus, -a, -um	gefährlich L 7
perīculum, -ī *n.*	Gefahr L 8
perīre, pereō, periī	zu Grunde gehen, umkommen L 7
perītus, -a, -um *(beim Gen.)*	erfahren (in), sachkundig L 39
permittere, permittō, permīsī, permissum	überlassen, erlauben L 36
perniciēs, -ēī *f.*	Verderben L 32
perpetuus, -a, -um	ununterbrochen, fortdauernd L 35
persōna, -ae *f.*	Maske; Rolle, »Person« L 59
persuādēre, persuādeō, persuāsī, persuāsum *(beim Dat.)*	überreden *(mit ut)*; überzeugen *(mit AcI)* L 49
id mihi persuāsī	davon bin ich überzeugt L 49
perterrēre, perterreō, perterruī, perterritum	sehr erschrecken L 45
pertinēre, pertineō, pertinuī	sich erstrecken L 9
perturbāre	verwirren, in Unordnung bringen L 47
pervenīre, perveniō, pervēnī, perventum	(hin)kommen L 51
pēs, pedis *m.*	»Fuß«; Pfote L 27
petere, petō, petīvī, petītum	zu erreichen suchen, erstreben; angreifen L 21
fugā salūtem petere	sein Heil in der Flucht suchen L 21
philosophia, -ae *f.*	»Philosophie« L 34
pietās, -ātis *f.*	Achtung, Pflichtgefühl, Frömmigkeit L 38
pīlum, -ī *n.*	»Pilum«, Wurfspieß L 26
pius, -a, -um	fromm, zuverlässig L 12
placēre, placeō, placuī	gefallen L 5
plēbs, plēbis *f.*	»Plebs« (alle Nichtpatrizier), gemeines Volk, Menge L 28
plēnus, -a, -um	voll L 5
plērīque, plēraeque, plēraque	die meisten L 14
plūrimī, -ae, -a	sehr viele; die meisten L 42

plūrimum	sehr viel; am meisten L 42
plūs, *Gen.:* **plūris**	mehr L 42
poena, -ae *f.*	Strafe L 45
poeta, -ae *m.*	Dichter L 44
pollicērī, polliceor, pollicitus sum	versprechen L 46
pōnere, pōnō, posuī, positum	setzen, stellen, legen L 44
pōns, pontis *m.*	Brücke, Steg L 19
pontifex, pontificis *m.*	Priester L 37
populus, -ī *m.*	Volk, Menge L 9
porrigere, porrigō, porrēxī, porrēctum	ausstrecken, vor sich hinstrecken L 31
porta, -ae *f.*	»Pforte«, Tor L 3
portāre	tragen, bringen L 6
portus, -ūs *m.*	Hafen L 26
poscere, poscō, poposcī	fordern L 31
posse, possum, potuī	können L 11
possidēre, possideō, possēdī, possessum	besitzen L 5
post *(Adv.)*	nachher, später L 24
post *(beim Akk.)*	hinter, nach L 15
posteā *(Adv.)*	nachher, später L 13
posterus, -a, -um	nachfolgend L 24
postquam *(beim Perf.)*	nachdem L 18
postrēmō *(Adv.)*	schließlich, endlich, zuletzt L 9
postrēmus, -a, -um	der/die/das letzte L 14
postulāre	fordern, verlangen L 29
potestās, -ātis *f.*	(Amts-)Gewalt; Befugnis; Möglichkeit L 23
potius *(Adv.)*	eher, lieber L 43
prae *(beim Abl.)*	vor L 32
praebēre, praebeō, praebuī, praebitum	hinhalten, reichen L 44
sē praebēre	sich zeigen L 47
praeclārus, -a, -um	deutlich; herrlich, berühmt L 34
praeda, -ae *f.*	Beute L 44
praedicāre	öffentlich ausrufen; rühmen L 56
praedium, -ī *n.*	Grundstück, Landgut L 25

praeesse, praesum, praefuī	kommandieren, leiten L 26
praeferre, praeferō, praetulī, praelātum	vorantragen, zur Schau stellen; vorziehen L 32
praemium, -ī *n.*	Belohnung L 15
praepōnere, praepōnō, praeposuī, praepositum	vorziehen; an die Spitze stellen L 48
praestāns, *Gen.:* praestantis	vorzüglich, ausgezeichnet L 41
praestāre, praestō, praestitī	
(beim Dat.)	jmdm. voranstehen, jmdn. übertreffen;
(beim Akk.)	etw. leisten L 51
sē praestāre, praestō, praestitī, praestitum	sich erweisen L 34
praeter *(beim Akk.)*	an ... vorbei; außer L 48
praetereā *(Adv.)*	außerdem L 19
praeterīre, praetereō, praeteriī, praeteritum	vorübergehen L 29
praetor, -ōris *m.*	»Prätor« L 34
precēs, precum *f.*	Bitten L 48
pretium, -ī *n.*	»Preis« L 9
prīdem *(Adv.)*	vor langer Zeit L 58
prīmō *(Adv.)*	zuerst L 14
prīmum *(Adv.)*	zum ersten Mal; erstens; zunächst L 18
prīnceps, prīncipis *m.*	führender Mann, »Prinz«, Häuptling; Kaiser L 17
prīncipātus, -ūs *m.*	erste Stelle; höchste Stellung (im Staat); Herrschaft L 36
priusquam *(beim Ind. Perf.)*	bevor L 55
prīvātim *(Adv.)*	»privat« L 51
prīvātus, -a, -um	persönlich, »privat« L 23
prō *(beim Abl.)*	vor; für L 21
probāre	untersuchen, prüfen; billigen L 9
prōcēdere, prōcēdō, prōcessī, prōcessum	vorwärtsgehen; hervorgehen aus L 48

procul *(Adv.)*	in der Ferne, fern L 1
prōdere, prōdō, prōdidī, prōditum	übergeben, verraten L 46
prōdesse, prōsum, prōfuī	nützlich sein, nützen L 35
prōdigium, -ī *n.*	Vorzeichen L 11
proelium, -ī *n.*	Kampf, Schlacht L 17
profectō *(Adv.)*	in der Tat, sicherlich L 41
prōferre, prōferō, prōtulī, prōlātum	vorantragen; erweitern L 35
proficīscī, proficīscor, profectus sum	aufbrechen, abreisen; ausgehen von L 39
profitērī, profiteor, professus sum	bekennen, gestehen L 38
profundere, profundō, profūdī, profūsum	vergießen, verschwenden L 23
prōgredī, prōgredior, prōgressus sum	hervor-, herauskommen; vorrücken; fortschreiten L 55
prohibēre, prohibeō, prohibuī, prohibitum	abhalten, abwehren; (ver)hindern L 16
prōicere, prōiciō, prōiēcī, prōiectum	hinwerfen L 22
prōmittere, prōmittō, prōmīsī, prōmissum	versprechen L 31
prope *(beim Akk.)*	nahe bei L 3
propinquus, -a, -um	nahe; nahestehend, verwandt L 49
propior, propius	näher L 44
proprius, -a, -um	eigen, eigentümlich L 49
propter *(beim Akk.)*	wegen L 3
prōvidēre, prōvideō, prōvīdī, prōvīsum	sorgen für L 25
prōvincia, -ae *f.*	Amtsbereich, »Provinz« L 9
proximus, -a, -um	nächstgelegen L 29
proximus, -ī *m.*	der Nächste L 29
prūdēns, *Gen.:* **prūdentis**	erfahren, klug, vorausschauend L 27
pūblicē *(Adv.)*	öffentlich, allgemein, im Interesse des Staates L 51
pūblicus, -a, -um	öffentlich, staatlich L 9
puella, -ae *f.*	Mädchen L 3
puer, puerī *m.*	Junge L 2
pūgna, -ae *f.*	Kampf L 7
pūgnāre	kämpfen L 7
pulcher, pulchra, pulchrum	schön L 2
putāre	meinen, glauben L 12
quadrāgintā	vierzig L 57
quaerere, quaerō, quaesīvī, quaesītum	suchen; fragen L 32
nōmen quaerere ex *(beim Abl.)*	jmdn. nach seinem Namen fragen L 32
quaestiō, -ōnis *f.*	Untersuchung L 48
quaestor, -ōris *m.*	»Quästor« L 34
quam *(Adv.)*	wie L 4
quam *(Adv., beim Komparativ;*	als L 41
beim Superlativ)	möglichst
quamquam	obwohl L 18
quandō? *(Adv.)*	wann? L 18
quantus, -a, -um?	wie groß? wieviel? L 45
quasi *(Adv.)*	gleichsam; wie wenn L 11
-que	und L 2
querī, queror, questus sum	klagen, sich beklagen L 47
quī, quae, quod	welcher, welche, welches; der, die, das L 15
quī, quae, quod?	was für ein? welcher, welche, welches? L 29
quia	weil L 43
quicumque, quaecumque, quodcumque	wer auch immer; jeder, der L 49
quid?	was? L 2
quīdam, quaedam, quiddam *(subst.)* **quīdam, quaedam, quoddam** *(adjekt.)*	ein bestimmter, ein gewisser; *Pl.:* einige L 39
quidem *(Adv.)*	wenigstens, freilich, zwar L 19
quiētus, -a, -um	ruhig L 19

quīn etiam	ja sogar L 11
quīngentī, -ae, -a	fünfhundert L 57
quis?	wer? L 1
quisquam, quicquam	überhaupt jemand, überhaupt etwas L 44
quisque, quaeque, quidque *(subst.)* und **quodque** *(adjekt.)*	jeder (einzelne) L 42
optimus quisque	gerade die Besten; alle Besten/sehr Guten L 42
quō … eō	je … desto L 54
quō? *(Adv.)*	wohin? L 6
quod	weil L 5
quōmodo? *(Adv.)*	wie? L 19
quondam *(Adv.)*	einst L 7
quoniam	da ja, weil ja L 33
quoque *(nachgestellt)*	auch, sogar L 11
rārō *(Adv.)*	selten L 15
rārus, -a, -um	selten L 42
ratiō, ratiōnis *f.*	Vernunft; Verstand; Art und Weise L 46
ratiōnem habēre alicuius (reī)	Rücksicht nehmen auf jmd./etw. L 47
recēns, recentis	frisch, neu L 54
recipere, recipiō, recēpī, receptum	zurücknehmen, zurückhalten; zurückziehen; aufnehmen L 22
recitāre	vorlesen, vortragen L 15
recreāre	wiederherstellen, sich erholen L 25
rēctus, -a, -um	»richtig« L 29
recūsāre	verweigern, sich weigern L 37
reddere, reddō, reddidī, redditum	zurückgeben; etwas zu etwas machen L 17
litterās reddere	wieder schreiben, einen Antwortbrief schicken L 17
redīre, redeō, rediī	zurückgehen, zurückkommen L 7
redūcere, redūcō, redūxī, reductum	zurückführen, zurückziehen L 49
referre, referō, rettulī, relātum	zurücktragen; melden, berichten L 34
reficere, reficiō, refēcī, refectum	wiederherstellen L 35
regere, regō, rēxī, rēctum	lenken, leiten, »regieren« L 17
rēgīna, -ae *f.*	Königin L 27
regiō, -ōnis *f.*	Gebiet, Landschaft L 14
rēgius, -a, -um	königlich L 33
rēgnum, -ī *n.*	Königreich, Königsherrschaft L 12
religiō, -ōnis *f.*	Glaube, »Religion« L 29
relinquere, relinquō, relīquī, relictum	verlassen; zurücklassen L 18
reliquus, -a, -um	übrig L 39
remittere, remittō, remīsī, remissum	zurückschicken; lockern; erlassen L 55
repente *(Adv.)*	plötzlich L 58
repentīnus, -a, -um	plötzlich L 57
repetere, repetō, repetīvī, repetītum	wieder aufsuchen; wiederholen L 53
requiēscere, requiēscō, requiēvī	sich ausruhen, ruhen L 25
rēs, reī *f.*	Sache, Ding L 24
rēs adversae, *Gen.:* **rērum adversārum** *f.*	Unglück L 27
rēs gestae, *Gen.:* **rērum gestārum** *f.*	Taten, Leistungen L 24
rēs pūblica *f.*	Staat L 24
rēs sē habe(n)t aliter	die Sachlage ist anders L 27
resistere, resistō, restitī	sich widersetzen, Widerstand leisten L 18
respondēre, respondeō, respondī, respōnsum	antworten L 2
restituere, restituō, restituī, restitūtum	wiederherstellen L 25
revertī, revertor, revertī	zurückkehren, zurückkommen, umkehren L 52
revocāre	zurückrufen L 22
rēx, rēgis *m.*	König, Herrscher L 13
rīdēre, rīdeō, rīsī, rīsum	lachen L 1

rīpa, -ae *f.*	Ufer L 17
rogāre	fragen, bitten L 21
Rōmae	in Rom L 6
Rōmam	nach Rom L 6
rūrsus *(Adv.)*	rückwärts, zurück; wiederum L 44
sacer, sacra, sacrum	heilig L 9
sacerdōs, sacerdōtis *m. u. f.*	Priester, Priesterin L 13
sacrum, -ī *n.*	heiliger Ort, Tempel, Opfer L 48
sacrum/sacra facere	opfern L 48
saeculum, -ī *n.*	Jahrhundert L 28
saepe *(Adv.)*	oft L 1
salūber, salūbris, salūbre	gesund; heilsam, kräftig L 31
salūs, salūtis *f.*	Wohl, Rettung; Gruß L 17
salūtem dīcere	grüßen L 17
salūtāre	grüßen L 3
salvē!/salvēte!	hallo! guten Tag! herzlich willkommen! L 5
salvus, -a, -um	wohlbehalten, unversehrt L 58
sānāre	heilen; zur Vernunft bringen L 31
sānctus, -a, -um	heilig L 49
sanguis, sanguinis *m.*	Blut L 54
sānus, -a, -um	gesund L 4
sapiēns, *Gen.:* **sapientis**	verständig, einsichtsvoll; weise L 41
satis *(Adv.)*	genug L 33
saxum, -ī *n.*	Stein, Fels L 53
scaena, -ae *f.*	Bühne L 59
scelestus, -a, -um	verbrecherisch L 8
scelus, sceleris *n.*	Verbrechen L 58
scientia, -ae *f.*	Wissen, Kenntnis L 15
scīre, sciō, scīvī, scītum	wissen; kennen, verstehen L 37
scrībere, scrībō, scrīpsī, scrīptum	schreiben L 17
scrīptor, -ōris *m.*	Schriftsteller L 15
scrīptor rērum *m.*	Geschichtsschreiber L 24
scūtum, -ī *n.*	Schild L 36
sē	sich *(Akk.)* L 7
sēcum	mit sich selbst, bei sich selbst L 19
secundum *(beim Akk.)*	unmittelbar nach; entlang; gemäß L 19
sed	aber; sondern L 1
sēdāre	zur Ruhe bringen L 27
sedēre, sedeō, sēdī, sessum	sitzen L 1
sēdēs, -is *f.*	Sitz; Stuhl; Wohnsitz; Stätte L 55
semper *(Adv.)*	immer L 1
senātor, senātōris *m.*	»Senator« L 24
senātus, -ūs *m.*	»Senat«, Senatsversammlung L 34
senex, senis	alt L 43
senex, senis *m.*	alter Mann L 43
sententia, -ae *f.*	Meinung; Ausspruch; Satz L 43
sentīre, sentiō, sēnsī, sēnsum	fühlen, meinen L 28
septingentēsimus, -a, -um	der siebenhundertste L 57
septuāgintā	siebzig L 57
sepulcrum, -ī *n.*	Grab L 29
sequī, sequor, secūtus sum	folgen, nachfolgen L 45
sermō, -ōnis *m.*	Gespräch; Sprechweise, Sprache; Gerede L 42
serva, -ae *f.*	Sklavin L 1
servāre	retten, bewahren L 11
servitūs, -ūtis *f.*	Sklaverei; Knechtschaft L 17
servus, -ī *m.*	Sklave L 1
sescentēsimus, -a, -um	der sechshundertste L 57
sī	wenn L 26
sīc *(Adv.)*	so L 25
sīcut	wie L 29
sīgnificāre	bedeuten; bezeichnen L 25
sīgnum, -ī *n.*	Zeichen L 16
silva, -ae *f.*	Wald L 16
similis, -e	ähnlich, gleich L 29
simul *(Adv.)*	zugleich L 27
sīn	wenn aber L 26
sine *(beim Abl.)*	ohne L 9

singulāris, -e	einzigartig L 49
singulī, -ae, -a	die Einzelnen L 18
sitis, -is *f.*	Durst L 56
situs, -a, -um	gelegen L 8
sīve … sīve	sei es, dass … oder dass …; entweder … oder L 51
socius, -ī *m.*	Gehilfe, Begleiter; Verbündeter L 11
sōl, sōlis *m.*	Sonne L 25
solēre, soleō	gewohnt sein (etwas zu tun) L 8 u. 52
sōlitūdō, -inis *f.*	Einsamkeit L 55
sōlus, -a, -um, *Gen.:* **sōlīus**	allein, einsam, verlassen L 35
somnium, -ī *n.*	Traum, Traumbild L 11
sonus, -ī *m.*	Ton, Klang, Geräusch L 28
soror, sorōris *f.*	Schwester L 29
sors, sortis *f.*	Los, Schicksal, Anteil L 28
spectāculum, -ī *n.*	Spiel, Schauspiel L 57
spectāre	(an)schauen, ansehen L 2
spērāre	hoffen, erhoffen L 31
spēs, speī *f.*	Hoffnung, Erwartung L 24
spoliāre *(beim Abl.)*	berauben, plündern L 8
stāre, stō, stetī, statum	»stehen« L 1
statim *(Adv.)*	sofort L 25
statua, -ae *f.*	»Statue«, Standbild L 8
statuere, statuō, statuī, statūtum	hin-/aufstellen; bestimmen, beschließen L 51
status, -ūs *m.*	Zustand; Lage; Stellung, Rang L 49
sternere, sternō, strāvī, strātum	auf den Boden legen; bedecken; bepflastern L 19
stipendium, -ī *n.*	Sold L 16
studēre, studeō, studuī *(beim Dat.)*	sich bemühen um L 9
studium, -ī *n.*	Eifer, Bemühung L 9
stultus, -a, -um	dumm L 6
sub *(beim Abl.)*	am Fuß von, unterhalb, unter L 9
subigere, subigō, subēgī, subāctum	bezwingen, unterwerfen L 17
subīre, subeō, subiī	auf sich nehmen L 21
perīcula subīre	Gefahren bestehen L 16
subitō *(Adv.)*	plötzlich L 2
subvenīre, subveniō, subvēnī, subventum *(beim Dat.)*	jemandem zu Hilfe kommen L 28
sūmere, sūmō, sūmpsī, sūmptum	(an sich) nehmen L 46
summus, -a, -um	oberster, höchster L 23
super *(beim Akk. u. Abl.)*	über L 16
superāre	besiegen; übertreffen L 9
superbia, -ae *f.*	Überheblichkeit, Hochmut, Stolz L 47
superbus, -a, -um	hochmütig, stolz L 19
superī, -ōrum *m.*	die überirdischen Götter L 52
superus, -a, -um	der obere L 52
supra *(Adv.)*	oberhalb L 46
supra *(beim Akk.)*	über, über … hinaus L 46
suscipere, suscipiō, suscēpī, susceptum	auf sich nehmen, übernehmen L 32
suspicārī, suspicor, suspicātus sum	ahnen, vermuten L 44
sustinēre, sustineō, sustinuī, sustentum	aushalten, (er)tragen L 26
suus, -a, -um	sein, ihr L 13
taberna, -ae *f.*	Schenke, Laden L 3
tabula, -ae *f.*	»Tafel«; Gemälde; Bild L 15
tacēre, taceō, tacuī	schweigen L 2
tālis, -e	so beschaffen, solcher/solche/solches L 42
tam *(Adv.)*	so L 12
tamen	dennoch, trotzdem L 1
tandem *(Adv.)*	endlich L 6
tangere, tangō, tetigī, tāctum	berühren L 58
tantus, -a, -um	so groß, so viel L 27

tēctum, -ī *n.*	Dach; Zimmerdekke; Haus L 6
tēcum	mit dir L 17
tegere, tegō, tēxī, tēctum	»bedecken«, schützen L 19
temeritās, -ātis *f.*	Planlosigkeit; Unbesonnenheit L 31
templum, -ī *n.*	»Tempel«, Heiligtum L 3
temptāre	angreifen; versuchen; auf die Probe stellen L 7
tempus, -oris *n.*	Zeit L 15
tendere, tendō, tetendī, tentum	spannen, dehnen, strecken; eilen L 55
eō tendere	dorthin eilen L 55
tenēre, teneō, tenuī	(fest)halten L 14
terra, -ae *f.*	Erde, Land L 9
terrēre, terreō, terruī, territum	erschrecken L 4
testis, -is *m. u. f.*	Zeuge, Augenzeuge L 48
theātrum, -ī *n.*	»Theater« L 35
thermae, -ārum *f.* *(Pluralwort)*	»Thermen« L 4
timēre, timeō, timuī	fürchten, Angst haben vor L 4
timēre, nē	fürchten, dass L 45
timor, -ōris *m.*	Furcht, Angst L 23
toga, -ae *f.*	»Toga« (Oberbekleidung des römischen Bürgers) L 16
tolerāre	aushalten, ertragen L 13
tollere, tollō, sustulī, sublātum	hochheben; verherrlichen; wegnehmen, beseitigen L 41
tot *(Adv.)*	so viele L 46
tōtus, -a, -um *Gen.:* **tōtīus**	ganz L 17
tractāre	behandeln; verhandeln über L 9
trādere, trādō, trādidī, trāditum	übergeben, überliefern L 18
trādūcere, trādūcō, trādūxī, trāductum	hinüberführen L 31
tragoedia, -ae *f.*	»Tragödie« L 57
trahere, trahō, trāxī, tractum	ziehen, schleppen L 21
nōmen trahere ā *(beim Abl.)*	seinen Namen herleiten von L 44
trāns *(beim Akk.)*	jenseits von; über L 24
trānsferre, trānsferō, trānstulī, trānslātum	hinübertragen, überbringen L 44
trānsīre, trānseō, trānsiī, trānsitum	hinübergehen; überschreiten L 51
tribuere, tribuō, tribuī, tribūtum	zuteilen L 24
triumphus, -ī *m.*	»Triumph«(zug) L 9
tū	»du« L 4
tuērī, tueor	schützen, bewahren L 38
tum *(Adv.)*	da; dann; darauf; damals L 1
tumulus, -ī *m.*	Grabmal, Grabhügel L 6
tunc *(Adv.)*	dann, damals L 33
turba, -ae *f.*	Menschenmenge, Masse L 7
turris, -is *f.*	»Turm« L 16
tūtus, -a, -um	sicher L 46
tuus, -a, -um	dein L 6
tyrannus, -ī *m.*	»Tyrann«, Gewaltherrscher L 17
ubī? *(Adv.)*	wo? L 6
ubī? *(beim Ind.)*	sobald L 18
ubīque *(Adv.)*	überall L 8
ūllus, -a, -um	irgendein L 33
ultimus, -a,-um	entferntester, äußerster, letzter L 29
umbra, -ae *f.*	Schatten L 6
umquam *(Adv.)*	jemals L 33
unda, -ae *f.*	Welle L 59
undique *(Adv.)*	von allen Seiten, überall L 7
ūniversī, -ae, a	alle L 48
ūniversus, -a, -um	gesamt; allgemein L 48
ūnusquisque, ūnaquaeque, ūnumquidque *(subst.)* und ūnumquodque *(adjekt.)*	jeder Einzelne L 43
urbānus, -a, -um	(groß)städtisch L 52
urbs, urbis *f.*	Stadt, Hauptstadt L 23

ūsque ad *(beim Akk.)*	bis zu L 9
ūsus, -ūs *m.*	Gebrauch, Benutzung; Nutzen, Vorteil L 52
ut *(beim Indikativ)*	wie L 28
ut *(beim Konj.)*	(so) dass; L 46
ut *(beim Konj.)*	dass, damit, um ... zu L 44
uter, utra, utrum? *Gen.:* utrius?	welcher (von beiden)? L 35
uterque, utraque, utrumque	jeder von beiden, beide L 35
ūtī, ūtor, ūsus sum	benützen, gebrauchen L 39
ūtilis, -e	brauchbar, nützlich L 28
utinam *(beim Konj.)*	*(zur Verstärkung eines Wunsches)* wenn doch! L 47
utinam nē	wenn doch nicht! L 47
utrimque *(Adv.)*	auf beiden Seiten L 36
utrum ... an?	(ob) ... oder? L 38
uxor, uxōris *f.*	Ehefrau L 14
valdē *(Adv.)*	sehr L 27
valē!/valēte!	auf Wiedersehen! L 5
valēre, valeō, valuī	stark/kräftig/gesund sein; gelten; Einfluss haben L 5
valētūdō, valētūdinis *f.*	Gesundheit L 24
vallum, -ī *n.*	»Wall« L 19
varietās, -ātis *f.*	Vielfalt L 25
varius, -a, -um	verschieden L 6
-ve	oder L 59
vectīgal, -ālis *n.*	Steuer, Abgabe L 51
vehemēns, *Gen.:* **vehementis**	heftig L 38
vel	oder; oder vielmehr, oder auch L 9
vel ... vel	entweder ... oder L 9
vēlāre	verhüllen, bedecken, bekleiden L 16
velle, volō, voluī	wollen L 46

velut	wie (zum Beispiel) L 14
vendere, vendō, vendidī, venditum	verkaufen L 21
venēnum,-ī *n.*	Gift L 31
venia, -ae *f.*	Gunst; Erlaubnis; Verzeihung L 55
venīre, veniō, vēnī, ventum	kommen L 28
ventus, -ī *m.*	Wind L 12
verbum, -ī *n.*	Wort L 9
verērī, vereor, veritus sum	scheuen, fürchten, verehren L 41
vērō *(Adv.)*	in der Tat; aber L 28
versārī, versor, versātus sum (in)	sich aufhalten (bei), sich beschäftigen (mit) L 42
vertere, vertō, vertī, versum	wenden, drehen; übersetzen L 57
vērus, -a, -um	wahr, echt, wirklich L 7
vesper, vesperī *m.*	Abend L 6
ad vesperum	bis zum Abend L 24
sub vesperum	gegen Abend L 6
vester, vestra, vestrum	euer L 6
vestīmenta, -ōrum *n.*	Kleidung L 8
vestīmentum, -ī *n.*	Kleid L 8
vestis, -is *f.*	Kleid L 16
vetāre, vetō, vetuī, vetitum	verbieten, verhindern L 54
veterānus, -ī *m.*	altgedienter Soldat, »Veteran« L 14
vetus, *Gen.:* **veteris**	alt L 23
vexāre	quälen L 15
via, -ae *f.*	Weg, Straße L 3
victor, -ōris *m.*	Sieger L 13
victōria, -ae *f.*	Sieg L 12
vīcus, -ī *m.*	Dorf L 18
vidēre, videō, vīdī, vīsum	sehen L 3
vidērī, videor, vīsus sum	scheinen L 38
vigilia, -ae *f.*	(Nacht)wache, Wachtposten L 16
vīlicus, -ī *m.*	Verwalter L 5
vīlla, -ae *f.*	Landgut, Landhaus L 5

vincere, vincō, vīcī, victum	(be)siegen L 18
vincula, -ōrum *n.*	Gefängnis L 19
vinculum, -ī *n.*	Band, Fessel L 19
vīnum, -ī *n.*	»Wein« L 2
vir, virī *m.*	Mann L 2
vīrēs, vīrium *f.*	Kräfte; Streitkräfte L 16
virgō, -inis *f.*	Mädchen, junge Frau L 16
virtūs, virtūtis *f.*	Tatkraft; Wert; Tugend L 24
vīs, *Akk.:* **vim,** *Abl.:* **vī** *f.*	Kraft, Gewalt, Stärke; Bedeutung L 16
vīsitāre	besuchen, besichtigen L 8
vīta, -ae *f.*	Leben L 5
vitium, -ī *n.*	Fehler; Mangel L 32
vīvere, vīvō, vīxī	leben L 17
vīvus, -a, -um	lebend; zu Lebzeiten L 24
vix *(Adv.)*	kaum, mit Mühe L 21
vōbīscum	mit euch L 17
vocāre	rufen; nennen L 3
in iūs vocāre	vor Gericht laden L 34
voluntās, -ātis *f.*	Wille, Wunsch, Verlangen; Absicht L 52
voluptās, -ātis *f.*	Vergnügen, Lust L 32
vōs	ihr; euch L 4
vōx, vōcis *f.*	Stimme; Ausspruch, Formel L 25
vulnerāre	verletzen L 15
vulnus, vulneris *n.*	Wunde L 27
vultus, -ūs *m.*	Gesicht; Miene, Aussehen L 32

Verzeichnis unregelmäßiger Verben

abesse, absum, āfuī	fehlen, fern sein
abicere, abiciō, abiēcī, abiectum	weg-, herab-, niederwerfen
accēdere, accēdō, accessī, accessum	herantreten an; sich befassen mit, sich beteiligen an
accidere, accidō, accidī	hinfallen; sich ereignen, (jmdm.) zustoßen
accipere, accipiō, accēpī, acceptum	annehmen, empfangen; aufnehmen
addere, addō, addidī, additum	beifügen, hinzufügen
addūcere, addūcō, addūxī, adductum	heranführen; veranlassen
adimere, adimō, adēmī, adēmptum	an sich nehmen, wegnehmen
adiungere, adiungō, adiūnxī, adiūnctum	anfügen, verbinden
admittere, admittō, admīsī, admissum	in Bewegung setzen; zulassen, gestatten
admovēre, admoveō, admōvī, admōtum	heranbringen, heranführen
afferre, afferō, attulī, allātum	herbeitragen; mit sich bringen; bereiten
afficere, afficiō, affēcī, affectum	versehen mit
agere, agō, ēgī, āctum	treiben; tun; führen; (ver)handeln
āmittēre, āmittō, āmīsī, āmissum	aufgeben; verlieren
animadvertere, animadvertō, animadvertī, animadversum	bemerken; einschreiten; bestrafen
aperīre, aperiō, aperuī, apertum	öffnen
appārēre, appāreō, appāruī	erscheinen, sich zeigen
appetere, appetō, appetīvī, appetītum	begehren, verlangen; angreifen
ārdēre, ārdeō, ārsī	brennen
aspicere, aspiciō, aspexī, aspectum	erblicken, anschauen, betrachten
assequī, assequor, assecūtus sum	einholen, erreichen, nachfolgen
attribuere, attribuō, attribuī, attribūtum	zuteilen
audīre, audiō, audīvī, audītum	hören; anhören, erhören
auferre, auferō, abstulī, ablātum	wegtragen, beseitigen
augēre, augeō, auxī, auctum	vermehren, steigern, fördern
āvertere, āvertō, āvertī, āversum	abwenden, vertreiben
cadere, cadō, cecidī	fallen

caedere, caedō, cecīdī, caesum	umhauen; niedermachen, erschlagen

canere, canō, cecinī	singen, besingen; ertönen lassen
capere, capiō, cēpī, captum	fassen, ergreifen, fangen
carēre, careō, caruī *(beim Abl.)*	frei sein (von etw.); (etw.) nicht haben
cēdere, cēdō, cessī, cessum	gehen; weichen; nachgeben
cēnsēre, cēnseō, cēnsuī	schätzen; meinen; beschließen
cernere, cernō, crēvī, crētum	genau sehen, deutlich wahrnehmen
claudere, claudō, clausī, clausum	schließen, einschließen
cōgere, cōgō, coēgī, coāctum	zusammentreiben, sammeln; zwingen
cognōscere, cognōscō, cognōvī, cognitum	kennenlernen; untersuchen, erkennen
colere, colō, coluī, cultum	bebauen, pflegen, ehren
colligere, colligō, collēgī, collēctum	sammeln
committere, committō, commīsī, commissum	zusammenführen; beginnen; begehen; anvertrauen
commovēre, commoveō, commōvī, commōtum	bewegen, erregen
comperīre, comperiō, comperī, compertum	erfahren; ertappen, überführen
compōnere, compōnō, composuī, compositum	zusammenstellen, -fügen; ordnen
comprehendere, comprehendō, comprehendī, comprehēnsum	umfassen, umschließen; begreifen
concēdere, concēdō, concessī, concessum	erlauben, gestatten, nachgeben
cōnferre, cōnferō, contulī, collātum	zusammentragen, vergleichen
cōnficere, cōnficiō, cōnfēcī, cōnfectum	zu Ende bringen, ausführen; erschöpfen
cōnfīdere, cōnfīdō, cōnfīsus sum	vertrauen, sich verlassen
coniungere, coniungō, coniūnxī, coniūnctum	verbinden, vereinigen
cōnscrībere, cōnscrībō, cōnscrīpsī, cōnscrīptum	eintragen; (Soldaten) ausheben

cōnsentīre, cōnsentiō, cōnsēnsī, cōnsēnsum	übereinstimmen, sich einig sein
cōnsīdere, cōnsīdō, cōnsēdī, cōnsessum	sich niederlassen, sich lagern
cōnsistere, cōnsistō, cōnstitī	Halt machen, stehen bleiben
cōnspicere, cōnspiciō, cōnspexī, cōnspectum	erblicken
cōnstat, cōnstitit	es steht fest, ist bekannt
cōnstituere, cōnstituō, cōnstituī, cōnstitūtum	festsetzen, beschließen
cōnsulere, cōnsulō, cōnsuluī, cōnsultum *(beim Akk.)*	um Rat fragen
(beim Dat.)	sorgen für
cōnsūmere, cōnsūmō, cōnsūmpsī, cōnsūmptum	verwenden, verbrauchen
contemnere, contemnō, contempsī, contemptum	gering schätzen, verachten
contendere, contendō, contendī	behaupten; eilen; kämpfen; sich bemühen
convenīre, conveniō, convēnī, conventum	zustande kommen, zusammentreffen; sich einigen
convertere, convertō, convertī, conversum	umdrehen, wenden, sich umdrehen
corrumpere, corrumpō, corrūpī, corruptum	verderben; bestechen
crēdere, crēdō, crēdidī, crēditum	glauben
crēscere, crēscō, crēvī, crētum	wachsen; sich entwickeln
cūnctārī, cūnctor, cūnctātus sum	zögern
cupere, cupiō, cupīvī, cupītum	wünschen
currere, currō, cucurrī, cursum	laufen
dēbēre, dēbeō, dēbuī, dēbitum	müssen; schulden; verdanken
dēcēdere, dēcēdō, dēcessī, dēcessum	weggehen, abweichen
dēcernere, dēcernō, dēcrēvī, dēcrētum	entscheiden, beschließen
dēdere, dēdō, dēdidī, dēditum	hingeben, ausliefern; widmen
dēdūcere, dēdūcō, dēdūxī, dēductum	herabführen, wegführen
dēfendere, dēfendō, dēfendī, dēfēnsum	verteidigen
dēficere (ā), dēficiō, dēfēcī, dēfectum	abfallen (von)
dēlēre, dēleō, dēlēvī, dēlētum	zerstören, vernichten
dēligere, dēligō, dēlēgī, dēlēctum	wählen, auswählen
dēpellere, dēpellō, dēpulī, dēpulsum	wegtreiben, verdrängen

dēscendere, dēscendō, dēscendī, dēscēnsum	hinabsteigen, sich herablassen
dēserere, dēserō, dēseruī, dēsertum	im Stich lassen, verlassen
dīcere, dīcō, dīxī, dictum	sagen, sprechen
dīligere, dīligō, dīlēxī, dīlēctum	lieben, schätzen
dīmittere, dīmittō, dīmīsī, dīmissum	nach verschiedenen Richtungen schicken, entlassen
discēdere, discēdō, discessī, discessum	weggehen, auseinandergehen
discere, discō, didicī	lernen, erfahren
dīvidere, dīvidō, dīvīsī, dīvīsum	trennen; unterscheiden; (zu)teilen
dūcere, dūcō, dūxī, ductum	ziehen, führen; glauben
efficere, efficiō, effēcī, effectum	bewirken
effugere, effugiō, effūgī	fliehen, entkommen
egēre, egeō, eguī *(beim Abl.)*	(etw.) nötig haben, brauchen; Not leiden
emere, emō, ēmī, ēmptum	kaufen, erkaufen
ēripere, ēripiō, ēripuī, ēreptum	rauben, entreißen
excēdere, excēdō, excessī, excessum	weggehen
excipere, excipiō, excēpī, exceptum	aufnehmen, auf sich nehmen
exigere, exigō, exēgī, exāctum	wegtreiben, eintreiben; fordern, erfordern
expellere, expellō, expulī, expulsum	vertreiben, verbannen
experīrī, experior, expertus sum	erleben, erleiden, erfahren, erproben
explēre, expleō, explēvī, explētum	ausfüllen, vollenden
exsistere, exsistō, exstitī	heraustreten, auftreten; entstehen
exstruere, exstruō, exstrūxī, exstrūctum	auftürmen, errichten
facere, faciō, fēcī, factum	tun, machen
fallere, fallō, fefellī	täuschen
fatērī, fateor, fassus sum	bekennen
favēre, faveō, fāvī, fautum *(beim Dat.)*	geneigt sein, begünstigen
ferre, ferō, tulī, lātum	bringen, tragen
fierī, fīō, factus sum	(gemacht) werden; entstehen
fingere, fingō, fīnxī, fictum	formen; erdichten; vorgeben
fīnīre, fīniō, fīnīvī, fīnītum	begrenzen, beenden
flectere, flectō, flexī, flexum	beugen, biegen
fruī, fruor *(beim Abl.)*	etwas genießen
fugere, fugiō, fūgī	fliehen, flüchten

fungī, fungor, fūnctus sum *(beim Abl.)*	(etw.) ausführen, vollbringen
gaudēre, gaudeō, gavīsus sum	sich freuen
gerere, gerō, gessī, gestum	tragen, ausführen
haerēre, haereō, haesī, haesum	haften, kleben; hängen-, steckenbleiben
iacere, iaciō, iēcī, iactum	werfen
impedīre, impediō, impedīvī, impedītum	hindern, zurückhalten
impellere, impellō, impulī, impulsum	(an)stoßen, bewegen, veranlassen
impōnere, impōnō, imposuī, impositum	auf etwas setzen
incidere, incidō, incidī	hineinfallen, in die Hände fallen
incipere, incipiō, coepī, inceptum	anfangen, beginnen
indīcere, indīcō, indīxī, indictum	ansagen, ankündigen
ingredī, ingredior, ingressus sum	hineingehen, betreten
īnstāre, īnstō, īnstitī	nahe bevorstehen
īnstituere, īnstituō, īnstituī, īnstitūtum	einrichten, beginnen, unterrichten
īnstruere, īnstruō, īnstrūxī, īnstrūctum	ausstatten; unterrichten
intellegere, intellegō, intellēxī, intellēctum	verstehen, einsehen
interficere, interficiō, interfēcī, interfectum	töten, ermorden
invādere, invādō, invāsī, invāsum	eindringen; überfallen
invenīre, inveniō, invēnī, inventum	(er)finden, ermitteln
invidēre, invideō, invīdī, invīsum *(beim Dat.)*	jmdn. beneiden
irrīdēre, irrīdeō, irrīsī, irrīsum	verspotten, auslachen
iubēre, iubeō, iussī, iussum	befehlen
iungere, iungō, iūnxī, iūnctum	anspannen, verbinden
legere, legō, lēgī, lēctum	lesen
loquī, loquor, locūtus sum	sprechen
manēre, maneō, mānsī	bleiben
meminisse, meminī *(beim Gen.)*	sich erinnern an, denken an
metuere, metuō, metuī	sich fürchten; fürchten
minuere, minuō, minuī, minūtum	vermindern, verringern
mittere, mittō, mīsī, missum	schicken, senden; entlassen; werfen
monēre, moneō, monuī, monitum	(er)mahnen
morī, morior, mortuus sum	sterben

movēre, moveō, mōvī, mōtum	bewegen
nāscī, nāscor, nātus sum	geboren werden
neglegere, neglegō, neglēxī, neglēctum	vernachlässigen, nicht beachten
nescīre, nesciō, nesciī	nicht wissen
nōlle, nōlō, nōluī	nicht wollen
nōscere, nōscō, nōvī, nōtum	kennenlernen, erfahren; *Pf.:* kennen, wissen
oblīvīscī, oblīvīscor, oblītus sum *(beim Gen.)*	etwas vergessen
obsidēre, obsideō, obsēdī, obsessum	belagern, blockieren
obtinēre, obtineō, obtinuī, obtentum	festhalten, im Besitz haben; einnehmen
occīdere, occīdō, occīdī, occīsum	töten, umbringen
ōdisse, ōdī	hassen
offendere, offendō, offendī, offēnsum	anstoßen; verletzen, beleidigen
offerre, offerō, obtulī, oblātum	entgegentragen; anbieten
omittere, omittō, omīsī, omissum	aufgeben, fallen lassen; übergeben
opprimere, opprimō, oppressī, oppressum	bedrücken, unterdrücken; plötzlich überfallen
orīrī, orior, ortus sum	entstehen
ostendere, ostendō, ostendī, ostentum	zeigen, vor Augen stellen, darlegen
parcere, parcō, pepercī *(beim Dat.)*	schonen, sparen
patī, patior, passus sum	leiden
pellere, pellō, pepulī, pulsum	stoßen, schlagen, vertreiben
pendere, pendō, pependī, pēnsum	abwägen; zahlen
perdere, perdō, perdidī, perditum	zu Grunde richten, ruinieren; verlieren, einbüßen
perferre, perferō, pertulī, perlātum	ans Ziel bringen; durchführen; erdulden
perficere, perficiō, perfēcī, perfectum	vollenden, zu Stande bringen
pergere, pergō, perrēxī, perrēctum	fortsetzen; fortfahren
permittere, permittō, permīsī, permissum	überlassen, erlauben
persuādēre, persuādeō, persuāsī, persuāsum *(beim Dat.)*	überreden *(mit ut)*; überzeugen *(mit AcI)*
pervenīre, perveniō, pervēnī, perventum	(hin)kommen
petere, petō, petīvī, petītum	zu erreichen suchen, erstreben; angreifen
pollicērī, polliceor, pollicitus sum	versprechen
pōnere, pōnō, posuī, positum	setzen, stellen, legen
poscere, poscō, poposcī	fordern

posse, possum, potuī	können
praebēre, praebeō, praebuī, praebitum	hinhalten, reichen
praeferre, praeferō, praetulī, praelātum	vorantragen, zur Schau stellen; vorziehen
praepōnere, praepōnō, praeposuī, praepositum	vorziehen; an die Spitze stellen
praestāre, praestō, praestitī *(beim Dat.)*	jmdm. voranstehen, jmdn. übertreffen
(beim Akk.)	etw. leisten
prōcēdere, prōcēdō, prōcessī, prōcessum	vorwärtsgehen; hervorgehen aus
prōdere, prōdō, prōdidī, prōditum	übergeben, verraten
prōdesse, prōsum, prōfuī	nützlich sein, nützen
proficīscī, proficīscor, profectus sum	aufbrechen, abreisen; ausgehen von

profitērī, profiteor, professus sum	bekennen, gestehen
prōgredī, prōgredior, prōgressus sum	hervor-, herauskommen; vorrücken; fortschreiten
prohibēre, prohibeō, prohibuī, prohibitum	abhalten, abwehren; (ver)hindern
prōmittere, prōmittō, prōmīsī, prōmissum	versprechen
prōvidēre, prōvideō, prōvīdī, prōvīsum	sorgen für
quaerere, quaerō, quaesīvī, quaesītum	suchen; fragen
querī, queror, questus sum	klagen, sich beklagen
recipere, recipiō, recēpī, receptum	zurücknehmen, zurückhalten; zurückziehen; aufnehmen
reddere, reddō, reddidī, redditum	zurückgeben; etwas zu etwas machen
redūcere, redūcō, redūxī, reductum	zurückführen, zurückziehen
referre, referō, rettulī, relātum	zurücktragen; melden, berichten
regere, regō, rēxī, rēctum	lenken, leiten, »regieren«
relinquere, relinquō, relīquī, relictum	verlassen; zurücklassen
remittere, remittō, remīsī, remissum	zurückschicken; lockern; erlassen
repetere, repetō, repetīvī, repetītum	wieder aufsuchen; wiederholen
resistere, resistō, restitī	sich widersetzen, Widerstand leisten
respondēre, respondeō, respondī, respōnsum	antworten

restituere, restituō, restituī, restitūtum	wiederherstellen
revertī, revertor, revertī	zurückkehren, zurückkommen, umkehren
rīdēre, rīdeō, rīsī, rīsum	lachen
scīre, sciō, scīvī, scītum	wissen; kennen, verstehen
scrībere, scrībō, scrīpsī, scrīptum	schreiben
sedēre, sedeō, sēdī, sessum	sitzen
sentīre, sentiō, sēnsī, sēnsum	fühlen, meinen
sequī, sequor, secūtus sum	folgen, nachfolgen
statuere, statuō, statuī, statūtum	hin-/aufstellen; bestimmen, beschließen
subvenīre, subveniō, subvēnī, subventum *(beim Dat.)*	jemandem zu Hilfe kommen
sūmere, sūmō, sūmpsī, sūmptum	(an sich) nehmen
suscipere, suscipiō, suscēpī, susceptum	auf sich nehmen, übernehmen
tangere, tangō, tetigī, tāctum	berühren
tegere, tegō, tēxī, tēctum	»bedecken«, schützen
tendere, tendō, tetendī, tentum	spannen, dehnen, strecken; eilen
tollere, tollō, sustulī, sublātum	hochheben; verherrlichen; wegnehmen, beseitigen
trādere, trādō, trādidī, trāditum	übergeben, überliefern
trādūcere, trādūcō, trādūxī, trāductum	hinüberführen
trahere, trahō, trāxī, tractum	ziehen, schleppen
trānsferre, trānsferō, trānstulī, trānslātum	hinübertragen, überbringen
trānsīre, trānseō, trānsiī, trānsitum	hinübergehen; überschreiten
tribuere, tribuō, tribuī, tribūtum	zuteilen
tuērī, tueor	schützen, bewahren
ūtī, ūtor, ūsus sum	benützen, gebrauchen
velle, volō, voluī	wollen
vendere, vendō, vendidī, venditum	verkaufen
venīre, veniō, vēnī, ventum	kommen
verērī, vereor, veritus sum	scheuen, fürchten; verehren
vertere, vertō, vertī, versum	wenden, drehen; übersetzen
vetāre, vetō, vetuī, vetitum	verbieten, verhindern
vidēre, videō, vīdī, vīsum	sehen
vidērī, videor, vīsus sum	scheinen
vincere, vincō, vīcī, victum	(be)siegen
vīvere, vīvō, vīxī	leben

Bildnachweis

Antikensammlung, Staatliche Museen zu Berlin – Preußischer Kulturbesitz – (Fotografin: Isolde Luckert) 98
Archäologisches Landesmuseum der Christian-Albrechts-Universität Schleswig 59, 61
Archiv für Kunst und Geschichte Berlin 108, 114, 160, 185 (2)
Bildarchiv Foto Marburg 148
Bildarchiv Preußischer Kulturbesitz Berlin 37, 49, 98, 126 (1, 2), 131 (1), 142 (1), 154 (1), 176 (1)
DAI Athen 45
EMB-Service für Verleger, Luzern 185 (3)
Flughafen-Restaurant Stockheim GmbH & Co. KG, Düsseldorf 136
Fratelli Alinari, Florenz 19
Gemeinnützige Stiftung Leonhard von Matt, Buochs 143 (3)
Kappler, Arno, Koblenz 184
Kunsthistorisches Museum, Wien 138
Lamke, Gisa, Göttingen 40 (1), 41, 70 (1), 119, 172, 185 (2)
© 1995 Les Éditions Albert René/Goscinny-Uderzo, Paris »Asterix der Gallier« 15
Limesmuseum Aalen 63
Martin-von-Wagner-Museum der Universität Würzburg. Photo: K. Öhrlein 177 (1)
Mauritius, Frankfurt/Main 41, 80 (2)
Peter Connolly, Spalding 24, 40 (3), 42
Philipp von Zabern Verlag, Mainz 86
Photographie Giraudon, Vanves 54, 144
Prähistorische Staatssammlung München 98
Rheinisches Bildarchiv Köln 81 (2)
Rheinisches Landesmuseum Bonn 70 (2), 158
Rheinisches Landesmuseum Trier 185 (1)
Römermuseum Augst 81 (1)
Römisch-Germanisches Museum Köln 77, 146
Römisch-Germanisches Zentralmuseum Mainz 99
Saalburgmuseum Bad Homburg 80 (1)
Scala, Antella 35, 79, 114, 115, 155 (1, 3)
Schmidt, Werner, Berlin 84, 92, 111 (2), 131 (2), 135, 154 (3), 155 (2, 4)
Sölter, Walter, Köln 162
Staatliche Münzsammlung München 111 (1), 112
Sternberg, Oda, München 143 (I)
Universitätsbibliothek Leipzig 102
VG Bild-Kunst Bonn 1995 142 (2)
Zwölfer, Elisabeth, Freiburg 15 (1, 2) 41 (1), 51, 55 (2, 3), 57 (1, 2), 68 (1, 2), 83, 115 (1), 153

Umschlagfoto: Hans Faber, Freiburg

Karten: Skip G. Langkafel, Berlin

Für die freundliche Genehmigung zum Abdruck von Schülerzeichnungen danken wir den Familien Wille, Ascheberg (98) und Wittkamp, Lüdinghausen (108).

Für die freundliche Genehmigung zum Abdruck von Produktnamen, Werbematerial, Firmenlogos und Emblemen von Institutionen danken wir
Alois Dallmayr Kaffee oHG, München (128),
Audi AG, Ingolstadt (128),
Caritas, Berlin (14),
Deutsche Bahn AG, Mainz (14),
ergo sum computer GmbH, Freiburg (14),
Henkel Kosmetik, Düsseldorf (128),
Misereor Medienproduktion und Vertriebsgesellschaft mbh, Aachen (14),
Opel AG/Lowe & Partners Werbeagentur (128),
Roset Möbel GmbH, Gundelfingen (129),
Vertimpex Import Export GmbH, Berlin (14),
Vobis Microcomputer, Würselen (14).

Nicht in allen Fällen war es uns möglich, den Rechteinhaber der Abbildungen ausfindig zu machen. Berechtigte Ansprüche werden selbstverständlich im Rahmen der üblichen Vereinbarungen abgegolten: S. 15 r.u.; 21; 22; 26; 40 (3, 4); 69; 88; 105; 116; 124; 127 (1, 2); 132; 141; 154 (2); 165; 166; 177 (3); 182/83.